U0495792

中外教育交流与变革书系

ZHONGWAI JIAOYU
JIAOLIU YU BIANGE
SHUXI

余子侠　主编

留学生与近代中俄外交变演

◎／刘振宇　著

中原出版传媒集团
中原传媒股份公司

大象出版社
·郑州·

图书在版编目(CIP)数据

留学生与近代中俄外交变演 / 刘振宇著. — 郑州 : 大象出版社, 2023. 1
ISBN 978-7-5711-1718-4

Ⅰ. ①留… Ⅱ. ①刘… Ⅲ. ①留学教育-教育史-中国-近代②中俄关系-国际关系史-近代
Ⅳ. ①G649. 29②D829. 512

中国国家版本馆 CIP 数据核字(2023)第 008182 号

留学生与近代中俄外交变演

LIUXUESHENG YU JINDAI ZHONG'E WAIJIAO BIANYAN

刘振宇　著

出 版 人　汪林中
责任编辑　张　欣　张　阳　阮志鹏
责任校对　毛　路　马　宁
版式设计　付锬锬
封面设计　王晶晶
责任印制　郭　锋

出版发行　大象出版社(郑州市郑东新区祥盛街 27 号　邮政编码 450016)
发行科　0371-63863551　总编室　0371-65597936
网　　址　www.daxiang.cn
印　　刷　郑州新海岸电脑彩色制印有限公司
经　　销　各地新华书店经销
开　　本　720 mm×1020 mm　1/16
印　　张　18. 5
字　　数　320 千字
版　　次　2023 年 1 月第 1 版　2023 年 1 月第 1 次印刷
定　　价　85. 00 元

若发现印、装质量问题,影响阅读,请与承印厂联系调换。
印厂地址　郑州市鼎尚街 15 号
邮政编码　450002　　　电话　0371-67358093

总序

人类社会已进入这样的历史时期——任何国家要想跻身于世界强国之列，必须高度重视教育。人才是国家强盛的战略资源，而人才的培养依赖教育的发展。教育交流与互鉴，对教育的发展有重要的促进作用。缘此，今日在认定教育为立国之本的同时，积极推进和发展与世界各国之间的教育交流，既是历史之必然，也是时代之应然。

一

早在十多年前，笔者在组织撰研中外教育交流丛书时，就阐明自学校教育在中国社会产生以来，中华民族的教育交流在不断地推进和发展的观点。站在中国自身的角度或立场，这种教育交流大致可分为顺向交流、逆向交流和互向交流几种类型。笔者还根据学校教育与中华文化变迁和传衍之间的关系，大致分析了每种教育交流类型在中国历史进程中的主要特征或表现。

所谓顺向交流，是指在教育领域以中国为定点，通过相应的途径，将自身处于先进地位的文明因子和文化成分传输给其他的国家或民族的交流活动。以这种方式发生教育交流活动之时，中华文明往往处于一种上势地位或先进态势，通过相应的教育交流渠道，传播或输出到与己交流的国家或民族。例如中国近代以前的教育交流就是顺向交流，正是这种顺向教育交流，促进了今日人们所言的“东方儒学文化圈”的形成。

所谓逆向交流，则是中国作为一个文化的接受者，通过种种教育交流的渠道，将他国或他民族的先进文明因子和文化养分吸纳或引进国内，再结合国情所需融收化解于自身文明之中。其时自身的教育基本处于一种后进态势。这种逆向交流初现于明清之际，尤其突显于近代。这种类型的教育交流，推动了中国学校教育的变革和更新。

所谓互向交流是指在中外教育交流过程中，既有中华文化通过相应的教育交流途径传输给其他国家或民族，同时又有他国文化或他种文明输入中国的教育领域。其时教育交流的双方各有对方可资借鉴和吸纳的文明因子与文化养分。这种教育交流的情形，近二三十年来比较明显。它促进了中外文化的交流与互鉴，推动着人类文明的发展。

回望历史，上述三种教育交流类型只是以一种静态的眼光相对而言，其实无论在哪一个历史时期，中外教育交流的活动方式及文化内容，都不是以单一的类型在发生或进行，而是顺向交流时也有逆向交流发生，逆向交流时也有顺向交流活动，或者互向交流发生时一时顺向交流占据优势，一时逆向交流成为主流。这不仅因为人类社会各个民族或国家，其文化各有优势，任何时候交流的双方互相都有可取之处，还因为双方的政治、经济、文化以及国际地位都处于一种恒动状态，故而在借鉴和吸收对方先进文化养分和积极文明因子时，也将自身的优良因素传输给对方，反之也是。如若求其区别，只是态度方面的积极与消极，作为方面的主动与被动，流量方面的充沛与弱小，以及交流时选择层面与领域的不同而已。要言之，教育，使人类社会走向文明且日益进步；交流，使教育事业得以创新而不断发展。

二

根据哲学的变易观点，任何事物只有不断地输入活性因子或吸纳新鲜养分，才能真正做到“日新，日日新”，具有“生生不息”的生命力。学校教育，无论其教育制度、教学内容，还是教育的思想理论、教学的方式方法，都只有不断地吸纳新的养分，才能够适应人类社会的发展和时代的需求，才能求其“系统”的活力常新，以利其更好地发挥自身的社会功能。

进入近代社会，中国发生“数千年来未有之变局”，国际政治地位由传统的“天朝上邦”沦落为贫弱挨打的后进之国，主体经济形态表现为自给自足的农耕经济被迫纳入世界工商经济的运行轨道。与之相应的传统教育系统，同样处于必须革新的历史关头。于是，通过教育交流我国的学校及其知识人才的培养获得了“自救”：学校教育系统吸纳新的养分，在艰难的“蜕变”过程中走向“涅槃”。

这一过程，在后人看来不过是万变宇宙间的一瞬，但在我国学校教育的发展历程中是一个极其重要的阶段，基本完成了中国学校教育的历史转型。这一转型，由何而起、因何而生、如何实现以及有何成效和经验教训，都值得学界去分析、总结，并借以探究其历史发展的规律性。因此，我们有必要也应该对这一历史时期的"中外教育交流"与中国教育的应变、革新与发展进行系统性研究和总结。

三

本书系定名为"中外教育交流与变革"，其中"交流"指中外之间在教育领域的交流，"变革"则指中国自身学校教育的变革。这两者自近代中国新式教育产生之后，一直处于一种相互联系又相互促进的状态。但学校教育无论是在理论层面、制度层面，或是教育教学实践层面，若进行线性梳理和分析，涉及的方方面面实在太多，不是一个小小的书系即能完事，因此在着手选题时，既要考虑研究者自身的学研能力和知识基础，又要考虑研究内容具有一定代表性。其结果就是产生了"码堆"的10部著作或10个方面的研究，虽说有些杂乱，但并非完全无"章"。

就学校教育的层次看，有学前教育方面和研究生教育层级的交流和变革作代表；就学校教育的类型看，有专门美术教育和电化教育这两种不同形态的教育交流与演变作代表。就教育交流的主体而言，既有来华者，也有华人出国者；既有受教者——学生群体，也有授教者——教师群体。就教育交流的成效而言，既有促进自身教育发展的教育翻译，又有促进中国社会变化的人才培养……当然，就教育交流的主要渠道或重要途径而言，留学教育及留学生群体着墨最多。就教育交流的流向及成效而言，则选题大多立足于中国自身教育的变革和发展。所有这些选题，从时间上来看，大多立足于“近代”。但如前面所言，中外教育交流与中国学校教育的发展，进入了一个新的历史阶段，即在过去近一个半世纪主要呈现为逆向交流的基础上，已开始转入以互向交流为主要特征的时代。缘此，本书系在外人来华留学和中外合作办学两项研究上，将其时间下限延至“当代”——以利于人们借以窥见新的“时代变局”中教育交流流向、形态变化之一斑。

纵观中华民族自古以来的教育交流，既有将自身已有的最先进文化推向世界的活动，亦有从其他先进的国家或民族摄取自身所需的文明因子的行为。在这种传输与求取、播衍与认同人类新知的过程中，中华民族通过种种途径一直未停歇教育交流活动，直到今天，仍在深化拓展与世界各国的教育交流与互鉴，为构建人类命运共同体贡献力量。

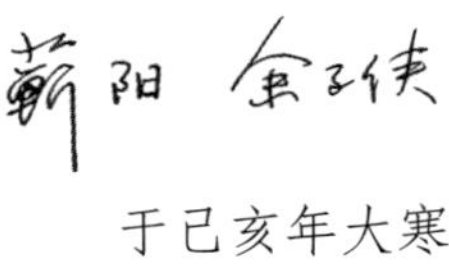

于己亥年大寒

目录

绪　论

作为人类文明在文化交流领域的重要方式之一，教育交流肩负着促进各国、各地区相互沟通与共同进步的历史使命，是推动世界教育发展和人类文明进步的强大动力。教育交流使人类社会的前进脚步更加强劲有力，发挥着“文明助推器”的突出作用。自 18 世纪工业革命以来，尤其是第二次世界大战结束后，伴随科学技术的重大突破与持续发展，全球教育交流的广度与深度日益拓展，世界各国、各地区、各民族愈来愈深刻地认识到教育交流的深远影响和积极作用，因而更为主动地开展教育国际交流，积极拓宽沟通与合作的渠道，丰富教育交流的产品种类，提升交流的品质，扩展交流的规模，教育国际化的特征由是愈发鲜明，成效日益显著。

对于中国而言，在绵延数千年的文明成长历程中，教育交流对中华文明的形成、发展具有独特作用。在长达两千多年的封建社会时期，因其时中国位居世界先进之列而成为文明的输出国，通过各种教育交流的渠道，将本国文化播衍到其他国家和地区，中华文化因此被他国所学习与借鉴。近代以降，教育交流则成为中华民族向先进国家学习，救亡图存、强国富民、培养人才的重要途径。英、法、德、美、日等国成为中国学习的对象，这些国家的教育制度、教育思想、教育实践经验通过各种不同的教育交流渠道输入中国，从而对中国教育乃至政治、经济、军事、文化等领域的现代化进程产生巨大影响。

在已知的若干中外教育交流方式中，作为以人为核心的教育交流活动之一，留学教育对于中国有着独特的功用，使中国实现了与其他国家、地区的双向人才流动，不仅接纳了大量来自异域的学人，更有为数众多的中国人赴海外求知受教，由此演绎出景致多样而又鲜活生动的中国人留学史画卷。而近代中国人留学活动又是其中最重要的一个组成部分，它记录了莘莘学子为求中华民族复兴，负笈海外求索救亡图存之道的艰辛历程。正是于此时期，万千中国青年奔赴海外，不但揭开了近代中国人求知异域活动的序幕，更以他们的所思所学对中国近现代的发展产生了重大影响，直接推动了中国社会各个领域的变革。

就在近代中国留学生的足迹遍及美、日、英、法、德等国的同时，与中国界连壤接、关系复杂的俄国亦成为中国学子的求学目的地。自 19 世纪下半叶起，伴随中俄关系演变，始有中国青年以官费或自费方式前往圣彼得堡等城市留学，近代中国人留学俄（苏）活动由此萌生。而 20 世纪 20 年代兴起的留苏热潮，则是中俄教育交流史中最为世人熟知的篇章。受第一次世界大战及俄国十月革命的影响，民国初期处于急剧动荡态势中的部分时代先进人物，将关注中国前途的目光转而投向可以师法的苏俄。由是，大批中国青年于 20 世纪 20 年代奔赴莫斯科等地，学习马列主义理论及苏俄革命与建设的成功经验。这股留学热潮造就了为数众多的杰出党政军人才，对 20 世纪以来中国的发展走向产生显著影响。有鉴于此，20 世纪 20 年代留苏热潮便成为此后学界重点关注的近代中国人留学史问题之一，相关学术研究也应运而生，并在厘清留学教育的发展进程及探讨其历史意义等问题上取得了丰硕成果，体现出较高的学术价值与社会效益。而对晚清至 20 世纪 20 年代前的中国留俄教育史研究，则相对少人问津。

时至今日，国际交往愈加频繁，中国对外教育交流亦更趋积极主动，成为中国对外交往的重要纽带和桥梁。在此进程中，毗邻而居的中国与俄罗斯，伴随两国间全面战略协作伙伴关系的确立与不断深化，各类教育交流合作日益深入，中俄间的留学教育由是获得巨大发展，品质得到显著提升。两国政府于 2012 年签署的《中俄人文合作行动计划》中提出的“到 2020 年两国互派留学生总人数将达到 10 万人次”目标也已于 2020 年实现。全面审视与研究中俄两国间留学教育的发展趋势，也应适当回顾历史，总结中俄文化教育交流史乃至中俄关系史的宝贵历史经验，做到以史为鉴、面向未来。就此而论，笔者力图在占有与使用大量档案史料和各类文献资料的基础上，运用多学科理论与方法，全方位、多角度地展开系统研究，深入挖掘近代中国人留学俄（苏）活动的鲜活史实，从新的历史维度与研究视角出发审视、评析和总结其作用与影响，深刻探讨中俄关系与教育交流之间的关联性及其相互作用，揭示其内在运行机制，从而为当代中俄两国间留学教育的可持续健康发展提供历史启示。

一、研究意义

美国历史学家斯塔夫里阿诺斯（Leften Stavros Stavrianos）在其代表作《全球通史：从史前史到 21 世纪》中指出："每个时代都要编写它自己的历史。不是因为早先的历史编写得不对，而是因为每个时代都会面对新的问题，产生新的疑问，探求新的答案。"[①] 对于教育史学研究而言亦是如此，既有必要不断开拓新的研究领域，也需要根据时代所需而继续深化既往研究的主题与成果，以便在承继前人功绩的基础上推陈出新，再做突破。有鉴于此，本书选取了既往研究中相对薄弱的环节——包括晚清时期和民国初期的近代中国"留俄教育"作为研究对象，企望由是开拓该领域的研究空间，使中国人留学俄（苏）史的研究得到补充和完善。该研究主题亦是基于对其现实价值的考虑。

一是基于对全球化背景下当代世界教育交流活动发展趋势的关注。当代世界正在发生着深刻变化，日新月异的科学技术促使生产力实现飞速发展，特别是交通、通信技术如闪电般的快速进步使人们获得了更便捷有效的沟通方式，人类社会的发展方式与交往形式就此发生重大变革，世界经济一体化的格局逐渐形成，全球化时代不可避免地来临。有学者依据全球化产生的影响而断言"世界是平的"，并生动描述道："人类历史上从来未有这样的时刻：越来越多的人会发现他们能够找到越来越多的合作对象和竞争对手，人们将

①[美]斯塔夫里阿诺斯：《全球通史：从史前史到 21 世纪》（第 7 版修订版）（上），吴象婴、梁赤民、董书慧、王昶译，北京大学出版社，2006，"致读者"。

和世界各地越来越多的人互相竞争和合作，人们将会在越来越多的工作岗位上互相竞争和合作，人们的机会将越来越平等。”[①] 恰如马克思、恩格斯所言：“各个相互影响的活动范围在这个发展进程中越是扩大，各民族的原始封闭状态由于日益完善的生产方式、交往以及因交往而自然形成的不同民族之间的分工消灭得越是彻底，历史也就越是成为世界历史。”[②] 全球化时代的到来，也令人类文明传承与发展的重要手段——教育——发生了史无前例的巨大革新，教育思想、教育模式、教育产品、教育者与学习者等在世界各国间的流动与交换更为方便迅捷。由是，国际间的教育交流不仅在数量、规模上有突飞猛进的增长，其品质与内涵也表现出与时俱进的提升和丰富，教育的国际化特征愈发明显。中共中央、国务院于 2010 年 7 月印发的《国家中长期教育改革和发展规划纲要（2010—2020 年）》中就明确指出，加强教育交流、扩大教育开放对于促进我国教育改革发展，提升我国教育的国际地位、影响力和竞争力，培养大批国际化人才具有重大意义。但也应注意到，全球化及其对教育交流的作用对于世界各国而论并非完全普遍有益。对发达国家而言，因其拥有的丰厚智力资源，所以在人才培养、教育输出等方面占据优势地位，且可借此进行文化传播，对发展中国家施加显性或隐性影响；对发展中国家来说，一方面固然可以通过教育交流学习域外先进经验，培养优秀人才，提升本国教育水平，另一方面也须付出一定代价，面临人才流失、外来文化侵袭等负面效应。[③] 因而，当代世界教育交流已不仅是教育领域的活动，更是国际合作与竞争关系的深刻反映，并存有无法回避的文化认同、文化习得等问题。面对如此形势，中国如何借助全球化背景下的留学教育等教育交流方式提高教育质量并维护本国文化教育的独立性，便成为教育科学研究的题中应有之义。“我们必须在全球发展，尤其是从全球政治、经济、文化等多方面去研究教育国际交流的问题，及早做出对策，以保证国家目标的顺利实现。”[④] 因此，

---

①[美]托马斯·弗里德曼：《世界是平的》，何帆、肖莹莹、郝正非译，湖南科学技术出版社，2006，第 7 页。

② 中共中央马克思恩格斯列宁斯大林著作编译局编:《马克思恩格斯选集》(第 1 卷)，人民出版社，1995，第 88 页。

③ 邴正：《教育国际化与后发展国家的文化》，《教学与研究》1997 年第 9 期，第 51—52 页。

④ 李敏：《教育国际交流：挑战与应答》，书海出版社，2009，第 2 页。

关注与深入考察以留学教育为代表的中外教育交流史实，从中汲取经验教训，为当代中国开展对外教育交流提供启示与借鉴，显然有益且必要。

二是基于对中俄国家关系史与教育交流史的反思。中国与俄罗斯同为历史悠久、土地广袤、人口众多的世界大国，且又毗邻而居。因此，受自身文明发展及地缘因素的综合影响，中俄在漫长的历史长河中逐渐形成了错综复杂的双边关系。回顾两国间的千年关系史，可谓绵长纷繁、万象斑驳。其中，既包含冲突与对抗、侵略和被侵略，又有合作与同盟、扶持和协助；既曾出现文明往来中止的历史断层期，亦有各领域交流繁盛的快速发展阶段。作为国家关系的重要组成部分，中俄教育交流活动在两国关系影响下产生和发展，并呈现若干变化。自 1689 年两国签订《尼布楚条约》，在其后近一个多世纪的时段内，中俄关系始终保持均势。在此期间，中俄都开始培养本国外语人才，以处理应对两国在外交领域出现的种种问题。沙俄采取“双管齐下”策略，既在国内设立教授中国语的学校，又借助 1727 年中俄签署的《恰克图条约》，率先向中国派遣留学生。其时处于鼎盛时期的清王朝，则自恃为“中央之国”，不肯纡尊降贵派遣学生赴“番邦”学习文字文化，因而仅选择国内设学作为当时培养俄语人才的唯一方式。及至晚清，在现代化的进程中俄国已然成为仅次于英、法等先行者的“早期后来者”，明显领先于中国。[①] 其时，“同世界上大多数国家相比，除了少数几个实现现代化比较早的国家之外，日本和俄国都是比较先进的”[②]。这种综合国力上的差距，不仅使俄国加快了侵略蚕食中国的步伐，也迫使清政府调整对俄教育交流策略，在对俄语教育的功能与结构进行升级调整的同时，开始派遣同文馆学生赴俄学习考察，从而揭开了中国人留学俄国的序幕。而于 20 世纪出现的 20 年代留苏热潮与五六十年代“苏东波”现象，更成就了留学俄（苏）历史上的绚丽篇章。纷繁复杂的中俄国家关系史与教育交流史昭示着，国家关系的嬗变及由此形成的外交尤其是文化外交（cultural diplomacy）策略，对两国教育交流的产生、演变具有重要作用，主导着留学教育等教育交流活动的发展方向。由是，从该角度出

①[美]M. J. 列维：《现代化的后来者与幸存者》，吴萌译，知识出版社，1990，第 2—3 页。

②[美]西里尔·E. 布莱克等：《日本和俄国的现代化——一份进行比较的研究报告》，周师铭、胡国成、沈伯根、沈丙杰译，商务印书馆，1984，第 35 页。

发研究近代中国留俄教育，既有助于对这段史实进行深入研讨，系统总结历史经验，亦可为相关研究提供新的视角与思路。

三是基于对当代中俄教育交流发展现状的思考。自冷战结束后，“伴随着经济全球化和政治多极化的步伐，世界正朝着文化多样化的方向发展。借助先进的信息技术及发达的大众传媒，文化交往达到了空前的规模和水平。在国际交往中，各国纷纷把注意力和重心从军事和经济领域转向文化领域，并把对外文化交流纳入到国家的整体外交事业中”[①]。受此趋势影响，当代中俄外交亦带有鲜明的文化特征，进而推动了两国教育交流的蓬勃发展。自20世纪90年代苏联解体后，俄罗斯作为其遗产的最大继承国，不仅接任了联合国安全理事会常任理事国席位，也将中苏睦邻友好关系延续下来，继续开展与中国的多领域交流合作，中俄教育交流就此登上新的历史舞台。就总体走势而言，中俄教育交流的持续进步，不仅支持了中俄在人文教育和文化领域的合作，扩大了两国教育交流活动在更为广阔领域的开展，促进了中俄在教育交流方面的快速沟通与全面协作，而且巩固了中国与俄罗斯的传统国家友谊，有利于维护地区稳定和推动中俄在其他领域的交流合作，成为两国当代睦邻友好合作与全面战略协作伙伴关系蓬勃发展的重要体现。中国与俄罗斯政府均对两国间的教育交流活动给予高度重视，充分肯定教育交流对发展中俄关系的突出作用。例如，2006年与2007年中俄相互举行“国家年”后，两国教育部门以此为契机，积极开展多方位、多层次、多形式的教育交流活动，进一步促进了两国间的教育交流与合作。2008年5月24日，来华访问的俄罗斯总统梅德韦杰夫在北京大学发表演讲，其中就特别提到了清政府开办的俄罗斯文馆与俄罗斯的汉学研究，并着重强调这些历史传统对两国人文合作与文化交流的重要意义。伴随中国“一带一路”倡议的实施，教育领域如何配合新常态下“一带一路”建设成为新的重大课题。国家发展改革委、外交部、商务部联合发布的文件《推动共建丝绸之路经济带和21世纪海上丝绸之路的愿景与行动》明确指出，加强合作办学、深化沿线国家间人才交流合作，对“一带一路”建设十分重要。对于中俄两国而言，作为丝路经济带沿线重要国家

---

① 李智：《文化外交：一种传播学的解读》，北京大学出版社，2005，第1页。

的俄罗斯，不仅是中国推动经济带建设的重要伙伴，也是开展教育交流与合作的主要对象，积极开展以外语教育、留学教育、教育协作、教育资源互换等为主要形式的教育交流与合作，有利于促进中俄文化教育交往发展，密切国家与人民的情感关系，推动两国文化外交的不断进步。由是，要全面提升中俄教育交流的质量，充分发挥留学教育等主要教育交流方式的作用，既需要对现实情况进行缜密研究，亦有必要从历史事实中寻求解决问题的思路和经验，尤应深入分析中俄关系对两国间教育交流具有的深远影响。就此而论，从外交视角出发对“近代中国留俄教育”进行探讨，无疑是时代赋予的课题。

有鉴于此，“近代中国留俄教育”就成了一个涉及教育学、历史学、国际关系学、外交学等相关学科交叉研究的、理论与实际相结合的问题，因而颇具研究的价值和意义。

先就学术价值而言，近代中国人留俄（苏）教育是中俄教育交流关系的主要领域，也是中外教育交流史的重要组成部分。既往有关研究成果的选题多集中于20世纪20年代留苏热潮，而本书选择晚清至20世纪20年代前的中国留俄教育活动作为研究对象，无论研究时段、研究内容、研究视角抑或研究理论、研究方法都具有拓展性与延伸性。其一，研究该时段中国留俄（苏）教育可以丰富中俄教育交流史的研究，进而充实中外教育交流史的研究主题。其时中国留俄教育既是早期中俄教育交流史的延续，有承前之效；又与20世纪20年代的中国人留苏教育相衔接，有启后之用。因此，对该时段的中国留俄教育展开系统研讨，有助于更为全面地揭示近代中俄教育交流史的面貌及本质。其二，有助于进一步推动近代中俄外交关系史、文化交流史的研究。近代中俄外交关系与文化交流不仅是近代中国留俄教育产生发展的历史背景，也为其提供了生长发展的土壤。反之，近代中国留俄教育又对中俄外交关系及文化交流具有直接影响，成为近代中俄外交关系史与文化交流史的重要组成部分。因此，研究其时中国留俄教育，是研究近代中俄外交关系史与文化交流史的有益补充。其三，有助于推动中国近代史的研究。在近代中国人留学史中，中国的留俄教育不仅表现出与中俄关系有紧密联系，受两国外交影响极深的特征，还培养出一批掌握俄文俄语的外交、外语等专业技术人才，他们在近代中国的历史舞台上占据了显著的一席，产生了一定影响。由是，研究近代中国留俄教育活动，对于理解和研究中国近现代史的发展进程亦有助益。其四，本研究试图综合运用国际关系学等学科的理论与方法，从文化外交的视角出发研究其时中国留俄教育的演进与影响，这可为中外教育交流史研究提供新的观察维度与研究理论、研究方法，从而为相关研究者提供参考。

再看其实践意义。其一，本书将近代中国留俄教育置于近代国际形势与中俄关系的大背景下展开研究，全面考察其时中国留俄教育的总体走向与特征，解读留俄教育与中俄关系之间的联系，进而探讨文化外交在世界外交和文化教育交流中的重要性，这可以为当代中国制定对外教育交流政策提供参考。其二，本研究有助于进一步认识留学教育在中俄关系中的地位与作用，可为推动当代两国文化教育交流的发展及推进新时代中俄全面战略协作伙伴关系的构建提供历史经验。此外，本研究对增强当今世界文化交流，消弭国际冲突亦有一定现实价值。诚如汤一介先生所言："在不同民族和国家之间，由于宗教信仰的不同、价值观念的不同、思维方式的不同可能引起冲突，甚至可以由冲突导致战争。但是，是否必然要引起冲突，能不能化解冲突，使之不因文化的不同而导致战争，这就需要我们从各个不同民族的文化中找出可以使文明共存的资源，用以消解不同文明之间可以引起冲突的文化因素。"[①]作为文化交流的主要方式，在人类文明日益进步的今天，教育交流承载的责任与任务愈发重大，以留学教育为代表的教育交流方式已发展为世界各国互通有无的重要途径，留学生亦成为沟通不同文化的载体，这一群体对促进异质文明相互交流、融合与共存具有积极作用。就此意义而论，深入研究近代中国留俄教育，能够全面细致地考察其时中俄两国在文化外交策略及其具体行动上的差异性，从而深刻揭示以留学教育为代表的教育交流活动在中俄关系发展进程中的作用，总结教育交流在国家对外文化交流乃至外交层面所起作用的历史经验，进而为审视与解决当代世界不同国家、民族间的异见纷争提供一种新的思路。

① 汤一介：《"文明的冲突"与"文明的共存"》，《人民日报》（海外版）2004年8月24日。

二、学研回眸

20世纪初，因受其时历史环境及中国人留学活动发展趋势影响，针对留学教育的专门研究渐为部分有识之士重视。1927年舒新城的《近代中国留学史》问世，为近代中国第一部系统研究留学问题的学术专著，使留学史及其研究受到世人瞩目，对后续学术探讨有开创性贡献。自20世纪80年代以来，伴随中国改革开放的深入，对外教育交流活动日趋繁盛，留学教育亦成为学术界关注的研究热点，相关学研成果大量涌现，研究留学教育已成一门“显学”。然而在既有研究工作中，受学术传统、关注重点、历史作用等因素影响，专项研究中国人留学欧美、日本等国历史的学术成果数量庞大且主题丰富，近代以来中国人留学苏（俄）教育的研究则显得格局有所受限，主要围绕20世纪20年代和50年代的留苏热潮展开，有关20世纪20年代前的中国留俄教育的研究更是少人问津，专门的学术成果比较匮乏。为了使读者进一步明晰本研究的中心或主旨，现对与之相关的学术成果进行回顾、整理与分析。

（一）国内对近代留俄（苏）教育领域的相关研究

国内学者对晚清以来中国人留俄（苏）教育活动的记录与研究，早在20世纪30年代即已起步。作为中国留学教育史研究的奠基人，舒新城在《近代中国留学史》中已对近代留俄教育有所关注，记述了晚清总理各国事务衙门对同文馆留俄学生的派遣和署理湖广总督端方选派湖北留俄生的活动。此外，舒新城还将清政府派遣的海外游历使纳入留学范畴，认为“其性质与专门考察有别而带一部分游学任务”[①]，从而将奉旨赴俄游历的清朝官员缪祐孙等人归为“官绅游历”类型的留学生，这就使晚清中国留俄教育的内涵更为丰富。虽然舒新城未对上述留俄活动作更深入的研究，仅在论述晚清留学活动时略缀笔墨，但他开启了中国人研究近代留俄教育的先河。1933年，张星烺所著《欧化东渐史》出版，其中的“中国人留学及游历外国”一节记述了同文馆学生随使赴俄住馆肄业活动，并提出“惟所派学生均以襄赞使署公牍为务，

① 舒新城编：《近代中国留学史》（影印本），上海文化出版社，1989，第119页。

无暇求学，实不能谓为留学生也”的观点。就上述文献而论，尽管囿于时代与资料来源及数量，这些学术成果均未对近代中国人留俄教育进行更为详细、系统的深入研究，但已开辟出一条新的留学研究途径，并为后续研究者提供了史料等方面的有关信息，成为研究近代中国人留俄（苏）教育必不可少的参考文献。

1949 年以后，大陆与台湾地区的学者分别对近代中国人留俄（苏）教育展开了系统研究，并逐渐形成了各自的特点。

1. 大陆学者的相关研究

20 世纪 50 年代到 80 年代前，受各种因素的影响，留学教育及留学史研究曾在一段较长的历史时段内鲜有成果问世。进入 20 世纪 80 年代后，随着改革开放的深入发展，中国人留学活动逐渐发展为热潮，留学教育研究亦随之成为学界关注的热点之一。由是，晚清以来的近代中国人留俄（苏）教育史研究渐成规模，取得了显著成绩，大陆学者发表了大量关于近代中国人留俄（苏）教育史的研究成果，主旨涵盖革命史、中俄教育交流史和中俄文化关系史等方面。

在相关成果中，依数量、深度和广度而论，因留苏热潮对近代中国具有不可估量的深远影响，故而占据主体地位的研究主题是以 20 世纪 20 年代留苏热潮为核心的革命史研究，众多学者采用多种研究理论与方法对该时期的留苏活动进行诠释。其中，20 世纪 80 年代的研究成果多侧重于对重点史实的深度挖掘。如 1985 年于洪君发表了《苏联第一所干部培训学校：斯维尔德洛夫共产主义大学》一文，主要介绍苏联的斯维尔德洛夫共产主义大学等校在培养苏联干部方面的重要作用，其中涉及与 20 世纪 20 年代留苏热潮密切相关的东方劳动者共产主义大学。[①]1988 年，张锡岭先后发表了《莫斯科东方大学中国班和中共旅莫支部》《东方大学中国班及其对中国革命的作用》等文章，着重阐述了莫斯科东方大学中国班的情况及其对中国革命的作用。[②]1989 年，

---

① 于洪君：《苏联第一所干部培训学校：斯维尔德洛夫共产主义大学》，《外国史知识》1985 年第 12 期。

② 张锡岭：《莫斯科东方大学中国班和中共旅莫支部》，《党史资料通讯》1988 年第 1 期；《东方大学中国班及其对中国革命的作用》，《华东师范大学学报（哲学社会科学版）》1988 年第 3 期。

黄新宪发表了《莫斯科“中大”、“东大”与国共两党留苏学生》，概述了国共两党留苏学生在莫斯科东方大学、中山大学、列宁学院的学习生活，并对东方大学、中山大学在留苏教育史上的意义作出评价，认为这两所学校不仅培养了大批留苏学生，而且对国共两党的干部教育也产生了重要影响。[①]

20 世纪 90 年代，相关主题的研究视角更为多样化，有一批论文、论著相继发表、出版。如琚忠友的《论中国二、三十年代的留苏浪潮》侧重于全景式回顾，并分析了留苏活动的产生原因与作用。[②] 杨奎松先后发表了关于“江浙同乡会”的系列文章，利用第一手档案资料对留苏热潮中的“江浙同乡会”事件进行重新阐释。[③] 刘志青的《试述大革命时期中国青年留苏学校》，不仅介绍了东方大学和中山大学，也叙述了中国学子在红军学校、基辅军官联合学校和红军军事学校的情况。[④] 黄纪莲的《莫斯科东方大学与中山大学》着眼于对中国学子在东方大学与中山大学情况的具体阐述。[⑤] 黄新宪的《中国留学教育的历史反思》是较早设专门章节探讨 20 世纪 20 年代留苏热潮的专著，作者就莫斯科中山大学、东方大学、列宁学院对国共两党留苏学生的培养与影响进行了详细述评。[⑥] 孙耀文的著作《风雨五载——莫斯科中山大学始末》，则以回忆录和苏联学者的著述为依据，全面阐析了莫斯科中山大学的发展历程，对其创建过程、留苏学生的选派、学习生活、教学行政组织、代表人物、矛盾斗争、留苏学生回国后的命运等都作了深入探讨，具有极高的学术与史料价值。[⑦]

进入 21 世纪以后，大陆学者对近代中国人留苏（俄）教育的研究更趋深入，不仅保持了注重资料翔实、还原历史本貌的特征，而且重视援引多学科的理论、方法进行深度剖析。如李里峰的《中共中央领导层中的留学生群体分析（1921—1949）》，将中共留学生作为一个群体进行分析，并使用了统计量化的方法

① 黄新宪：《莫斯科“中大”、“东大”与国共两党留苏学生》，《理论学习月刊》1989 年第 3 期。
② 琚忠友：《论中国二、三十年代的留苏浪潮》，《南京政治学院学报》1991 年第 5 期。
③ 杨奎松：《“江浙同乡会”事件始末》，《近代史研究》1994 年第 3 期；《“江浙同乡会”事件始末（续）》，《近代史研究》1994 年第 4 期；《〈“江浙同乡会”事件始末〉（续）补正》，《近代史研究》1994 年第 5 期。
④ 刘志青：《试述大革命时期中国青年留苏学校》，《甘肃社会科学》1996 年第 6 期。
⑤ 黄纪莲：《莫斯科东方大学与中山大学》，《黑龙江社会科学》1997 年第 5 期。
⑥ 黄新宪：《中国留学教育的历史反思》，四川教育出版社，1991。
⑦ 孙耀文：《风雨五载——莫斯科中山大学始末》，中央编译出版社，1996。

开展研究。[①]复旦大学2001届博士研究生汪乾明的毕业论文《二十年代中国留俄学生研究》，将20世纪20年代的中国留苏学生作为一个群体进行系统分析，不仅对有关事实加以翔实考订，而且使用统计方法建立了一套包含大量资料的留苏学生数据库，从地域分布、年龄结构等角度进行量化分析。[②]南开大学2004届博士研究生张泽宇依托攻读博士学位时期的扎实研究，先后发表了《中国留苏学员托洛茨基反对派始末》《莫斯科中山大学停办原因论析》《20世纪20年代国民党员留学苏联述论》，对近代中国人留苏（俄）教育进行了系统化的全面梳理与研究，具有较高的学术价值，并通过相关理论展现了新颖的研究思路。[③]其博士毕业论文《政治文化视野下的留苏教育研究——以20世纪20年代留苏热潮为中心》，以及在此基础之上丰富完善而成的专著《留学与革命——20世纪20年代留学苏联热潮研究》，则围绕“中苏政治文化之间的趋同与冲突是20世纪20年代留苏热潮兴衰和留学生内部矛盾冲突的决定因素”这一核心观点展开讨论，其视角独特、观点鲜明、见解深邃，深刻揭示了中苏政治文化与20世纪20年代留苏热潮之间的内在关系，具有较高的学术价值。[④]

在高度重视20世纪20年代留苏热潮的同时，亦有部分学者从留学教育研究的视角出发，侧重于探讨晚清以来近代中国人赴俄（苏）留学活动。在学术论文方面，邓绍辉的《中国近代留俄苏学生述论》，对清政府派遣同文馆学生至20世纪20年代留苏热潮终结的中国人留俄（苏）历史进行了全面回顾，其特色在于运用多种资料对晚清至20世纪20年代的留俄（苏）学生人数进行了统计。[⑤]张泽宇的《晚清留俄教育述论》是少有的专论晚清中国人留学俄国活动的学术著作，作者基于中国第一历史档案馆的原始档案及留学

---

① 李里峰：《中共中央领导层中的留学生群体分析(1921—1949)》，《徐州师范大学学报（哲学社会科学版）》2005年第6期。

② 汪乾明：《二十年代中国留俄学生研究》，复旦大学博士学位论文，2001年。

③ 张泽宇：《中国留苏学员托洛茨基反对派始末》，《历史教学》2004年第12期；《莫斯科中山大学停办原因论析》，《徐州师范大学学报》2006年第3期；《20世纪20年代国民党员留学苏联述论》，《史学月刊》2008年第7期。

④ 张泽宇：《政治文化视野下的留苏教育研究——以20世纪20年代留苏热潮为中心》，南开大学博士学位论文，2004年；张泽宇：《留学与革命——20世纪20年代留学苏联热潮研究》，人民出版社，2009。

⑤ 邓绍辉：《中国近代留俄苏学生述论》，《教育史研究》1994年第4期。

教育史料汇编中的有关材料，对其时留俄教育开展的背景、原因、具体活动等作了详细论述，既还原了史实又具有一定学术创见，为对晚清中国人留俄教育开展进一步研究提供了有益借鉴。但基于主旨所限，论文仅专门阐述清王朝中央及湖北、黑龙江等地方政府主导下的留俄教育。[①] 南开大学 2005 届博士研究生郝淑霞的学位论文《中国俄语教育史（1708—1949 年）》，在论及晚清俄语教育之时，亦将其时留俄教育纳入研究范围，对湖北、东北、新疆等地派遣的留俄学生均有论述，但限于论文主题、资料来源等因素，并未对留俄教育的起因、演进过程、作用影响等内容作更为深入的挖掘。[②] 在学术著作方面，自 20 世纪 80 年代开始陆续有一些研究留学教育的学术专著对近代中国人留俄（苏）教育进行了探索。王奇生的《中国留学生的历史轨迹（1872—1949）》一书史论并重，极具功力，作者依据中国第二历史档案馆的档案史料、部分回忆录及苏联方面的有关资料，全面回顾了近代中国人留俄（苏）教育的起源与后续发展，在史料的选择、运用与论述等方面均有新的突破，且对近代留俄教育有所兼顾。[③] 进入 21 世纪后，对近代中国人留俄（苏）教育进行专题性研究的学术专著渐有增添。郝世昌、李亚晨合著的《留苏教育史稿》，是首部专门研究中国人留俄（苏）教育的学术著作，其研究范围从俄罗斯文馆的建立至 20 世纪五六十年代的留苏热潮，并附有留苏学生名录，具有较高史料价值。尤为需要指出的是，该著作将近代留俄（苏）教育发轫的历史根源追溯至清康熙年间俄罗斯文馆的创建，并以较大篇幅对晚清留俄教育进行了细致研究与翔实论述，于拓展近代中国人留俄（苏）教育研究领域及开阔研究视野，均具有重要的意义与作用。[④] 黄利群著《中国人留学苏（俄）百年史》，在研究结构上与《留苏教育史稿》有相似之处，而在具体论述时则侧重点不同，作者对 1930 年至 1950 年间留苏学生的研究较为系统，另附有留苏（俄）教育大事记及建国后留苏教育重要文献以供读者参考。[⑤] 此外，尚有一些与教育史密切相关的学术专著对近代中国人留俄（苏）教育开展了程度不同的研

① 张泽宇：《晚清留俄教育述论》，《河北学刊》2004 年第 1 期。
② 郝淑霞：《中国俄语教育史（1708—1949 年）》，南开大学博士学位论文，2005。
③ 王奇生：《中国留学生的历史轨迹（1872—1949）》，湖北教育出版社，1992。
④ 郝世昌、李亚晨：《留苏教育史稿》，黑龙江教育出版社，2001。
⑤ 黄利群：《中国人留学苏（俄）百年史》，中国文史出版社，2002。

究。如马文华著《新疆教育史稿》，运用档案文献等史料记述了军阀盛世才统治新疆时期的留苏学生派遣活动。[①]又如李喜所主编的《中国留学通史》，分别论述了晚清留俄教育与20世纪20年代留苏热潮，其中又以研究20世纪20年代留苏热潮为主。[②]

除上述研究成果外，部分与俄国汉学史、中俄文化关系史相关的学术成果亦对晚清以来的近代中国人留俄（苏）史有所涉及。学术著作方面，阎国栋的《俄国汉学史（迄于1917年）》，在论述19世纪下半期至十月革命前的俄国汉学发展史时，记述了晚清留俄学生邵恒浚、桂芳等人在圣彼得堡大学教授汉语的活动，对留俄学生推动俄国汉学发展的贡献给予充分肯定。[③]蒋路的《俄国文史采微》在论及早期中俄文化交流时，记述了晚清至20世纪20年代的留俄（苏）教育，并强调了留俄（苏）教育对中俄文化交流的促进作用。[④]石方的《黑龙江区域社会史研究（1644—1911）》和《黑龙江区域社会文明转型研究（1861—1911）》，依据地方史志、报刊资料，记述了晚清东三省总督赵尔巽选送奉天男女学生“留学”俄人开办的哈尔滨商务学堂及黑龙江学子赴俄求学的活动。[⑤]黑龙江省文史研究馆编的《黑土金沙录》对奉天学生“留学哈尔滨”亦有记叙，并指出这些学生毕业后多服务于中俄外交领域。[⑥]马蔚云著《中东铁路与黑龙江文化：中俄（苏）关系中的中东铁路问题》，从兴建铁路与地方教育发展关系的视角出发，指出俄国在中东铁路沿线兴学建校的活动，客观上对东北特别是对哈尔滨本土教育的早期发展起到了一定示导作用。[⑦]张中行著《负暄续话》，追忆了晚清留俄学生张庆桐的生平及其著作《俄游述感》，并着重记述张庆桐与俄国文豪托尔斯泰通信一事，肯定张庆桐是“一位有志的通人”。[⑧]王晓秋、杨纪国合著的《晚清中国人走向世界的一次

---

① 马文华：《新疆教育史稿》，新疆教育出版社，2006。
② 李喜所主编：《中国留学通史》，广东教育出版社，2010。
③ 阎国栋：《俄国汉学史（迄于1917年）》，人民出版社，2006。
④ 蒋路：《俄国文史采微》，东方出版社，2003。
⑤ 石方：《黑龙江区域社会史研究（1644—1911）》，黑龙江人民出版社，2002；《黑龙江区域社会文明转型研究（1861—1911）》，黑龙江人民出版社，2006。
⑥ 黑龙江省文史研究馆编：《黑土金沙录》，中华书局，2005。
⑦ 马蔚云：《中东铁路与黑龙江文化：中俄（苏）关系中的中东铁路问题》，黑龙江大学出版社，2010。
⑧ 张中行：《负暄续话》，黑龙江人民出版社，1990。

盛举：1887 年海外游历使研究》，重点研究了 1887 年清政府派遣 12 名游历使赴世界五大洲二十多个国家游历考察的史实，其中亦论述了游历使缪祐孙赴俄国游历的经过、活动，并对其所著《俄游汇编》的特色与价值给予高度评价。[①] 学术论文方面，阎国栋的《沟通中俄文化的先驱——张庆桐生平事迹补苴》，在承继前人研究的基础上，援引俄文及中文史料，细致考证张庆桐的生平，是少有的研究晚清留俄学生个案的文章。[②] 马千里的《奉使游历求真知——缪祐孙与〈俄游汇编〉》[③]、易得见的《绝域留印亦留心——王之春与〈使俄草〉》[④] 以及北京大学硕士研究生杨纪国的学位论文《光绪十三年赴欧洲游历使述论——以刘启彤、缪祐孙、洪勋为中心》[⑤]，均从"游历与求知"的角度出发，研究晚清赴俄访问游历的清朝官员的活动与著述，并指出这些官员兼有出使访问与考察求学的双重使命，既须完成出访使节的任务，也要"求知于异域"，留心外国国情以资中国借镜。除上述研究外，另有数量不菲的档案史料、文史资料、回忆录、传记、年谱等对留俄（苏）学生的求学经历有所记载。这些材料都为研究近代留俄教育提供了必要的史料支撑，在一定程度上丰富了近代中国人留俄（苏）教育的研究主题，拓展了研究视野。

2. 台湾地区学者的相关研究

台湾地区的留学教育研究起步较早，但有关近代中国人留俄（苏）教育的研究成果则为数较少。在有关留学教育的专著中，如瞿立鹤所著的《清末留学教育》[⑥] 和林子勋所著的《中国留学教育史（1847—1975）》[⑦] 仅仅涉及些许晚清时期留俄教育的情况。到 20 世纪 80 年代，台湾学者对近代中国人留俄（苏）教育的研究也开始有所重视，相关资料汇编、回忆录相继出现，其中最具代表性的是 1980 年刘真主编、王焕琛编著的《留学教育——中国留学教育史料》，这是一部详细记录近代中国人留学情况的史料汇编辑录，其

---

① 王晓秋、杨纪国：《晚清中国人走向世界的一次盛举：1887 年海外游历使研究》，辽宁师范大学出版社，2004。

② 阎国栋：《沟通中俄文化的先驱——张庆桐生平事迹补苴》，《俄罗斯文艺》2009 年第 2 期。

③ 马千里：《奉使游历求真知——缪祐孙与〈俄游汇编〉》，《书屋》2006 年第 3 期。

④ 易得见：《绝域留印亦留心——王之春与〈使俄草〉》，《书屋》2006 年第 3 期。

⑤ 杨纪国：《光绪十三年赴欧洲游历使述论——以刘启彤、缪祐孙、洪勋为中心》，北京大学硕士学位论文，2004。

⑥ 瞿立鹤：《清末留学教育》，（台北）三民书局，1973。

⑦ 林子勋：《中国留学教育史（1847—1975）》，（台北）华冈出版有限公司，1976。

中囊括了晚清至20世纪20年代中国人留学俄（苏）活动的大量珍贵资料，譬如晚清留俄学生情况汇总表、留俄监督章祖申的报告材料、部分留苏学生回忆录及南京国民政府处理归国留苏学生的规章制度等。[①]迄今为止，《留学教育——中国留学教育史料》仍是留学教育史研究最为倚重的史料来源之一。

借助丰富的资料，台湾学者陆续发表了关于近代中国人留俄（苏）教育的研究成果。1981年，台湾政治大学历史研究所研究生王纪霏撰写了毕业论文《中国留俄学生之研究（一八九四～一九四二）》，这是笔者所见的台湾地区首篇研究近代中国人留俄（苏）教育的学位论文。[②]作者将研究重点定位于留苏热潮，论述了留苏热潮的产生发展，对留苏学生归国后的经历进行列表分析。此外，作者对晚清留俄教育也比较重视，在论文的第一章进行了专题研究，采用计量统计等方式加以细致分析，并依据晚清留俄学生回国后服务于侨界与外交界所取得的业绩而肯定留俄教育的意义。该论文开创了台湾地区研究近代中国人留俄（苏）教育的先河。此后，在借鉴王纪霏论文的基础上，陈琼瑩著《清季留学政策初探》，对晚清留俄学生人数作了更为详尽的统计研究，并按照派遣年份列表详示。[③]1988年，在台的国民党“留俄同学会”出版发行了《六十年来中国留俄学生之风霜踔厉》。这是一本留苏学生回忆录的汇编，收录几十位留苏学生的回忆、有关的媒体报道及在台留苏学生的个人资料。

自20世纪90年代以来，台湾“中央研究院”近代史研究所研究员余敏玲成为台湾地区研究近代中国人留俄（苏）教育的主要代表人物，她于1995年在美国纽约大学历史系获博士学位，主要从事中俄关系、俄国文化史领域的研究。其博士毕业论文《莫斯科中山大学，1925—1930》（*Sun Yat-sen University in Moscow，1925-1930*），以20世纪20年代留苏热潮中最为重要的学校——莫斯科中山大学——作为研究对象。此后，她还先后在台湾研究刊物上发表了若干相关主题的论文。另外，余敏玲还将查阅到的部分史料通

① 刘真主编，王焕琛编著：《留学教育——中国留学教育史料》，（台北）“国立”编译馆，1980。

② 王纪霏：《中国留俄学生之研究（一八九四～一九四二）》，台湾政治大学历史研究所硕士学位论文，1981。

③ 陈琼瑩：《清季留学政策初探》，（台北）文史哲出版社，1989。

过撰文介绍、汇辑出版等形式介绍给研究者。

综观台湾地区研究近代中国人留俄（苏）教育的成果，可以发现相关研究主要集中于20世纪20年代留苏热潮，对晚清至民国初年的近代留俄教育虽有一定程度的涉及，但未有专项研究成果出现。同时，部分研究成果及带有追忆性质的史料汇编、传记、访谈、回忆录等具有特定时期的政治色彩，是后续研究者在参考引用时必须注意的一个问题。

（二）苏俄学者对近代留俄（苏）教育的相关研究

关于苏联及俄罗斯学者对晚清以来近代中国人留俄（苏）教育的研究状况，因资料来源渠道所限，笔者难以直接从俄罗斯方面获得相关的研究成果，现仅根据已搜集到的资料加以概述。

1. 革命史研究

苏联时期的学者对近代中国人留俄（苏）教育的研究主要集中于20世纪20年代留苏热潮，围绕该主题催生出一批学术成果。其中，大量的论文都刊发在《远东问题》（Проблемы Дальнего Востока）、《苏共历史问题》（Вопросы истории КПСС）、《亚非人民》（Народы Азии и Африки）、《近现代史》（Новая и Новейшая история）等学术杂志上。

1976年和1979年，苏联历史学家娜·尼·季莫菲耶娃（Н. Н. Тимофеева）在《亚非人民》杂志上相继发表论文《东方劳动者共产主义大学（1921—1925）》（Коммунистический университет трудящихся Востока（КУТВ）1921—1925гг.）和《东方劳动者共产主义大学（1925—1938）》（Коммунистический университет трудящихся Востока（КУТВ）1925—1938гг.）。两篇文章比较详细地介绍了20世纪20年代最早接收中国留学生的莫斯科东方大学的创办过程及招生、教学、课程设置等情况。同时，娜·尼·季莫菲耶娃的论文在阐述东方大学的发展历程与历史影响时采用大量珍贵资料，因而兼具较高的史料价值。1977年，苏联科学院远东问题研究所的格·维·叶菲莫夫（Г. В. Ефимов）在《远东问题》杂志上发表了论文《中国劳动者共产主义大学——校史摘记》（Из истории Коммунистического университета трудящихся Китая）。该论文比较全面地介绍了莫斯科中山大学的创办过程与办学情况，并对中山大学的人数变化进行了统计分析。1987年5月，苏联历史学家维·尼·乌索夫（В. Н. Усов）在《远东问题》杂志上发表了《20—30年代苏联为培养中国党和革命干部所提供的国际援助》(Интернациональная помощь СССР в деле подготовки китайских партийных и революционных кадров в 20-30-е годы）。[①] 作者以20世纪二三十年代的中国人留苏活动为研究对象，从苏俄对华工志愿军的培训论起，详细阐述了莫斯科东方大学、中山大学与其他曾接收中国留学生的军事院校、政治院校的办学情况，以及中国留苏学生的学习生活情况。

随着20世纪90年代苏联解体，大批苏联时期的历史档案相继解密，一些俄罗斯学者开始利用有关资料对20世纪20年代的留苏热潮展开深度研究。2001年，俄罗斯历史学家亚·瓦·潘佐夫（А.В.Панцов）的著作《苏中关系秘史：布尔什维克与中国革命（1919—1927）》（Тайная история советско—китайских отношений：Большевики и китайская революция （1919—1927））出版发行。作者在书中设置专门章节依据已解密的苏联档案论述20世纪20年代的留苏热潮，具有较高的史料与学术研究价值。

2. 汉学史研究

如苏联学者斯卡奇科夫的《俄罗斯汉学史》，其中有关汉语教学的部分记述了晚清留俄学生邵恒浚、桂芳在圣彼得堡大学东方语言系的教育教学活动，但总体内容较少，并未进一步展开叙述。[②]

3. 移民史研究

还有一些研究移民史的学术著作在阐述沙俄时期中国人移民俄国的史实时，亦将该时期的中国留俄学生纳入研究视野中。如俄国学者拉林（А. Г. Ларин）著《中国移民在俄罗斯的历史与现实》（Китайские мигранты в России. История и современность），将晚清留俄学生列入沙俄时代的中国移民行列之中，不仅论及中国学子在俄就读的学校，还依据档案史料论述了沙俄政府官员对中国留学生表现出的不同态度，展现了沙俄看待晚清留俄教育的官方

① 该论文的中文译文详见《20—30年代苏联为培养中国党和革命干部所提供的国际援助》，《党史研究资料》1988年第12期。

②[俄]П. Е. 斯卡奇科夫著，В. С. 米亚斯尼科夫编：《俄罗斯汉学史》，柳若梅译，社会科学文献出版社，2011。

观点，从而揭示出导致晚清留俄教育产生、演变的主要因素，对于更为深刻地认识与阐释晚清留俄教育的性质、发展历程、特征、作用等均有较高的借鉴价值。[①]

整体而言，苏联及俄罗斯学者在近代中国人留俄（苏）教育领域的相关研究成果主要集中于20世纪20年代留苏热潮，涉及晚清至民国初年的近代留俄教育的研究较为鲜见。甚至有个别苏联时期的学者认为，直至20世纪20年代以前还未曾有中国青年赴俄留学的活动。这恰如有关学者所指出的，在20世纪七八十年代至21世纪初苏联、俄罗斯出版的中俄关系著作中，中苏同盟与冲突是被关注的热点问题，其他则很少涉及。[②]另据有关研究表明，1980年至2005年间以俄语发表的清史研究成果多侧重于中俄政治、外交关系的研究，偏重对大的政治问题的探讨，而对清朝社会、文化、经济、宗教、法律等问题缺乏足够的关注和细致的研究。[③]

三、研究思路

通过对既往研究成果的系统分析可以发现，研究者对近代中国人留俄（苏）教育的关注点主要集中于20世纪20年代的留苏热潮，至于晚清至民国初期的中国人赴俄留学活动，则被视为近代中国人留俄（苏）教育的前奏，对近代中国发展走向的影响较为有限。因此，相关学者对晚清至民国初期中国人留学俄国活动的分析与解释，大多是从中俄文化教育交流史研究的史实层面出发，对近代中国留俄教育的发生发展过程进行相对笼统的述论。此外，尚有学者从中俄政治文化及历史关联性的视角着手，将晚清和民国初期的中国留俄教育视为20世纪20年代留苏热潮的先声，认为该时期的留俄教育在一定程度上为留苏热潮的兴起奠定了基础，具有不可忽视的历史作用。上述研究虽然探讨了近代中国留俄教育的演变进程与影响因素，从不同角度阐释了

①А. Г. Ларин. Китайские мигранты в России. История и современность. -М.：Восточная книга, 2009.

② 黄定天：《中俄关系通史》，黑龙江人民出版社，2007，“前言”。

③ 国家清史编纂委员会编译组编：《清史译丛》（第2辑），中国人民大学出版社，2005，第56页。

近代中国留俄教育产生与发展的历史基础，但总体而言仍未直接触及其核心发生机制，难以解释其中蕴含的一些重要问题。譬如，沙俄在对华总体外交活动中高度重视文化外交的作用，不仅积极派遣学生随宗教使团来华学习，还开办学校培养精通汉满蒙语的俄国人才及译介中国图书，并且试图培植亲俄势力而屡次插手中国的学校教育领域，然而对中国人赴俄留学却持谨慎保守乃至防卫的态度。又如，晚清时期中国政府大力推动派遣学生赴海外留学活动，积极引导各地方政府选派优秀学子前往先进国家学习，但在留俄教育方面则鲜有相关举措，致使中国人留学俄国活动的发展程度十分有限。

有鉴于此，在既有研究成果的基础上，有必要选择更为适宜的研究视角与理论、方法，以深刻揭示近代中国留俄教育的本质，提炼可资借鉴的历史经验。所以，本书选择了苏联成立前的近代中国留俄教育作为研究对象，试图为一些尚待解决的重要问题提出更具说服力的答案。

依性质而论，同为近代中国留俄教育重要组成部分的晚清民国时期中国人留俄（苏）史与20世纪20年代留苏热潮迥然相异。不同于20世纪20年代留苏热潮与革命紧密相连的特点，晚清民初的留俄教育的产生发展与留学主旨，主要受到中俄文化教育交流历史渊源及两国外交关系演变的深刻影响，具有较为鲜明的文化外交导向特征。因此，近代留俄教育研究既与通常意义上的中俄政治、文化关系研究有一定分别，又不应仅仅局限于对中俄教育交流及留学教育史实进行一般性的分析与叙述，而是应该通过对近代留俄教育史料的解析，在厘清其发展的内在逻辑线索与全过程的基础上，深刻剖析在外交传统与现实利益的影响下，中俄对文化外交的认识与具体实施策略的差异性，以及文化外交对清前期中俄教育交流乃至晚清留俄教育的重要作用，进而深刻揭示近代留俄教育产生发展演变的内在核心机理。由是，文化外交便成为研究近代留俄教育颇为适宜的一个切入点。

所谓文化外交，通常是指以主权国家为主体、对外行使主权的官方文化关系，主要实现维护国家文化利益、促进对外文化交流、施加对外文化影响等特定外交目的，是一国政府对外文化关系的总和，具体内容包括文学、艺术、体育、教育、语言等方面，常规途径是文化交流、沟通与传播。不同国家的文化外交往往首先体现本国的文化特色。相对于政治、经济、军事外交而论，文化外交在一国总体外交中的地位与作用颇为特殊，因其具有的柔性、隐性等特性而成为大多数国家开展对外交流、提升“软权力”、加强本国文化影响力的主要手段。文化外交活动的雏形萌生于人类文明的初期，伴随近代意义上国家的形成而逐渐成形，进而发展成为国际关系的重要组成部分。“历史上两国文化关系的发生往往先于两国外交关系的建立，而且这种文化关系一旦建立，就与两国关系的发展演变相伴相随、共荣共衰，即或在两国关系冷淡甚至绝交时期，两国的文化关系也很难割裂，其惯性还会时时产生影响。”[①] 仅就中俄文化外交而论，早在两国建交伊始，文化教育交流便成为外交关系中的一项主要内容，以派遣宗教使团、俄国学生来华留学、互赠图书典籍、开办外语学校等为代表的活动，促使中俄之间的文化教育关系获得了一定程度的发展。由此，文化（宗教）与外交（政治）通过教育活动融为一体，成就了完全意义上的文化外交。[②] 及至晚清，在中俄关系演变的直接影响下，两国间的文化外交活动发生巨变，近代中国留俄教育登上历史舞台，从而为中俄文化外交打开了一条新的通路，并发挥出独特作用。

就文化外交的视角而言，近代留俄教育的产生发展与中俄对待两国间文化外交的官方态度及具体策略密切相关，而官方态度及具体策略又是由中俄在历史传统、政治文化、经济发展模式、地理环境等方面的差异所决定。在俄国一方，缺乏安全感的地理条件、鲜明的宗教信仰、富有特色的国家文化以及极具对外扩张欲望的沙皇制度，决定了沙俄对华文化外交的主基调。因此，清季俄国的对华文化外交表现出两种倾向性：一是积极推动派遣宗教使团与留华学生、译介中国典籍、在国内兴办中国语学校、开展汉学研究、谋求在华建立学校等活动，以此掌握中国实情，培养精通中国语的外语、外交等专门人才，从而为攫取侵华利益的总体战略目标服务；二是出于避免帮助中国强大的意图，沙俄政府对中国人赴俄留学活动则持消极保守甚至于警惕防卫的态度。而在中国一方，受相对封闭的地理环境、“中国中心论”的外交传统及对俄总体认识等因素的影响，自两国建立外交关系始，清政府于较

① 黄定天：《中俄文化关系史稿（17 世纪 ~1937 年）》，长春出版社，2011，“前言”。
② 李智：《文化外交：一种传播学的解读》，北京大学出版社，2005，第 13 页。

长的一段历史时期内在对俄文化教育交流活动上持被动保守态度，交流的方式与途径较为单一，主要集中于开办俄文俄语学校、译介少量俄国图书等方面。尤其在清代的前中期，清政府几乎无意进一步增加对俄教育交流的途径，扩大对俄文化外交的规模。因此，直至 19 世纪末 20 世纪初，中国人留俄教育才登上历史舞台。

受在复杂因素下形成的清季中俄两国文化外交政策的深刻影响，近代中国留俄教育自产生伊始便显现出某些特征：一方面，留俄教育的发展程度逊色于同时期留学其他国家尤其日本、美国的教育，整体规模居于后位；另一方面，留俄教育的主旨体现出鲜明的与外交紧密相连的特色，既表现在中国学子留俄期间所学的专业课程，也表现在大批官派留俄学生回国后服务于外交、侨务等相关领域。而这种鲜明的外交特色，正反映出中俄外交与近代留俄教育之间的密切关联，即中俄两国在对文化外交的认识与具体执行策略上的差异，是决定其时留俄教育产生与发展演变的深层次因素；而留俄教育又对中俄文化教育交流、文化外交乃至总体外交关系产生较强的影响。因此，本书的基本研究思路是以近代中国留俄教育为研究对象，在对其时留俄教育历史演变过程进行梳理的基础上，侧重从文化外交与留学教育关系的视角出发来研究近代中国留俄教育史。基本立足点是，在中俄关系发展演变的历史大背景下，对近代中国人留俄活动进行剖析与解释，着重强调文化外交在中俄关系史上的作用，及其对清前期中俄教育交流与近代中国留俄教育的影响。

根据上述研究思路，本书内容以下述的逻辑顺序呈现：

首先，阐述了中俄外交关系的建立与发展过程，并分别从中国与俄国的视角出发，剖析在外交关系基础上逐渐形成的两国间的文化教育交流活动。由于中国与俄国在外交传统与现实利益诉求方面的差别，导致其时中俄文化教育交流不平衡局面的出现：沙俄通过派遣宗教使团、留学生，交换书籍，进行汉学研究，开办汉满蒙语教育等方式积极开展对华文化教育交流，并试图以此探清中国国情，利用文化外交手段为其侵华目的服务；清政府则表现得消极保守，仅以办理少量俄语教育机构培养翻译人员作为应对对俄外交的方式。然后，进入相关理论的阐释部分，应用文化外交理论，对中俄在文化外交及教育交流方面出现巨大差异化的问题作深入分析，指出在外交传统、现实利益等因素制约下，中俄在文化外交方面形成的不同观念与具体实施策略，是导致教育交流差异化产生的根源性因素，并且这种差异化对近代尤其晚清留俄教育的产生与发展走向具有决定性作用。

其次，论述了俄语教育在晚清时期获得的发展及其对留俄教育产生的直接作用，明确提出其时建立的俄语教育机构培养了一批掌握俄文俄语的学生，为近代中国留俄教育提供了人力支持。本书将晚清留俄教育的第一个发展时期分为两个阶段，分别加以述论。第一阶段起始于清政府陆续向西方列强派遣各类外交使团的活动，在此期间掌握俄语及其他外语的中国学子得到了赴俄实地学习考察的机会，并借此时机锻炼语言与外交才能。与此同时，亦有部分官员于此时奉旨前往俄国考察学习。因而，近代中国留俄教育在第一个发展时期是以游历求知为主要特征，具体留学教育活动主要包括“随使游历”和“官员游历”，表现出其时游历与游学在一定程度上相叠合，反映了处于早期发展阶段的留俄教育在性质上尚处于雏形，具有中国古代游学的特征。故而，这一时期的“留学”形态，是一种由传统向现代过渡的特殊形态。至第二个阶段，由于清政府开始选派同文馆学生长期在俄学习，并生活在使馆之中，因此“住馆肄业”类型的留俄教育逐渐形成，其性质、功用等既趋近于一般意义上的留学教育，也表现出部分传统特征。“住馆肄业”式留俄教育的诞生，亦为后续留俄教育步入正式化奠定了基础。

再次，阐述了近代中国留俄教育在20世纪初步入第二个发展时期，即正式留俄教育确立后的发展状况，重点探讨了这一时期清政府主导与各地方政府自主派遣的官费留俄教育活动，以及形形色色的自费留俄教育活动的发展过程、管理体制的确立与运行、留学生的学业生活等内容。以中俄文化外交策略的演变为线索，通过分析19世纪末至20世纪初中国人留学教育发展的大趋势及中俄关系的发展，指出留俄教育的正式化是历史发展的必然结果，是中国转变对俄文化外交策略的必要举措，是培养精通俄文俄语的外语、外交及其他专业技术人才的主要途径。随着正式化留俄教育的逐步确立，官费、自费等不同类型的留俄教育渐次兴起，留俄学生人数开始大幅增加，主要分布于俄国的圣彼得堡及远东、中亚地区的部分城市，也在俄国实际控制下的中国领土上出现，从而上演了中国人留学史上最为特殊的一幕。与此同时，留俄教育的正式化也对中国政府的留俄教育管理提出更多要求。由是，留俄教育管理体制伴随着清政府对留欧教育的管理而逐渐成形并最终独立存在。

最后，探讨了近代中国留俄教育的意义、特点与历史影响。清王朝的覆灭使近代中国留俄教育的发展进程受到一定影响，但受留学教育的特性决定，已派遣出国的部分留学生仍然继续在俄学习，所以晚清留俄教育的进程在民国初年依旧以一种历史惯性得到延续，留学管理的职责亦由地方政府接手，直至俄国十月革命成功后才宣告正式终结，而这一历史交接点或转折点，又与中国新旧民主主义革命阶段大致重合，留苏教育随后开始兴起。基于近代中国留俄教育起源的特殊性，其不仅在留学生派遣、选读专业、留学政策、学业生涯、学生任用等方面具有与留学其他国家教育不同的特点，而且培养的留俄学生对中俄外交关系以及中国国内政局产生了直接而突出的作用。这些内容都充分反映出本选题的主旨，即中俄外交关系与文化外交策略对近代中国留俄教育具有重要作用，不仅为近代中国留俄教育创造了历史基础，而且决定了留俄教育的性质、功能与发展走向。

第一章

冲突与应对：中国留俄教育发轫的历史基础

在变化发展中的人类世界，历史事件的产生、演进乃至结局，通常都有特定孕育条件与深刻内在动因。恩格斯指出："历史是这样创造的：最终的结果总是从许多单个的意志的相互冲突中产生出来的，而其中每一个意志，又是由于许多特殊的生活条件，才成为它所成为的那样。这样就有无数互相交错的力量，有无数个力的平行四边形，由此就产生出一个合力，即历史结果，而这个结果又可以看作一个作为整体的、不自觉地和不自主地起着作用的力量的产物。"①

这就要求我们在分析历史问题之时，必先对引致其发生、演进的内外部因素进行客观深入的探求。诚如列宁论及研究社会科学问题的最可靠方法时所言："不要忘记基本的历史联系，考察每个问题都要看某种现象在历史上怎样产生、在发展中经过了哪些主要阶段，并根据它的这种发展去考察这一事物现在是怎样的。"②缘此，在探讨近代中国留俄教育的发展历程之前，应须追根溯源，深刻分析引发其产生、促使其发展的历史基础，以俯瞰的视角考察推动留俄教育产生、演进的时代大背景。

---

① 中共中央马克思恩格斯列宁斯大林著作编译局编：《马克思恩格斯选集》（第4卷），人民出版社，1995，第697页。

② 中共中央马克思恩格斯列宁斯大林著作编译局编：《列宁选集》（第4卷），人民出版社，1995，第26页。

第一节　中俄外交关系的发生及其演变

任何国家之间开展教育交流活动时，其发生与发展必然具备一定的前提条件，即需适宜的渠道或平台作为沟通交流的媒介，以支撑教育交流活动的开展。从国际关系视角出发，两个国家间建立起的官方外交关系能够承担起这一重要职能，即国家间外交关系的确立为教育交流的开展奠定了基础，提供了可资孕育的土壤。综观近代中俄教育交流的演变历程，两国外交关系与教育交流之间的密切联系便鲜明体现出上述观点。因而，为深入研究中国留俄教育的史实与内在发展规律，有必要对中俄关系的开启及其演变历史加以概述。

一、中俄关系的历史追踪

作为共同拥有漫长边境线的世界大国，中国与俄国外交关系的建立并非一日所成，而是经历了一个漫长的历史演进过程，冲突与对抗、同盟与合作等错综复杂的关系夹杂其间。在此进程中，中俄两大文明从互不知晓到联系紧密，两国领土从山水遥隔到毗邻而居。这种国家间外交关系的逐渐确立，不仅促使中俄在政治、经济等领域的交往日益深入，亦为两国文化教育交流的产生创造了必要条件。

（一）俄罗斯文明的兴起与初期发展

俄罗斯文明发源于广袤的东欧平原，属于东斯拉夫文明的一支。早在远古时代，东斯拉夫人就已生活在俄国的欧洲部分。[①] 伏尔加河、第聂伯河、顿河等河流为东斯拉夫人带来了种种便利，成为滋养其文明生长的天然源泉。9世纪，作为第一个俄罗斯国家的基辅罗斯（Киевская Русь）在第聂伯河流域

①[苏]B. B. 马夫罗金：《俄罗斯统一国家的形成》，余大钧译，商务印书馆，1991，第 3 页。

崛起。在基辅罗斯时代被创作出来的《古史纪年》有如是记载：“6360（852）年。罗马税纪第 15 年。拜占庭帝国皇帝米哈伊尔三世（Michael Ⅲ）开始执政，从此年开始才有罗斯国这个名称。”[①]

历经奥列格、伊戈尔、斯维亚托斯拉夫等人的统治后，基辅罗斯于 10 世纪末至 11 世纪初进入鼎盛期，成为当时东欧地区的强国。斯维亚托斯拉夫的第三子弗拉基米尔成为统治者后，不断地将边界向西拓展。

> 约在公元 981 年左右，他从波兰人手里夺取了佩列穆什尔、切尔文及其周围一带的地区。两年之后，他征服了雅特维亚格人，并且把涅曼河中游和西布格河之间的土地并入版图（约在公元 983 年）。[②]

而弗拉基米尔皈依基督教的举动推动了基督教和拜占庭文化在基辅罗斯的传播，并对后来的俄罗斯文明产生巨大影响。到雅罗斯拉夫统治时期，基辅罗斯继续扩张并巩固了领土面积，“公国的版图从波罗的海延伸到黑海，从奥卡河河口延伸到喀尔巴阡山脉”[③]。

至 11 世纪后半期，基辅罗斯逐步建立起具有封建化特征的统治体制，领主的权力不断增加，其治辖地区的独立性逐渐增强。到 12 世纪，随着地方贵族势力的增强和自然经济的发展，原本统一的国家渐趋分裂，转而形成了许多独立的地方公国，基辅罗斯开始进入封建割据时期。

> 教会人士想要推动基督教对基辅罗斯的统一，但在 12 世纪和 13 世纪初，他们所能看到的却是离心倾向越来越增强。大公和公国之间相互争战不休，一些新崛起的中心开始向基辅罗斯的领导权发出挑战……各地大公们又持续不断地在其儿子们中间再次分割其公国，而他们的儿子们却沉溺于亲族之间的凶杀之中不能自拔，纷纷拒绝团结起来反对外来敌人。[④]

---

① 王松亭译注：《古史纪年（古俄语—汉语对照）》，商务印书馆，2010，第 8 页。

②[美]爱伦·F. 丘：《俄国历史地图解说—— 一千一百年俄国疆界的变动》，郭圣铭译，商务印书馆，1995，第 7 页。

③[美]尼古拉·梁赞诺夫斯基、马克·斯坦伯格：《俄罗斯史》（第 7 版），杨烨、卿文辉主译，上海人民出版社，2007，第 33 页。

④[美]沃尔特·G. 莫斯：《俄国史（1855~1996）》，张冰译，海南出版社，2008，第 11 页。

由是，至13世纪基辅罗斯被蒙古帝国征服。

（二）元、明时期中俄关系的形成

贸易是古代中外文化交流的一种基本方式，中俄之间的最初接触便可从间接的贸易往来算起。在中俄尚不知晓对方存在的年代，中国的丝织品等各种商品即在9世纪至10世纪间通过间接贸易传入俄罗斯。[①]此外，在10世纪至12世纪间，由契丹人建立的辽王朝对俄罗斯也具有一定的影响。契丹人将中国东北文化向俄罗斯传播的主要途径是商队和私人贸易。[②]但受规模、数量等条件所限，这种间接性质的贸易往来，在当时历史条件下仅能实现物的流动与交换。至13世纪，中国与俄罗斯方才有了一定程度的直接接触。

1. 元代的中俄关系

1223年，蒙古大将速不台奉命进军俄罗斯南部，俄罗斯就此为中国人知晓。[③]据张星烺考证，俄罗斯在中国历史典籍的记载中有多种称谓："其名作斡罗思部，又作阿罗斯，又作兀鲁思，又作乌鲁斯。《元朝秘史》作斡鲁斯，盖皆蒙语Oros者也。"[④]

蒙古帝国统治时期，有部分俄罗斯人为蒙古贵族服役，《元史》中即有关于进献俄罗斯人的明确记载。[⑤]元朝为妥善安置这些最早来到中国的俄罗斯人，不仅拨给衣食、种子、牲畜、劳动工具和土地供其使用，还在枢密院下设有正三品的"都万户府"，作为统领由俄罗斯人组成的"宣忠扈卫亲军"的总管机构。[⑥]这些俄罗斯人不仅成为蒙古帝国军事力量的组成部分，而且有机会发挥文化交流中介的作用，将俄罗斯的各种文化因子传播到中国。如马可·波罗在游记中记述了关于蒙古各汗国之间的战争及俄罗斯概况，这些内容即有可能是由在元大都的俄罗斯人讲述的。[⑦]有俄国学者认为："14世纪之

①[苏]米·约·斯拉德科夫斯基:《俄国各民族与中国贸易经济关系史(1917年以前)》,宿丰林译,社会科学文献出版社，2008，第40页。

②王世才：《中国东北文化与俄罗斯文化的交流与融合》，《黑龙江社会科学》2006年第5期。

③[明]宋濂等：《元史》"列传"第八。

④张星烺编注：《中西交通史料汇编》（第1册），朱杰勤校订，中华书局，1977，第160页。

⑤[明]宋濂等：《元史》"本纪"三十五，"文宗"四；"本纪"三十六，"文宗"五。

⑥[明]宋濂等：《元史》"本纪"三十五，"文宗"四。

⑦孙成木：《俄罗斯文化一千年》，东方出版社，1995，第313页。

后，这些最早的东正教扈卫亲军断绝了与祖国的道德宗教联系，消失在异教荆棘丛生的遥远东方。”[①]

蒙古帝国统治时期，一方面切断了俄罗斯与拜占庭以及西方的部分联系；另一方面则在一定程度上打通了中俄交流的渠道，中国的工匠技师、歌伎艺人、书吏等专业技术人才被带到俄罗斯，在当地广泛传播了中华文化。由是，俄罗斯上层人士对中国的茶叶、服饰和精美的器物颇为喜爱，“不但争相使用穿戴还用东方语言来称呼”，“甚至学会了使用算盘来记账”。[②]中国的印刷术，也有可能是通过俄罗斯传到西欧的。[③]

随着蒙古帝国的崩溃，中俄之间业已建立起的联系戛然中止。自 14 世纪下半叶开始，中俄两国之间无论官方联系抑或民间往来都难觅其踪。直至明万历年间，这种情况才发生一定改变。

2. 明代的中俄关系

蒙古帝国全面崩溃后，中国与俄罗斯分别走上了各自不同的发展道路。在中国，朱元璋于 1368 年率军攻占元大都，中国开始进入明王朝统治时期。而在俄罗斯，伊凡四世于 1547 年加冕典礼上正式采用古罗马皇帝恺撒的称号，自称“沙皇”，并在俄罗斯确立起军事封建专制的沙皇制度，开始大规模向外扩张。

16 世纪下半叶，沙俄先后吞并喀山汗国、阿斯特拉罕汗国，将整个伏尔加河流域都纳入自己的版图。至 17 世纪初，沙皇俄国的势力扩张到了叶尼塞河流域。[④]从 17 世纪 40 年代开始，沙俄侵略者又对喀尔喀蒙古所属的贝加尔湖以东地区实施武装入侵，并在此过程中通过信使探听到关于中国的情况。[⑤]由是，沙俄开始谋求以外交手段与中国政权开展直接接触，试图借助该途径攫取政治、经济等利益，派遣使团就成为必然选择。

1618 年 5 月，沙皇米哈伊尔命令彼特林率领半官方性质的使团从托博尔

---

①[俄] 尼古拉 · 阿多拉茨基：《东正教在华两百年史》，阎国栋、肖玉秋译，广东人民出版社，2007，第 4 页。

② 黄定天：《中俄关系通史》，黑龙江人民出版社，2007，第 2 页。

③ 宿丰林：《早期中俄关系史研究》，黑龙江人民出版社，1999，第 219 页。

④ 刘民声、孟宪章、步平编：《17 世纪沙俄侵略黑龙江流域史资料》，黑龙江教育出版社，1992，第 1 页。

⑤ 中国社会科学院近代史研究所编：《沙俄侵华史》（第 1 卷），人民出版社，1978，第 139 页。

斯克出发前往北京。当年 9 月，彼特林使团抵达北京城。由于沙俄在中国西部地区进行了刺探情报的活动，所以明王朝对该使团的来访保持警惕。鉴于彼特林使团并未携有国书，因而万历皇帝没有给予他们觐见的机会，但他们得到了大明皇帝致沙皇的国书，这在中俄外交史上是一个重要的标志性事件。[①]苏联学者米亚斯尼科夫对彼特林使团的访华活动给予高度评价："他们作为世界上第一批欧洲人，开辟了前人未知的经西伯利亚和蒙古草原前往神话般的中国的旱路路线。"[②]从中俄关系发展的角度看，彼特林使团对明朝的出访，有助于中国与俄罗斯加深彼此的认识与了解，对于此后中俄关系发展具有一定的推动作用。

（三）清前期中俄关系的演化

彼特林使团出访中国之后，中俄之间的联系又中断了三十多年。在此期间，中国朝代更迭，明朝灭亡，清王朝取而代之。与此同时，沙皇俄国对远东地区的殖民侵略活动依然继续，并依托已有据点开始向中国黑龙江流域扩张。由波雅尔科夫、哈巴罗夫、斯捷潘诺夫等人率领的侵略军在黑龙江地区疯狂掠夺各种资源并大肆屠杀当地居民，给当地中国民众造成了巨大灾难，中俄官方矛盾激化。在清政府和黑龙江当地人民的共同努力下，到 1659 年，在黑龙江中下游活动的俄国侵略者基本被清除，沙俄对华侵略活动暂时受到遏制。[③]

在武装侵略黑龙江地区的同时，自 1653 年起，沙俄政府先后派遣巴伊科夫、佩尔菲利耶夫、阿勃林、斯帕法里等人出访中国，进一步了解和掌握中国政治、经济、地理、军事等方面的实际情况。尤其是斯帕法里在访华期间还与在京欧洲耶稣会士进行广泛接触和联络，积极拉拢、收买他们为沙俄服务。

为满足不断增长的扩张欲望，就在使团频频访华之际，沙俄仍旧将侵略之手伸向中国东北、西北地区。在东北地区，清政府在 1685 年和 1686 年进

①[俄] 尼古拉·班蒂什 – 卡缅斯基编著：《俄中两国外交文献汇编（1619—1792 年）》，中国人民大学俄语教研室译，商务印书馆，1982，第 20—21 页。

②[苏] 米亚斯尼科夫：《俄国最早的驻华外交官》（莫斯科，1966 年），转引自林军：《中苏关系 1689—1989》，黑龙江教育出版社，1989，第 11 页。

③[俄]А. П. 瓦西里耶夫：《外贝加尔的哥萨克（史纲）》（第 1 卷），北京师范大学清史组：徐滨、许淑明等译，商务印书馆，1977，第 147 页，注释①。

行的两次雅克萨之战中取得胜利，迫使沙俄坐到谈判桌前。1689 年，中俄正式签订了有史以来的第一个条约——《尼布楚条约》，从法律角度遏制了沙俄对黑龙江地区的进一步侵略扩张。而在西北地区，中俄于 1727 年签订了《恰克图条约》，对中俄中段边界予以明确框定，并在贸易、宗教、引渡犯人等方面达成协议。相关条约的签署，虽然使中国付出了不菲代价，但在一定程度上缓解了中俄两国的争端，为东北、西北地区赢得了较长时段的安定局面。《恰克图条约》赋予了沙俄在北京修建东正教教堂和派遣留学生的权利，这为沙俄借助文化外交向中国渗透提供了可乘之机，但同时也在客观上为中国开展对俄教育交流创造了契机，间接推动了清王朝第一所专门从事俄语教学的学校——俄罗斯文馆的创立与发展。

二、中俄关系的近代演变

历经了一段较长时间的和平时段后，中俄关系在晚清时期再度发生变化，且程度甚为剧烈，而这既与两国国力的此消彼长密切相关，也与其时世界政治、经济格局的演变紧密相连。

（一）中俄国家实力对比发生变化

就世界格局而言，西欧自文艺复兴以后逐渐摆脱了被称作“黑暗时代”的中世纪的羁绊，资本主义随之萌生继而勃发。依托于地理大发现、大学的建立、科技的繁盛和宗教改革，西欧的生产力开始获得极大发展，至 16 世纪时，在科学技术、文化艺术等领域均取得了巨大成就。18 世纪工业革命的兴起则进一步加速了西欧的发展，促使其在 19 世纪达到资本主义的高峰。马克思、恩格斯对此评价道：“资产阶级在它的不到一百年的阶级统治中所创造的生产力，比过去一切世代创造的全部生产力还要多，还要大。”[①] 以英国为代表的资本主义列强由此巩固了统治基础，成为世界经济的中心，并确立了资产阶级对世界的统治秩序，广大殖民地人民则备受奴役剥削，更加贫困艰难。

① 中共中央马克思恩格斯列宁斯大林著作编译局编:《马克思恩格斯选集》（第 1 卷），人民出版社，1995，第 277 页。

与此同时，工业革命也在客观上传播了先进的生产技术和生产方式，并使大航海时代以来就得以建立发展的世界各地区的联系更为密切，活动更加频繁。此外，欧洲人还利用他们新的经济力量和效率，“在 19 世纪不仅在军事上而且在文化上压倒了亚洲”[①]。

在此种世界格局发生巨变且生产力获得快速发展的趋势面前，中国与俄罗斯的反应迥然相异，走上了截然不同的道路。就在西欧借助于种种方式不断发展自身实力并努力向外扩张之时，中国却减缓了前进步伐，逐渐落后于时代发展潮流。在政治和经济上，封建土地所有制使农业与小手工业牢固结合，难以形成独立的社会分工，而“重农轻商”“重农抑商”的传统经济思想，以及皇权统治下的“士农工商”社会结构，严重束缚和阻碍了社会经济发展，这些因素导致处于封建制度下的中国在经济、政治结构方面的长期固化与发展不平衡。有学者认为：“维护落后的农业经济、不愿发展商业及金融的做法，正是中国在世界范围内由先进的汉唐演变为落后的明清的主要原因。”[②]在科学技术上，古代中国在发明创造方面的起步之早、数量之多、质量之高皆举世罕有，曾一度遥遥领先于其他国家。正如李约瑟所指出：

> 人类历史上的一些很基本的技术正是从中国这块土地上生长起来的，只要深入发掘，还可能找到更有价值的东西。至少必须说，中国的全部科学技术史，应该是任何一部世界成就史中不可缺少的组成部分。[③]

但自元明时期至近代，中国科学技术的发展逐渐落后于西方。仅就中国一向重视且领先的纺织业而言，“北宋就已流行的多锭纺车，到了明末，其间经过 600 年居然没有什么大的改良”[④]。在对外交往上，隋唐和宋元时期的中外交流曾一度空前繁荣，中国与其他国家往来频繁，既积极吸收域外文明的优长之处，亦将中华文化向外广泛传播。至明清时期，中国与域外国家、

---

①[英]G. F. 赫德逊：《欧洲与中国》，王遵仲、李申、张毅译，中华书局，1995，“前言”，第 15 页。

②[美] 黄仁宇：《万历十五年》（增订纪念本），中华书局，2006，“自序”，第 2 页。

③[美] 李约瑟：《中国科学技术史》（第 1 卷　导论），王铃协助，科学出版社、上海古籍出版社，1990，第 8 页。

④ 张海林编著：《近代中外文化交流史》，南京大学出版社，2003，第 5 页。

地区的交往活动渐趋减少。“明初承元代中外文化交流的余波，曾翻译了元朝遗留下来的《回回历》和《回回药方》，但此后外国文化对明朝社会的传播即停滞下来，直到晚明时期西方耶稣会士来华传播西学为止。”[①]虽然也曾有郑和七下西洋的伟大壮举，加强了中国与海外诸国的联系，传播了中华文明，但终究是昙花一现，未能延续。而明清两代实行的“禁海令”“迁海令”等海禁政策，虽然主要是为应对外部袭扰及保障内部稳定，但也体现出较为明显的保守性和局限性，在一定程度上阻碍了中外交流活动的发展。尤其是清王朝统治时期，受“天朝物产丰盈，无所不有，原不借外夷货物以通有无”[②]观念影响，清廷既严格控制中外贸易的发展，又对外国人在华活动予以限制，务求“俾民夷不相交结”[③]，严防中国人民与外国人的交往。受此影响，中国的教育也无法获得进一步发展，知识阶层难以接触和学习源于域外的先进思想文化与科学技术，而自隋唐以来一脉承袭的科举制度，至晚清时期亦日趋没落、弊窦丛生，难以继续起到为国家遴选栋梁的作用。由是，在人类文明发展的“长跑赛”中，中国受上述诸般因素所致从领先者逐渐变为落后者，“中国不再是世界的领导者，欧洲告别了中国的阴影，并开始超越中国”[④]。然而，仍以“天朝上国”自居的清王朝对此却懵然不知，“中国人不了解一旦西方以敌人出现在面前时，现代科学和技术已给这些敌人带来了多大的优势”[⑤]。因此，两次鸦片战争以后，有着数千年文明史的“中央之国”饱受西方列强的欺凌，尽管古老的中国“二千年间大体能维持一个一统帝国的局面，保持文化的特性，并在文化方面能有新的进展与新的建设”[⑥]，但这并不足以抵挡外部的强大压力，主权沦丧、国土支离、民生凋敝，中国面临着史上最大危机。以封建制度为核心的政治体制、以农业与小手工业为主体的经济体系，以及以儒家思想为代表的传统文化，都遭受到极其沉重的打击，原本相对封闭、自给自足的文明发展模式遇到

① 李喜所主编，陈尚胜著：《五千年中外文化交流史》（第1卷），世界知识出版社，2002，第3页。
② 梁廷枬等纂：《粤海关志》，（台北）文海出版社，1975，第1679页。
③ 故宫博物院编：《史料旬刊》（第1册），北京图书馆出版社，2008，第659页。
④[美]芮乐伟·韩森：《开放的帝国：1600年前的中国历史》，梁侃、邹劲风译，江苏人民出版社，2007，第383页。
⑤ 广东省文史研究馆：《鸦片战争与林则徐史料选译》，广东人民出版社，1986，第133页。
⑥ 雷海宗：《中国文化与中国的兵》，商务印书馆，2001，第164页。

严峻挑战，国家存在的根基不可避免地被动摇，这不仅使中国社会从上至下都在很长的时期内处于受冲击、震撼的状态中，而且在西方文明挑战下，中国亦被迫进行经济、政治、社会等领域的大转型，走上“后发外生型”的现代化之路。[①]

与中国在晚清时期的国势日衰、江河日下形成鲜明对比，俄国自 1689 年彼得一世正式掌权后走上了大国崛起之路，步入欧洲列强之列。美国学者 M. J. 列维指出，依据现代化的前景可以将世界上的民族、国家、社会或地区划分为三类：先行者、早期的后来者与其他的后来者。[②] 依此而论，俄国虽较之英法等“先行者”在现代化进程上起步较晚，属于“早期的后来者”，但发展速度十分迅速。被誉为“俄罗斯历史上思想最开放、最富有改革精神”的彼得一世，一方面注重对外学习，吸收借鉴外国先进思想与经验，曾于 1697 年至 1698 年间远赴西欧旅行、游学，努力学习西方的科学技术、文化和行政管理方法。另一方面在内政外交上励精图治，着力改革。对内，在学习西方的基础上开展政治、经济、军事、文化教育、宗教等项改革，使原本落后的俄国在经济结构、政治体制、文教风俗等方面都发生显著变化，“使俄国开始告别东方，走向西方；告别中古，走向近代；告别愚昧与落后，迈进现代化的门槛”[③]。对外，彼得一世不仅赢得了持续二十年的“大北方战争”，从瑞典手中夺得了芬兰湾和里加湾沿海一带以及波罗的海出海口，还夺取了亚速堡和巴库，控制了亚速海和里海的门户。从此，俄国由一个内陆国家转型为拥有广阔海疆的国家，升级为欧洲强国。“俄国作为一个欧洲大国的外交史是在 1682 年随着彼得大帝的即位而开始的。”[④] 彼得一世的改革及其取得的成就，为俄罗斯的后续发展奠定了坚实基础，正如俄罗斯哲学家别尔嘉耶夫所言：

> 彼得大帝的改革完全是不可避免的，以前的进程为其作了准备，同时，它又是带强制性的上层革命……彼得大帝的改革对人

---

① 罗荣渠：《现代化新论——世界与中国的现代化进程》，北京大学出版社，1993，第 123 页。

②[美]M. J. 列维：《现代化的后来者与幸存者》，吴萌译，知识出版社，1990，第 2—3 页。

③ 白建才：《俄罗斯帝国》，三秦出版社，2000，第 125 页。

④[美] 巴巴拉 · 杰拉维奇：《俄国外交政策的一世纪（1814—1914）》，福建师范大学外语系编译室译，商务印书馆，1978，第 4 页。

民来说是如此巨大的痛苦，但是没有彼得的强制性改革，俄罗斯就不能完成自己在世界历史中的使命，也不能在世界历史上讲自己的语言。[①]

在彼得一世之后，于1762年即位的女皇叶卡捷琳娜二世承继其思想，实行“开明君主专制”，改革国家管理体制，大力促进俄国资本主义工商业的发展，推动对外开放，积极发展文学艺术、建筑和教育，并通过先后对波兰、土耳其、瑞典发动战争，以及对克里木半岛、阿拉斯加等地区的并吞，成功地扩大了帝国版图。俄国历史学家克柳切夫斯基评论道，在叶卡捷琳娜统治时期，“国家领土无论在南方或西方，几乎都达到了它的天然边界。在南方获得的领土中，后来成立了3个省……在西方则从波兰获得的领土中成立了8个省”[②]。此后，于1801年上台的亚历山大一世击败拿破仑，充当起“欧洲宪兵”的角色，俄国开始称霸欧洲。虽然在1853年至1856年间的克里米亚战争中，俄国败于由英、法、土耳其（奥斯曼帝国）和撒丁王国组成的联盟，失去了欧洲大陆的霸主地位，但从另一视角来看，这也在客观上促使俄国开始进行自上而下的农奴制改革，走上资本主义发展道路。恩格斯指出：“沙皇政府在全世界面前给俄国丢了丑，同时也在俄国面前给自己丢了丑。前所未有过的觉醒时期开始了。”[③]1861年，亚历山大二世宣布废除农奴制法令，开始改革陈旧的政治经济体制。至19世纪80年代末，俄国工业革命基本完成，缩短了俄国与欧美发达国家的差距，综合国力得到增强。

（二）实力对比变迁下的中俄关系

在国际关系中，国与国之间的关系往往取决于国家实力的差异。可以说，国家实力是一国外交的基础。汉斯·摩根索认为：“国家和国际政治的关系变化很快。它随着权力的消长而变化：权力的消长可以把一国推到权力斗争

---

①[俄]尼·别尔嘉耶夫：《俄罗斯思想：十九世纪末至二十世纪初俄罗斯思想的主要问题》，雷永生、邱守娟译，生活·读书·新知三联书店，1995，第14页。

②姜其煌：《一个“开明君主”的画像》，《百科知识》1982年第10期，第31页。

③中共中央马克思恩格斯列宁斯大林著作编译局编：《马克思恩格斯全集》（第22卷），人民出版社，1965，第44页。

的最前线，也可剥夺一国积极参加权力斗争的能力。”[①] 这在全球化出现之前及发展之初的时期体现得尤为明显，其时存在着大量因掠夺与扩张而引发的国际冲突。在国际关系理论结构现实主义者看来，国家实力主要指以军事和经济为主的物质性力量。[②] 譬如米尔斯海默就认为：“在国际政治中，一国的有效权力是指它的军事力量所能发挥的最大作用，以及与对手的军事实力对比的情况。”[③] 尽管上述观点在一定程度上有失偏颇，但在 19 世纪欧洲殖民主义盛行、帝国主义列强之间频繁征战的历史条件下，这种在当代通常被称为“硬实力”的国家实力，成为诸强争雄、瓜分世界的“通行证”。由是，中国与俄国在国家实力上的此消彼长，最终引发了两国关系的剧烈变化，由于鸦片战争，原本处于相对平衡状态的中俄关系发生根本性改变，由《尼布楚条约》确定的两国平等关系被彻底打破。

近代俄国侵华序幕的开启，大致可归结为三个直接原因：一是自在克里米亚战争中受挫之后，俄国开始将领土扩张的重点从欧洲和近东转向了政治、经济均较为落后的中亚和远东地区，以便掠夺更多土地；二是俄国内部反封建斗争的愈演愈烈促使政府产生必须转移国内矛盾的需要，以及新兴资产阶级对更多殖民地与市场的渴求，都推动俄国政府加紧对外侵略；三是鸦片战争打开了原本封闭的中国门户，西方列强如饿虎扑食般纷至沓来，从此将中国推入半殖民地半封建社会的深渊，这就为俄国提供了不断侵略领土相邻的中国的时机与条件。基于上述原因，作为界连壤接的邻国，中国首当其冲成为俄国扩张蚕食的目标。

相对于英法等国的侵华行径，俄国在侵略意图和方式上具有鲜明特点。学者赵中孚把俄国与英法等国的侵略活动明确区分开，将俄国定义为大陆型帝国主义，而将英法等国定义为海洋型帝国主义，并指出俄国与英法等国在殖民方式上的最大不同就在于：

> 不能容忍殖民地或被征服邦国的观念与制度，与本国有任何由

①[美] 汉斯・摩根索：《国家间政治：权力斗争与和平》（第 7 版），徐昕、郝望、李保平译，北京大学出版社，2006，第 46 页。

② 邢悦、詹奕嘉：《国际关系：理论、历史与现实》，复旦大学出版社，2008，第 201 页。

③[美] 约翰・米尔斯海默：《大国政治的悲剧》，王义桅、唐小松译，上海人民出版社，2003，第 79 页。

> 于地理距离所造成的差异。换言之，英法等国为配合资本与工业之高度发展，殖民活动主要作用在攫取海外市场或制造商品的殖民市场，并不以兼并土地为最后目的。而俄国殖民活动，经济作用乃居次要，基本目的则在扩张领土，借此发展国家力量。[①]

赵中孚的观点鲜明地指出了19世纪中期至20世纪初俄国侵华行径的特征。

1847年，沙皇尼古拉一世任命穆拉维约夫为东西伯利亚总督，于是这位出身名门贵族的总督成为俄国侵华的急先锋。他在1853年11月29日呈给海军大将亲王殿下的秘密报告中即提出：

> 人口众多的邻邦中国，由于愚昧无知而软弱无能，很容易受英法影响而被唆使同我国作对。那时，西伯利亚将不再为俄国所有……要想保住西伯利亚，目前就必须确保和牢固占有堪察加……并且牢固地控制邻邦中国。[②]

尼古拉一世也向穆拉维约夫下达指示："中国理应满足我国之合理要求，倘若不允，尔今手握雄兵，可以武力迫其就范。"[③]在俄国政府大力支持下，穆拉维约夫开始执行其侵华计划。1854年至1856年间，俄国军队多次武装入侵黑龙江，在上中下游分别修筑营垒，进行实际占领。与此同时，沙皇政府也着手通过外交手段将侵略成果"合法化"，胁迫清廷接受和承认既成事实。而此时的清王朝正陷入内忧外患之中，内部的太平天国起义与外部的英法联军入侵已使清政府难以招架，故对俄国在黑龙江领域的大肆侵略再难有余力和勇气来抵御。吉林将军景淳在提出撤回部分军队以资防俄时，甚至遭到了咸丰皇帝的驳斥："从来抚驭外邦，惟有设法羁縻，善为开导，断无轻率用兵之理。"[④]清王朝的腐朽与软弱既助长了俄国本已嚣张的侵略气焰，又使本国在抵抗外侮的斗争中屡屡处于被动挨打的地位。1858年5月28日，中俄两国代表在瑷珲城签订了《瑷珲条约》，中国被迫将黑龙江以北、外兴安岭

---

① 赵中孚：《清季中俄东三省界务交涉》，（台北）"中央研究院"近代史研究所，1970，"前言"，第1页。

②[俄]巴尔苏科夫编著：《穆拉维约夫—阿穆尔斯基伯爵》（传记资料）（第2卷），黑龙江大学外语系、黑龙江省哲学社会科学研究所译，商务印书馆，1974，第103页。

③ 孟广耀编：《中俄关系资料选编》，内蒙古语文历史研究所，1976，"近代蒙古部分"，第31页。

④ 薛衔天：《中俄关系史话》，社会科学文献出版社，2000，第84页。

以南60多万平方公里的领土割让给俄国，并将乌苏里江以东的中国领土变为“两国共管”。同年6月13日，俄国假借调停冲突之名迫使清王朝签订《天津条约》，获得了上海等七处通商口岸，享受派驻领事等特权，以及可派遣教士赴内地传教等种种利益。1860年至1881年间，沙俄又通过与中国相继签订《北京条约》《勘分西北界约记》《伊犁条约》，割占了中国东北、西北地区大片领土。至此，沙俄在1858年至1881年间共从中国割走了150多万平方公里的领土。

甲午中日战争之后，帝国主义列强瓜分中国的行径继续升级，沙俄更是不甘人后。1896年，沙俄通过《中俄密约》取得了在中国东北修筑中东铁路的特权。1898年3月和5月，沙俄又与清政府分别签订了《旅大租地条约》和《续订旅大租地条约》，取得了修筑中东铁路支线的特权。随着中东铁路的施工，大批俄国工人聚集到铁路沿线各地，沙俄势力由此深入到东北全境，为其后续侵略创造了便利条件。1900年7月，沙俄以义和团运动危害到中东铁路建设和本国侨民利益为借口，由沙皇尼古拉二世亲自挂帅，兵分六路入侵中国东北。至12月，东北各主要城市与主要交通线，均被沙俄侵略军攻占。为使其侵略行径“合法化”，沙俄于当年11月胁迫清政府签订中俄《奉天交地暂且章程》，俄国政府外交、财政、陆军三大臣会议又通过了《俄国政府监理满洲之原则》，意欲全面控制东北地区全境。但在中国人民极力反对及其他帝国主义势力干涉下，沙俄没有彻底实现鲸吞中国东北领土的企图。1904年日俄战争爆发，沙俄战败之后不得不退居长春以北，中国东北地区自此形成了日本与沙俄共同侵占的局面。至1917年俄国十月革命爆发，中俄关系再度发生巨变，取而代之的是中苏关系。

第二节　沙俄对华文教交流策略与活动

作为以“求知于异域”为主要特征的教育交流渠道或路径，留学教育的萌生和发展不仅受留学生所属国家的主观意愿决定，也与留学生接受国的相关态度及策略密切相关。有鉴于此，在阐释晚清留俄教育的历史基础时，有必要从具体实践活动入手，考察清季俄国在对华教育交流方面所持态度与实施的策略，从而揭示其时沙俄开展对华教育交流的真实用意。

一、沙俄开展对华教育交流的直接动因

清季俄国对华教育交流的开展，起源于中俄发生直接交往的早期阶段，最初目的是为解决两国在外交领域存在的语言文字隔阂问题。该问题实际上在彼特林使团访华时期业已产生，只是由于当时中俄并无涉及国家利益的争端，所以便显得无关紧要。而自沙俄开始侵入中国领土后，中俄之间不可避免地会进行交涉乃至爆发战争，这就迫切需要依靠语言文字交流开展谈判。由于此时中国与俄国均缺乏通晓对方语言的翻译人员，所以被迫使用拉丁语作为主要沟通媒介。由是，熟谙拉丁语和汉语的在华耶稣会士便以相对独立的第三方身份肩负起翻译职责。尼布楚谈判时，耶稣会士法国人张诚（Jean-Francois Gerbillon）和葡萄牙人徐日升（Thomas-Pereira）成了中俄交涉的翻译和中间人。[①]

当然，中俄展开尼布楚谈判时并非只能选择起用耶稣会士作为沟通媒介。有学者认为：

> 中国人是很熟悉蒙文的，俄国人由于与外贝加尔区的布利亚特人接触的缘故，学蒙文比较方便，因此蒙文似乎是很合用的；可是，不知道是由于俄国人的无知，还是由于耶稣会教士阴谋的结果，最后却选中了拉丁文。这样一来在两个宫廷之间，耶稣会教士既充当了译员，又能够得知国家的机密。[②]

---

① 关于徐日升和张诚在中俄尼布楚谈判中的地位与作用，学界有不同的认识："有些著述家把他们的作用看做是单纯译员的作用；另一些著述家以为，他们是办交涉的人、调解人和政治行动的策动者；第三类的著述家则以为，这些耶稣会士前两者都不是，而是两国的科学的文书记录者、文件的校对者和提供知识的人。对俄国来说，他们是在汉学还几乎不存在的时代的最早的东方专家和汉学家；对中国来说，他们是在中国人对西方几乎一无所知的时代的最早的西方专家。"而徐日升也指出，自己与张诚"并未授有译员的职衔"。（详见［美］约瑟夫·塞比斯：《耶稣会士徐日升关于中俄尼布楚谈判的日记》，王立人译，商务印书馆，1973，第 103、177 页。）

②［法］加斯东·加恩：《彼得大帝时期的俄中关系史（1689—1730 年）》，江载华、郑永泰译，商务印书馆，1980，第 6 页。

因此，中俄双方都对耶稣会士心存戒备。张诚便认为自己并未得到清朝官员的信任，他在日记中写道：

> 似乎他们并不完全信赖我们，也或许是因为俄国全权特使对我们流露出信任，并且讨厌他自己的蒙文翻译，尽管他随身带来了两个；而更可能的或许是因为我们的钦差大臣们自己懂得并且能说蒙古语，宁愿用这种语言更好地阐明他们自己的意图。①

而俄国人固然想利用耶稣会士达成目标，所以极力希望清朝钦差大臣们派拉丁文翻译与沙俄官员接洽有关事宜，但因耶稣会士在政治和宗教上的特殊身份而表现得十分谨慎。②

由于耶稣会士将教会利益与中俄国家利益掺杂在一起，具有讨好双方的可能性，因此不能成为中国与俄国长期依赖的外交人才，中俄只能将培养本国外交、翻译人员作为首选。俄国就清楚意识到：

> （关于中国方面的情报）俄国若能直接询问中国人自己，或是通过中国的出版物来取得它在外交和政治上所需要的资料，不是更好些吗？如果这样是可能的话，俄国就同时还能避免耶稣会教士的居间服务，因为他们的好意和势力有改变的可能。③

为探清中国国情以服务于侵华目标，俄国开始着手制定对华文化外交策略，积极开展对华教育交流活动。

根据传播学的相关理论，通常人们选择传播路径时，“在其他条件相同的情况下，他们选择的是最方便、最能迅速满足需要的路径”④。而建构主义国际关系理论的代表人物亚历山大·温特强调，“国家也是人”，国家行为是团体施动者的“行为”。⑤因此，国际关系学可视为是人学在国际层面上的

①[法]张诚：《张诚日记（1689年6月13日—1690年5月7日）》，陈霞飞译，商务印书馆，1973，第33页。

②[美]约瑟夫·塞比斯：《耶稣会士徐日升关于中俄尼布楚谈判的日记》，王立人译，商务印书馆，1973，第75、177页。

③[法]加斯东·加恩：《彼得大帝时期的俄中关系史（1689—1730年）》，江载华、郑永泰译，商务印书馆，1980，第295页。

④[美]威尔伯·施拉姆、威廉·波特：《传播学概论》（第2版），何道宽译，中国人民大学出版社，2010，第106页。

⑤[美]亚历山大·温特：《国际政治的社会理论》，秦亚青译，上海人民出版社，2000，第272—273页。

体现。[①] 由上述观点可以推论，当一个国家需要开展对外文化教育交流时，必然要从最符合本国利益、最能满足本国需求的角度出发制定与实施相关政策。就清季俄国对华教育交流的策略与行动而言，因其主要受俄国侵华战略意图决定，故而为从中国身上攫取最大限度利益，沙俄选取了最符合侵略目标、最能体现自身优势、最能满足需要的若干教育交流方式，进而形成了对华文化外交的总策略。由是，清季俄国对华教育交流显露出较为明显的侵略性、多样性等特征，具体活动则分别实施于俄国本土及中国国内。

二、俄国东正教驻（北）京布道团与留华学生

在清季俄国对华教育交流活动中，最早于中国国内实施的便是由沙俄派遣的东正教驻（北）京布道团与留华学生，这也开创了俄国对华教育交流的先河，是沙俄实施对华文化外交策略的开端。

沙俄对东正教驻（北）京布道团与留华学生的派遣，有其历史必然性。在中俄早期军事冲突中，中国方面先后曾俘获或接收到一些俄国军役人员及哥萨克人。由于这些俘虏或投诚者大多来自雅克萨，而俄国人称雅克萨为“阿尔巴津”，所以他们又被称为“阿尔巴津人”。归顺清廷后，阿尔巴津人被纳入八旗编制。据《八旗通志》载，镶黄旗满洲第四参领之第十七佐领：

> 系康熙二十二年，将尼布绰等地方取来鄂罗斯三十一人，及顺治五年来归之鄂罗斯伍朗各里，康熙七年来归之鄂罗斯伊番等，编为半个佐领，即以伍朗各里管理。后二次又取来鄂罗斯七十人，遂编为整佐领。伍朗各里故，以其子罗多浑管理。罗多浑故，以大学士马齐兼理，续以公阿灵阿兼理。阿灵阿故，仍以马齐兼理，续以尚书德明兼理。德明故，以大学士尹泰管理。[②]

被编入八旗后，清政府将这些阿尔巴津人安置到北京东直门内胡家圈胡

① 王义桅：《超越国际关系：国际关系理论的文化解读》，世界知识出版社，2008，第 227 页。
②[清] 鄂尔泰等修：《八旗通志》，东北师范大学出版社，1985，第 38 页。

同生活，并给予他们在政治、宗教信仰、日常生活等方面的优待：“受到和旗人同等的待遇，由清政府供给住房、衣食，发给年俸，允其与中国人通婚，并给予信仰自由。”[①]此外，为满足其宗教信仰需要，康熙皇帝还特别赐给阿尔巴津人一座庙宇，即作为俄罗斯馆北馆的“圣索非亚”教堂，这就为东正教在中国的传播打开了通道。此后，沙俄又试图在中国建立一座永久性教堂。1692 年至 1695 年访华的俄国使臣伊兹勃兰德·义杰斯曾向清廷请求：“请至圣皇帝降旨，准于中国地方建造教堂……如蒙至圣皇帝指给地址，我俄罗斯国君主等，将按价出资建造。”[②]清政府严词拒绝了该请求：“查得，西洋各国之人来中国，只是永久居留者曾建教堂，并无于我国续建教堂之例。故此事亦毋庸议。”[③]及至 1711 年，沙俄建立教堂的机会终于来临。借康熙皇帝准备派遣图理琛等赴土尔扈特部访问之机，沙俄以在京教士须由俄国派人接替作为同意中国使臣过境的交换条件。清廷权衡再三，最终予以批准。图理琛等人结束出访活动后，经过托博尔斯克时带回了修士大司祭伊拉里昂、修士司祭拉夫连季、修士辅祭菲利蒙、教堂辅助人员阿法纳耶夫等人，这就是第一届俄国东正教驻（北）京布道团。而 1727 年中俄签订的《恰克图条约》第 5 条又规定：

> 由（博格德）汗出资为俄国人建筑供使节和商人居住的馆舍及东正教教堂，并允许在那里自由信奉基督教；对于从事神事活动的四名俄罗斯族神甫，六名学习语言的学生，均由博格德汗供以膳宿。[④]

据此条款，沙俄政府不仅可以派驻布道团，确定了“俄人来京就学额数”[⑤]，还得到建造新教堂的权利，俄罗斯馆南馆由此建立，并作为沙俄专署驻地划归理藩院管辖。馆内设监督、领催各 1 名，馆夫 2 名。附设的培养俄国留学

---

① 中国社会科学院近代史研究所编:《沙俄侵华史》(第 1 卷)，人民出版社，1978，第 272—273 页。

② 中国第一历史档案馆编：《清代中俄关系档案史料选编》（第 1 编　上册），中华书局，1981，第 155—156 页。

③ 中国第一历史档案馆编：《清代中俄关系档案史料选编》（第 1 编　上册），中华书局，1981，第 154 页。

④[俄]尼古拉·班蒂什－卡缅斯基编著：《俄中两国外交文献汇编（1619—1792 年）》，中国人民大学俄语教研室译，商务印书馆，1982，第 182 页。

⑤[清]赵尔巽等：《清史稿》卷一百五十三“邦交志·俄罗斯”，第 4484 页。

生的国子监俄罗斯学设俄罗斯学提调官 1 名，及满、汉助教各 1 名。[①]

俄罗斯馆功能的逐渐完善，为俄国东正教驻（北）京布道团与俄国留华学生提供了稳定的学习和生活场所。早在 1727 年 9 月，沙俄政府便派遣了首批来华留学生，“是年，俄罗斯国遣其官生鲁喀、佛多德、宜宛、喀喇希木四人来学。即旧会同馆设学”[②]。由此拉开了俄国派遣来华留学生的序幕。清政府对俄国留学生较为重视，不仅配备满文、汉文教师，也在生活待遇方面给予照顾，“衣服、饮食等项由理藩院给发”[③]，每人每月还享有白银 3 两、白面 1 俄袋（26.24 公升）。[④] 直至 1858 年中俄签订《天津条约》，其中规定：“俄国人习学中国满、汉文义居住京城者，酌改先时定限，不拘年分……所有驻京俄国之人一切费用，统由俄国付给，中国毋庸出此项费用。”[⑤] 清政府才据此停付俄国留学生的粮饷。此外，来华留学生还获得了沙俄政府的资助，初时年薪为 130 卢布，后增加到 200 卢布，另有 50 卢布的服装费。[⑥]

自首批俄国来华留学生起，国子监俄罗斯学前后接收留华学生共计 14 届 49 名，具体名单如下：

表 1.1　国子监俄罗斯学学生名录

班次	在华时间[⑦]	俄文名	中文译名	去向
第一届	1715—1728	卢卡・沃耶伊科夫	鲁喀	1734 年卒于北京
		伊万・普尔哈特	宜宛	/
		费奥多尔・特列季雅科夫	佛多德	/
		伊万・舍斯托帕洛夫	/	/

①[清] 何秋涛：《朔方备乘》卷十二《俄罗斯馆考》，上海古籍出版社，1995，第 148 页。

②[清] 何秋涛：《朔方备乘》卷十二《俄罗斯馆考》，上海古籍出版社，1995，第 151 页。

③[清] 何秋涛：《朔方备乘》卷十三《俄罗斯学考》，上海古籍出版社，1995，第 159 页。

④[俄] 尼古拉・班蒂什 – 卡缅斯基编著：《俄中两国外交文献汇编（1619—1792 年）》，中国人民大学俄语教研室译，商务印书馆，1982，第 169 页。

⑤ 商务印书馆编：《中俄边界条约集》，商务印书馆，1973，第 25 页。

⑥[俄] 尼古拉・班蒂什 – 卡缅斯基编著：《俄中两国外交文献汇编（1619—1792 年）》，中国人民大学俄语教研室译，商务印书馆，1982，第 186、276 页。

⑦ 系指东正教驻（北）京布道团的在华时间。

续表

班次	在华时间	俄文名	中文译名	去向
第二届	1729—1735	伊拉里翁・罗索欣	/	1740 年回国
		格拉西姆・舒利金	喀喇希木	1736 年卒于北京
		米哈伊尔・波诺马廖夫	/	1738 年卒于北京
		阿列克谢・弗拉德金	/	1732 年增派来华，1746 年回国
		伊万・贝科夫	/	同上
第三届	1736—1743	阿列克谢・列昂节夫	/	1755 年回国
		安德烈・卡纳耶夫	/	1752 年卒于北京
		尼基塔・切卡诺夫	/	1752 年卒于北京
第四届	1744—1755	叶菲姆・萨赫诺夫斯基	/	/
第五届	1755—1771	无随班学生	/	/
第六届	1771—1781	费奥多尔・巴克舍耶夫	/	1781 年回国
		阿列克谢・帕雷舍夫	/	1782 年回国
		阿列克谢・阿加福诺夫	/	1782 年回国
		雅科夫・科尔金	/	1779 年卒于北京
第七届	1781—1794	叶戈尔・萨列尔托夫斯基	/	1795 年卒于北京
		安东・弗拉德金	/	1795 年回国
		伊万・菲洛诺夫	/	1790 年卒于北京
		阿列克谢・波波夫	/	1795 年卒于北京
第八届	1794—1807	帕维尔・卡缅斯基	/	/
		卡尔普・克鲁格洛波洛夫	/	/
		斯捷潘・利波夫措夫	四贴班	1807 年回国
		伊万・马雷舍夫	伊完	1806 年卒于北京
		瓦西里・诺沃歇洛夫	/	/
第九届	1807—1821	马克尔・拉夫罗夫斯基	/	1807 年卒于北京
		列夫・济马伊洛夫	李业普	1820 年回国
		米哈伊尔・西帕科夫	/	1821 年回国
		叶夫格拉夫・格罗莫夫	/	1807 年卒于北京

续表

班次	在华时间	俄文名	中文译名	去向
第十届	1821—1830	孔德拉特·克雷姆斯基	克哩木萨奇	1831 年回国
		扎哈尔·列昂节夫斯基	/	1831 年回国
		瓦西里·阿布拉莫夫	/	/
第十一届	1830—1840	戈·米·罗佐夫	/	1840 年回国
		保罗·库尔良采夫	/	1832 年提前离京
		阿·伊·科瓦尼科	/	/
		叶·伊·瑟切夫斯基	/	1841 年回国
第十二届	1840—1849	约·安·戈什克维奇	/	届满回国
		弗·瓦·戈尔斯基	/	1847 年卒于北京
		伊·伊·扎哈洛夫	杂哈劳	1849 年回国
		瓦·巴·瓦西里耶夫	王西里 瓦习礼	1850 年回国
第十三届	1850—1858	米·达·赫拉波维茨基	晃明	/
		尼·伊·乌斯宾斯基	/	1851 年卒于北京
		尼·伊·涅恰耶夫	/	1854 年卒于北京
		康·安·斯卡奇科夫	孔气 孔琪庭	1857 年因病回国
第十四届	1858—1864	阿·费·波波夫	柏林	1870 年卒于北京
		康·巴甫里诺夫	/	/
		德·阿·彼舒洛夫	孟第 丕业什楚罗福	1863 年回国
		尼·姆拉莫尔诺夫	/	/

［资料来源］中国社会科学院文献情报中心编：《俄苏中国学手册》（上册），中国社会科学出版社，1986；蔡鸿生：《俄罗斯馆纪事（增订本）》，中华书局，2006；肖玉秋：《1864 年以前的俄国来华留学生》，《历史档案》2007 年第 1 期。

沙俄通过派遣东正教驻（北）京布道团与留华学生，不仅打通了清季对华教育交流乃至文化外交的主要渠道，建立起传播宗教思想与刺探中国国情的基地，也为俄国培养了一批精通汉满蒙等语言，掌握中国传统文化，了解中国情况的专门人才，从而为沙俄在本土开展汉学研究与中国语教育奠定了基础，提供了人才、资料等方面的智力支持，进而为其加强对华文化外交创造了必要条件。

三、俄国汉学研究与中国语教育的兴起

在清季沙俄对华教育交流活动中，俄国政府在本土开展的汉学研究与中国语教育，不仅作用突出、特色鲜明，而且影响深远。时至今日，俄罗斯汉学仍是俄国学术研究领域的重要组成部分，并形成稳定持久的汉学学术与教育传统。

沙俄着手创立并开展汉学研究与中国语教育，既与对华外交的现实需求密切相关，亦受其他多种复杂因素影响。具体而言，一是其时处于 18 世纪的欧洲掀起了一股“中国热”，对来自中国的商品、工艺品及其风格情趣均颇为赞赏与着迷，而这不但形成一种时尚，也促使知识界对中华文明进行深入研究。这股热潮亦在俄国兴起，如法国著名学者伏尔泰赞叹中国文化的相关著作对俄国文坛风气的影响，以及涅恰耶夫、苏马罗科夫、拉吉舍夫、杰尔查文、冯维辛、诺维科夫等人翻译出版的大量中国题材作品，都推动了中国文化在俄国的传播。[①] 二是以彼得大帝、女皇叶卡捷琳娜二世为代表的俄国统治者对中国文化表现出浓厚兴趣，不仅关注器物文化，而且更为注重思想文化，着意推动“中国热”在俄国的发展，譬如 1724 年圣彼得堡皇家科学院建立后，有大批欧洲学者受邀到俄国工作，其中也包括在欧洲早期汉学史上享有盛名的拜耶尔。拜耶尔在圣彼得堡皇家科学院用拉丁文出版了其最重要的汉学著作《中文博览》。而由郎喀购买的第一批中文图书，则奠定了俄国汉学的藏书基础。[②] 三是通过派遣驻（北）京的东正教布道团与国子监俄罗斯学的办学活动，沙俄培养了一批通晓汉满蒙等语言及中国国情的外交、翻译等人才，涌现出不少卓有成就的汉学名家，如罗索欣、列昂节夫、阿加福诺夫、

① 李明滨编：《俄罗斯汉学史》，大象出版社，2008，第 5 页。

② 阎国栋：《俄国汉学若干问题刍议》，《南开学报（哲学社会科学版）》2006 年第 4 期，第 76 页。

弗拉德金、比丘林、瓦西里耶夫等。在华期间，他们努力学习中国文化与语言，并广为涉猎政经史地、文学民俗等领域的书籍。这些汉学人才的出现，一方面进一步增强了俄国对中国国情的深入了解，另一方面对俄国汉学研究与中国语教育的发展发挥着突出的促进作用，尤其是他们译介的中国典籍与研究成果，为俄国汉学研究与中国语教育提供了智力支持。

表 1.2　部分留华学生汉学研究成果一览表

序号	俄文名	身份	主要成果
1	伊拉里翁・罗索欣	第二届随班学生	《俄罗斯翻译捷要全书》；《满汉文的俄文转写》（手稿）；《五卷本准噶尔叛乱平定记》（手稿）；《八旗通志》（17 卷，与列昂节夫合译）；《异域录》；《三字经》（手稿，译自满汉文）；《千字文》（手稿）等
2	阿列克谢・列昂节夫	第三届随班学生	《雍正帝传子遗诏》；《大清会典》；《大清律》；《大学》（第一次出俄译本）；《中庸》（第一次出俄译本）；《八旗通志》（17 卷，与罗索欣合译）等
3	阿列克谢・阿加福诺夫	第六届随班学生	《中国皇帝简明年表》（摘自《资治通鉴》，并附中华帝国开始至 1786 年的中国纪年与罗马纪年）；《世祖圣训：求言》；《世祖圣训：圣德》（1794 年再版时更名为《国君—臣民之友》）；《世祖圣训：论治道》等
4	费奥多尔・巴克舍耶夫	第六届随班学生	1776 年完成俄国第一部《满俄大辞典》，约一万单词和成语（未出版）
5	阿列克谢・帕雷舍夫	第六届随班学生	《大清国 1772—1782 秘密行动、企图、事件和事变录》（手稿，合著）；《满俄辞典》（手稿）
6	安东・弗拉德金	第七届随班学生	俄国第一个满语学家，是俄国第一批满语语法和教材的编写者，并编有满、汉、俄语的双语和多语辞典五部（均未出版）
7	帕维尔・卡缅斯基	第八届随班学生	《中华帝国地理和统计概况》（手稿）；《蒙古成吉思汗世系业绩史》（手稿）；《明朝》（手稿）；《俄华例句详解大辞典》（手稿）；《蒙满俄拉丁语辞典》（手稿）等

续表

序号	俄文名	身份	主要成果
8	斯捷潘·利波夫措夫	第八届随班学生	《明史》（译稿）；《科学院图书馆馆藏中日文数目》（与帕维尔·卡缅斯基合编，为俄国第三部中国书目）；《满汉俄语辞典》（手稿）；《满文识字课本》（石印）等
9	米哈伊尔·西帕科夫	第九届随班学生	《中国皇帝嘉庆晏驾及其长子旻宁即位记》；《俄满辞典》（手稿）
10	孔德拉特·克雷姆斯基	第十届随班学生	《孔学译解》（分别于1906年和1913年在北京用俄文刊印两次）
11	扎哈尔·列昂节夫斯基	第十届随班学生	《满文诗歌散文体译文》（与诗人赫沃斯托夫合作）；《汉满俄成语辞典》（手稿）；《拉丁中国语辞典》（手稿）；《露西亚国志》（俄译汉手稿）等
12	戈·米·罗佐夫	第十一届随班学生	《金史》（手稿，译自满文，据汉文校订）；《满俄辞典》（手稿）；《满语语法》（手稿）
13	叶·伊·瑟切夫斯基	第十一届随班学生	《中国吏部则律摘要》（手稿，译自满文）；《中国地理概述》（手稿）；《关于中国边界的历史笔记》等
14	瓦·巴·瓦西里耶夫	第十二届随班学生	《关于喀山大学图书馆馆藏佛教史书籍》；《中国史》（石印）；《圣彼得堡大学东方书籍简介》；《中国象形文字的分析》（两卷）；《伊犁归还中国论》（手稿）等
15	弗·瓦·戈尔斯基	第十二届随班学生	《论当今统治中国的清朝的始祖与满族族名的起源》；《满洲王室的崛起和创业》；《吴三桂传》（手稿）；《悉昙释义》（译稿）
16	约·安·戈什克维奇	第十二届随班学生	《日俄辞典》（俄国第一部）；《论日语的起源》
17	伊·伊·扎哈洛夫	第十二届随班学生	《中国人口的历史考察》；《新疆详图》（获国际地理学会大会奖）；《满俄大辞典》（获俄国地理协会金质奖）；《满语语法》等

续表

序号	俄文名	身份	主要成果
18	康・安・斯卡奇科夫	第十三届随班学生	《论中国蚕的品种》；《我国在中国的贸易事业》；《中国天文学的命运》；《中国书目》（手稿）；《东周列国志》（译稿）等
19	米・达・赫拉波维茨基	第十三届随班学生	《明朝覆灭期间北京大事记》；《秦史》（译稿）；《中国刑法史资料》（手稿）；《黑龙江省见闻录》（译稿）等
20	尼・姆拉莫尔诺夫	第十四届随班学生	《〈京报〉摘译（1861 年 8 月—1862 年 12 月）》（手稿）；《元史》（手稿）；《蒙古人征服华南事略》（手稿）
21	康・巴甫里诺夫	第十四届随班学生	《北京来信（1862 年 5 月 26 日）》；《中华帝国职官辞典》（手稿）；《新岁朝贡与赏赐》（手稿）；《清帝的甲胄》（手稿）；《中国皇帝的御服》（手稿）
22	德・阿・彼舒洛夫	第十四届随班学生	《中国明朝的地震》；《汉俄辞典》（第一部袖珍汉俄辞典）；《俄中条约汇编（1689—1881）》（俄汉满法文对照）；《1774 年中俄条约汉文文本》（石印教材）；《汉文文选资料》（教材）；《彼得堡大学东方语言系大学生汉语课本》（石印）
23	阿・费・波波夫	第十四届随班学生	《论 1859 年中国的关税和盐税》；《南京城下四十六日战事记》（外十余篇）；《汉口和俄国茶场游记》（附作者生平）；《中国的新年》；《中国民间谚语和俗语》（手稿）；《北京的民间传统和迷信故事》（手稿）等

［资料来源］中国社会科学院文献情报中心编：《俄苏中国学手册》（上册），中国社会科学出版社，1986，第 1—102 页。著述较多者仅收录其部分书目。

在上述因素的共同作用下，俄国汉学研究和中国语教育的诞生与发展已具备必要条件，并逐渐萌发、兴起，继而形成规模。汉学研究与中国语教育，二者相辅相成、不可或缺，又互相促进，共同发展。其间，一批汉学研究与教学机构相继建立，众多高水平学者参与其中，汉学的研究对象、研究方法、研究主题、研究内容更为明确成熟，学科特征愈发明显，学术成果颇为丰硕。

到 19 世纪上半叶，“在以比丘林为代表的俄国汉学家的共同努力下，俄国一跃而成为继法国之后欧洲第二个汉学大国。俄国汉学自此达到了与西方汉学相当的发展水平”[①]。与此同时，俄国国内教授汉满蒙语的学校亦陆续建立与完善。1725 年，一所培养蒙文译员的学校在伊尔库茨克开办。1837 年，喀山大学开办了俄罗斯高等教育体系中的第一个汉语教研室，由是该校成为欧洲第一所设立汉语教研室的高等学府。1855 年，圣彼得堡大学的中国、朝鲜与南亚哲学教研室开始研究汉语，该教研室也是圣彼得堡大学历史最为悠久的一个教研室。在圣彼得堡大学学习汉语的人越来越多，最初只有 10 个人，而在 1898 年至 1903 年间，在其教研室的汉语—满语教学部和汉语—日语教学部学习的人数超过 300 人。为满足在俄罗斯远东地区推广汉语和培养汉学专家的需要，俄国于 1899 年开办了东方学院。1900 年东方学协会在圣彼得堡建立，并附设收费的汉学学习班，1906 年时就有 30 人报名。[②] 此外，还有一些留华学生积极投身到中国语教学活动中。如罗索欣于 1741 年在圣彼得堡建立一所汉满语学校，列昂节夫于 1763 年在圣彼得堡开办汉满文学校。[③] 另外，列昂节夫和弗拉德金都曾在外交委员会附属的汉、满语译员学校任教，克雷姆斯基则于 1831 年在当时新设立的恰克图汉语译员学校担任教员，任教时间长达近 30 年。瓦西里耶夫于 1851 年担任喀山大学教授，1855 年出任圣彼得堡大学东方语言系教授、汉语教研室主任，教授满语、中国史地和文学。其弟子米纳耶夫、波兹涅耶夫、格奥尔吉耶夫斯基等人也进入圣彼得堡大学东方语言系、符拉迪沃斯托克东方学院等著名汉学机构从事教学和研究工作。

① 阎国栋：《俄罗斯汉学三百年》，学苑出版社，2007，第 36 页。

②А.Л.Арефьев. Китайский язык в российской высшей школе：история и современность. Иностранные языки в высшей школе.2011. № 1.

③ 阎国栋:《喀山大学与十九世纪俄国汉学》,《汉学研究通讯》总第 77 期(2001 年 2 月), 第 51 页。

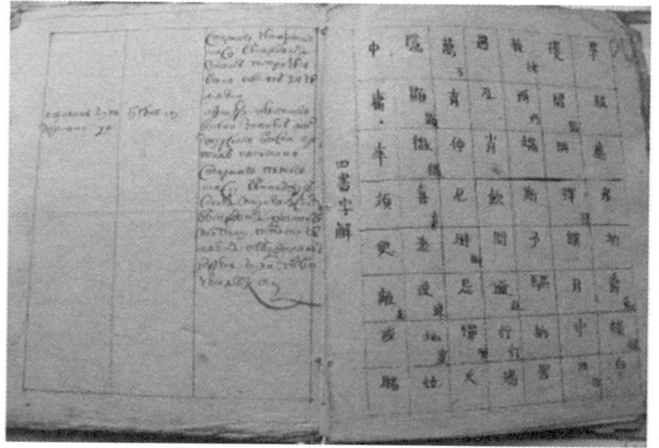

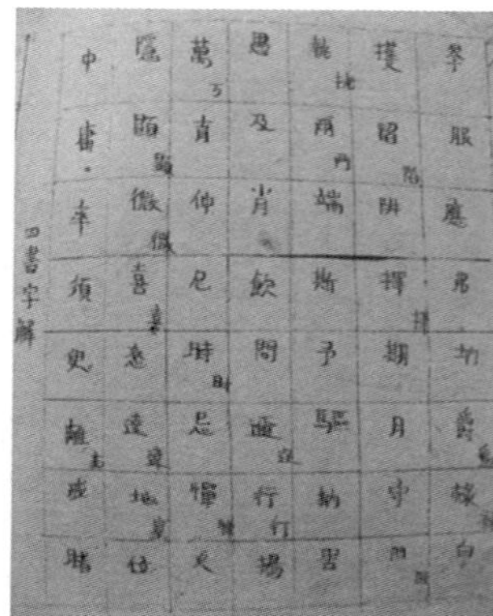

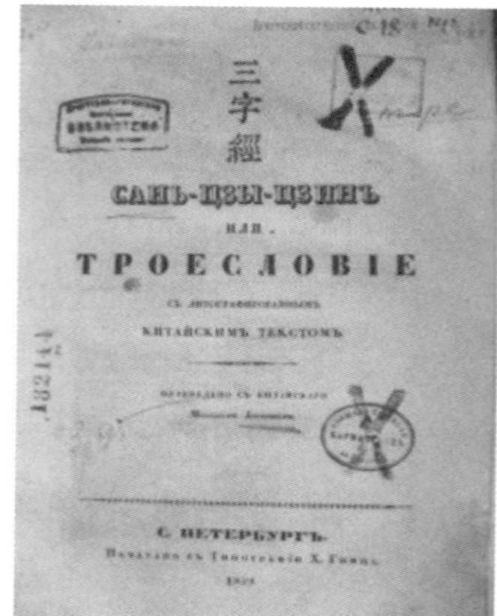

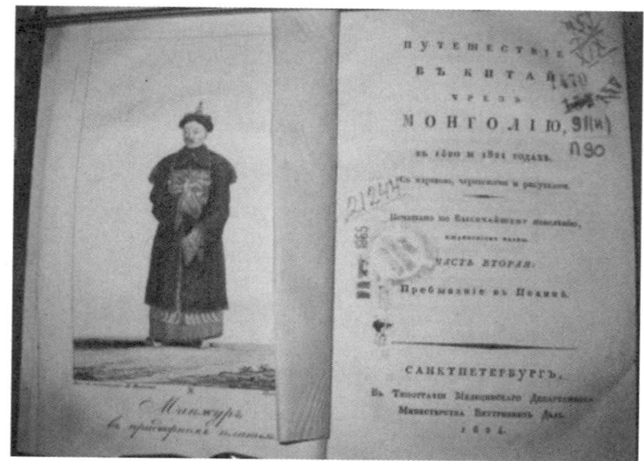

图 1.1 部分中国语教学用书

[资料来源]В. Г. Дацышен. Изучение китайского языка в России (XVIII – начало XX в.). Новосибирск: НГУ, 2011.

图 1.2　圣彼得堡大学东方语言系教师

[资料来源]В. Г. Дацышен. Изучение китайского языка в России (XVIII – начало XX в.). Новосибирск: НГУ, 2011.

值得注意的是，当时还有部分中国教师在圣彼得堡大学东方语言系任教，增强了俄国的中国语教学和研究实力，提升了圣彼得堡大学东方语言系的教学质量，如桂芳（Гуй Фан）、程鸿基（Чэн Хунцзи）、朱武（Чжу У）等。[①]他们不仅承担教学工作，也编制出有关汉语以及中国文化、文学、历史的课本与教科书。例如程鸿基编写了《汉语自学》一书，于1915年在哈尔滨出版。[②]此外，由于自身的特殊性质，这些中国教师还被后世从事移民研究的俄国学者归入“非典型移民”的行列中，视为其时在俄中国人的一个重要且特殊的组成部分。[③]

俄国汉学研究与中国语教育的产生与发展，一方面符合沙俄实施侵华战略步骤的需要，满足了俄国对华文化外交的需求，使沙俄对中国国情有了更为深入的了解，取得的汉学成果是俄国制定远东政策的一个基本依据，故而其本质是“为俄国远东政策服务的工具”[④]；另一方面，也在客观上促进了中

①В. Г. Дацышен. Изучение китайского языка в России (XVIII – начало XX в.). Новосибирск: НГУ, 2011.

②А.Л.Арефьев. Китайский язык в российской высшей школе: история и современность. Иностранные языки в высшей школе.2011. № 1.

③В. Г. Дацышен. Изучение китайского языка в России (XVIII – начало XX в.). Новосибирск: НГУ, 2011.

④ 陈开科：《“中俄关系”的视野下的“俄国汉学”》，《中国社会科学院院报》，2007 年 10 月。

俄文化教育交流的发展，有助于中国文化在俄罗斯的传播与研究。

四、其他形式的对华文化教育交流活动

除前述各类教育交流活动外，俄国还于其时开展了其他形式的对华文化教育交流活动，其中有些活动反映出沙俄试图刺探中国国情及将势力渗透中国教育体系的侵略意图。

一是俄国于道光年间向清廷赠送了一批图书。1845 年（道光二十五年），沙俄政府为感谢清王朝赠送《丹珠尔经》等佛教重要典籍之举，回赠了计 357 号俄国图书，“每号为一帙，装饰甚华，有书有图”。因其“通体皆俄罗斯字，人不尽识”，曾有官员建议返还俄方，道光皇帝为免“拂远人之情”，旨令理藩院收存。[①]1858 年（咸丰八年），咸丰皇帝御批圈出其中 41 种载有地理图画的图书，经翻译书目后“进呈乙览”。1869 年（同治八年），俄国所赠图书被移入总理衙门书库后便无人问津。[②] 至 1885 年（光绪十一年），时任御史的赵尔巽曾奏请再次翻译俄国赠书，总理衙门以“旧书不如新书之详备，俄书立论又不如英、德、法三国”为由拒绝了这一建议，然而内在的真实原因却是同文馆学生中几无能精通俄文者，根本无法组织起有效的翻译活动。[③]1892 年（光绪十八年）秋，曾历任翰林院庶吉士编修、陕西道监察御史的广州广雅书院山长朱一新从“防俄”视角出发，呼吁应重视对俄国赠书的翻译：

> 今天下为我隐患者莫如俄。道光时，俄人曾进书籍三百余种，其国之政教、风俗、舆地、兵法，下至器物、种植之书，无不备。虽今昔情形稍殊，而大纲具在。若择其要者翻译之，颁诸海内，俾人人周知其情伪，以筹制防之术，不且视近出诸书，信而可征欤?

他驳斥了“或谓俄之疆域日广，非旧籍所能尽”“其技艺逊于英、法、德、美诸国，但译英、法、德、美之书足矣”的错误观点，强调指出：“不知觇

---

①[清]何秋涛：《朔方备乘》卷三十九《俄罗斯进呈书籍记》，上海古籍出版社，1995，第 653 页。
② 蔡鸿生：《俄罗斯馆纪事》（增订本），中华书局，2006，第 43 页。
③ 赵铁寒编:《文芸阁(廷式)先生全集·纯常子枝语》第 3 册，(台北)文海出版社，1975，第 7 页。

国者，在审其政俗，不在区区技巧之末，彼国幅员虽阔，而旧有之地固无增损，其风土亦岂能骤变耶？”[①]然而，这种振聋发聩的真知灼见并未得到清廷重视，最终淹没于历史尘埃之中。民国初年，这批图书由外交部、蒙藏院收藏。[②]其时，图书仅剩下 80 多册。到 1947 年时，残存的俄国赠书只有 40 多册。1955 年，又有 7 幅地图和 10 余种其他图集在故宫库房中被发现。[③]

二是大批俄国人赴华访学、游历与考察。19 世纪末至 20 世纪初，借助于中东铁路的修筑与正式运营，沙俄开始派遣学生来华游历访学，借以刺探和收集中国各类情报，这些俄国学生大多经哈尔滨前往奉天等地。[④]例如，俄国学生多布我思罗克于 1908 年 6 月到奉天游历，经俄国驻奉总领事与交涉司、提学司交涉，获准到奉天当地各学堂参观考察。[⑤]1909 年 7 月，俄国海参崴高等东语学堂派出 30 多名学生，分别前往北京和哈尔滨，专门调查中国官界、商界的秘密消息，其目的一方面在于将这些信息提供给沙俄政府参考，另一方面也是通过调查活动增长学生的阅历。沙俄政府向每名学生资助食宿费用 400 余元。[⑥]1910 年 5 月，40 余名俄国女学生在奉天游历数天后乘坐火车返回哈尔滨。[⑦]1910 年 6 月，6 名俄国商业学堂教师率领 23 名学生从哈尔滨乘坐火车抵达奉天。在奉期间，他们参观了东陵、北陵及该地各学堂，并受到提学、交涉两司的宴请。[⑧]还有一些俄国汉学家赴内地开展考察活动，典型者如后来苏联汉学研究的奠基人瓦西里·米哈伊洛维奇·阿列克谢耶夫院士。1906 年和 1912 年，其时年纪尚轻的阿列克谢耶夫先后两次前往中国游历学习。其间，阿列克谢耶夫不仅搜集到年画等大量的中国文化资料，而且与很多中国知识分子结下了深厚友谊。[⑨]此外，俄国军事人员也多次前往中国边疆地区展开调

①[清]朱一新：《无邪堂答问》，中华书局，2000，第 173 页。

② 傅增湘：《藏园群书经眼录》（第 2 册　史部），中华书局，1983，第 501 页。

③ 张铁弦：《记 1845 年俄国所赠的科技图书》，《文物参考资料》1958 年第 7 期，第 45—46 页。

④ 官方派遣学生赴中国调查，是近代帝国主义国家以文化教育交流为掩护探查中国国情的一种特殊活动，借此为实施对华政治、经济、军事、文化侵略做充分准备。如在清末至 1945 年间，日本通过为培养“中国通”而创办的东亚同文书院，先后派出 4000 余名日本学生，分成 700 个小组，对中国各地进行了地毯式的调查，并形成了调查报告千余份。（参见《日本对华调查档案手稿首发》，《北京晚报》2016 年 11 月 17 日）

⑤《俄学生到沈参观各校》，《盛京时报》1908 年 6 月 25 日。

⑥《俄派东语学生秘密之调查》，《盛京时报》1909 年 7 月 15 日。

⑦《俄女生离奉》，《盛京时报》1910 年 6 月 4 日。

⑧《俄国商业学生来奉考察》，《盛京时报》1910 年 6 月 24 日。

⑨[俄]阿列克谢耶夫：《1907 年中国纪行》，阎国栋译，云南人民出版社，2001。

查活动。如1895年清朝官员王之春奉旨使俄时，于途中遇到一名精通英语、法语与油画技巧的“俄兵船水师提督”，该提督将“自黑龙江南溯燕齐、江淮，西逾蜀峡，泛湘暨粤而旋。一路险要形胜备细，图绘精详，以资考证”。对此，王之春感叹道：“西人谋国之心如是其亟，安得不富且强耶？”①

三是试图介入中国教育领域，以增强对中国青年一代的影响。譬如，俄国曾尝试干涉中国对俄国教师的选聘工作。1910年1月13日，俄国公使廓索维慈致函清政府外务部，以“（译学馆）俄文教习一席迄今年余尚未延聘，惟他国文教习一经离馆当即续聘，似于俄文教习亦应一律办理乃属公允”为由，推荐俄国教师克尔到译学馆任职。②1910年2月4日，学部以“查译学馆俄文教习并未缺席待聘，即遇有各门教员缺席时，照章亦应由该馆监督随时酌量延聘”，婉言回绝了廓索维慈的推荐。③此外，沙俄亦有在中国核心城市开办俄语教育机构的举措。如在1899年，俄国向总理各国事务衙门申请在北京东长安街开设俄文学堂，此议获准。经考试选拔，学堂共录取学生120名，其中住校肄业者40名。每名学生每月均享有学堂拨给的奖学金，按成绩决定数额。成绩上等者月给膏火银三两，次等二两，下等一两。在学校日常管理方面，“凡堂中所延教习以及学生饮馔一切均归俄人自备，中国概不与闻”④。而为增强对中国东北地区的影响，在日俄战争失败后沙俄政府也曾尝试在其势力范围之外开设学校，但受制于政治、外交等因素，收效并不显著。如在1907年7月，俄国驻奉天领事馆在馆内设立了俄文学堂，并对外招募学生。⑤1909年年初，俄国又向清廷提出在黑龙江和吉林两省各设立一所大学堂的申请。依照沙俄设想，这两所大学堂除按照清学部大学堂章程开设规定课程外，另设俄文、农业两科，并只招收中国学生，以500人为限，学堂所需一切费用则由俄国政府筹拨。但是，清政府必须允准该学堂毕业生拥有参加国内选拔考试及考取功名的权利。⑥几个月后，这项提

①[清]王之春：《使俄草》，（台北）文海出版社，1966，第129页。
②北京大学、中国第一历史档案馆编：《京师大学堂档案选编》，北京大学出版社，2001，第355页。
③北京大学、中国第一历史档案馆编：《京师大学堂档案选编》，北京大学出版社，2001，第359页。
④《讲求俄文》，《申报》1899年7月29日。
⑤《俄领开办俄文馆》，《盛京时报》1907年9月6日。
⑥《俄人于吉黑两省分设大学之决心》，《盛京时报》1909年2月6日。

议被清政府以侵害中国教育权为由严词拒绝。此外，俄国还曾向天津俄文馆提供过资助。1897 年 5 月，访华的俄国使臣乌赫道姆斯基公爵向俄文馆捐资一千两百金。[①]

沙俄对中国教育领域的渗透，在当时即引起了中国有识之士的警惕。1899 年，便有中国人撰文指出，俄国在中国兴办教育，名义上是"俄人遇我之厚也"，实际则"其心讵可测哉"。[②]这显示出国人已识破沙俄的用意，也必然会有所防范。所以，在面对俄国在教育领域实施的渗透活动时，清政府或婉言谢绝或严词拒绝，戒备之心表明得相当清晰。

第三节　中国对俄教育交流之先声：清前期俄语教育机构的办理

如前所述，在签订《尼布楚条约》之时，中俄均已感受到语言文字隔阂对处理两国关系形成的严重阻碍。为解决这一客观问题，俄国将开展汉学研究与大力培养通晓中国语的人才作为重点发展战略，形成了较为系统的汉学研究与中国语教育体系。而在中国一方，清政府基于外交传统与现实需求的考量，亦产生出培养俄文俄语专业人才的设想。尤其是在华耶稣会士的作用日渐衰微时，这种需求便显得愈发急迫。于是，清政府开始筹划创办专门的俄语教育机构，着手培养本国俄语人才，中国历史上第一所专门从事俄语教学的学校——俄罗斯文馆就此诞生。

① 严复：《中俄交谊论》，引自爱颖（熊元锷）编：《国闻报汇编》，（台北）文海出版社，1987，第 28 页。

②《讲求俄文》，《申报》1899 年 7 月 29 日。

一、俄罗斯文馆的初创

俄罗斯文馆[①]的创办与发展并非一蹴而就，而是经历了较为复杂的过程。其中，自 1708 年（康熙四十七年）创立“俄罗斯学”并由内阁典籍厅管理，到 1716 年（康熙五十五年）划归内阁直接管辖并更名“内阁俄罗斯文馆”，这段时间属于俄罗斯文馆的初创时期。

俄罗斯文馆的创建最初源于康熙皇帝提出的动议。据内阁大库《满文俄罗斯档》记载，康熙四十七年三月初八，康熙皇帝在南苑召见大学士马齐，令其询问蒙古旗内是否有愿习俄罗斯文者，并及时“具奏”。三月初九日，马齐将此事交付侍读学士鄂奇尔诺木奇岱办理。经过一番仔细挑选，马齐于三月二十一日携带吏部文选司上报内阁典籍厅的名册，前往西郊畅春园向康熙皇帝面奏，称“愿习俄罗斯文语之监生、闲散子弟等六十八名”，康熙皇帝下旨“均令习之”。选定学生后，依照康熙皇帝的旨意，马齐、鄂奇尔诺木奇岱经与俄国商团商务委员胡佳科夫会商，从俄国商队中挑选了一位名叫瓦西里的商队成员充任教师。教学地点则设在俄国商队居住的俄罗斯馆，于馆内“支搭席棚，开始教读”。由是，俄罗斯馆于康熙四十七年三月二十四日正式开课。与此同时，为免“因学生众多，恐于馆内乱行出入”，马齐又派遣蒙古房中书常度负责学校日常管理。康熙四十七年四月二十一日，瓦西里随俄国商队离京回国。为解决师资问题，马齐于七月初六日向康熙皇帝建议，从镶黄旗满洲俄罗斯佐领中遴选善于俄文者，“派为教授”，此议准奏。七月十二日，库兹玛和伊凡被选作教师，学校也迁至左翼马市西北大佛寺内的三间房屋。至此，学校基本步入正轨。[②]

随着俄罗斯文馆办学活动的逐步开展，一些教师和学生开始难以适应更为严格的教育教学要求。康熙五十年三月二十八日，身为阿尔巴津人后裔的库兹玛、伊凡、雅科夫等教师提出，对目前承担的工作已有力不从心之感，希望清政府能够“选择善于俄文俄语者二三名送京”，共同参与翻译及教学

---

① 在清代档案典籍中，俄罗斯文馆有俄罗斯学、内阁俄罗斯文馆等多种称谓。

② 张玉全：《俄罗斯馆始末记》，引自故宫博物院文献馆编辑：《文献专刊》（故宫博物院十九周年纪念），北京和记印书馆，1944，第 49—61 页。

工作。由是，清政府先后聘用了俄国降人尼堪及第一届俄国东正教驻（北）京布道团的修士司祭。同时，最初入学的 68 名学生中“能学者三十余名，不能者三十余名”。经过考试筛选后仅留下 27 人。此后，俄罗斯文馆学生数量保持在 24 至 27 人之间，另有少量候补学生，以备补缺。至 1716 年，俄罗斯文馆由隶属于内阁典籍厅转而划归内阁直接管辖，更名为“内阁俄罗斯文馆”，办学地点从左翼马市西北大佛寺迁至东华门外北长街。

二、俄罗斯文馆的后续发展

自更名“内阁俄罗斯文馆”起，俄罗斯文馆在拥有固定校址及稳定的师资、学生基础之上，其办学活动的开展正常有序，进入稳步发展阶段。其间，为提高俄罗斯文馆的教育质量，清政府对教师聘用、规章制度建立等方面进行了多次改革，试图使其能够符合最初设定的办学宗旨，切实满足对俄外交的需要。1724 年（雍正二年），因翻译俄国外交文书出现问题，雍正皇帝对俄罗斯文馆的教学提出要求：

> 教习俄罗斯语文实为要紧，当多招收学生，教习俄罗斯文，俟二、三年后，即行考核。学习优异者，应予勉励适用；其学业低劣者，或开除，或惩处。如此方能激励上进，学之有成。[①]

1725 年，雍正帝下旨检查俄罗斯文馆的运行状况，经筛选最终留下了 24 名学生。为解决教学质量问题，清政府还决定延续聘请俄籍教师。在第一届驻（北）京布道团的修士司祭拉夫连季担任俄罗斯文馆教师后，陆续又有驻（北）京布道团的神职人员及随团学生加入俄罗斯文馆的教师队伍，其中较有成就者如罗索欣、弗拉德金、列昂节夫等。尤其是罗索欣等人完成了《俄罗斯翻译捷要全书》的编译工作，使中国拥有了第一本专门的俄语教材。[②]

此外，规章制度的建立和健全也对俄罗斯文馆的发展具有重要作用。1757 年（乾隆二十二年），大学士傅恒奏请为俄罗斯文馆设立章程，以规范

① 中国第一历史档案馆编：《清代中俄关系档案史料选编》（第 1 编　下册），中华书局，1981，第 417 页。

②[法]伯希和：《俄国收藏之若干汉籍写本》，冯承钧译，《图书季刊》1946 年第 1—2 期，第 31 页。

管理、加强教学。其中规定：

> 五年后考试一次，一等授八品官，二等授九品官，三等不授官皆留学。八品官再考，列一等授七品官。九品官再考，列一等授八品官。其不及原考等第者，各照现考等第分别降级留学。七品官又考列一等，以主事即补。额设助教二人，于教习内奏补。教习即于考得职品各员内派委。以蒙古侍读学士或侍读一人充提调官，专司稽察课程。再由理藩院派委郎中或员外郎一人，兼辖此官制也。[①]

该章程其后一直被沿用，只在1825年（道光五年）有细微修订。而具体的选送学生、后勤保障、考试升迁等规则也逐步出台。在学生来源、人数、录取方式和待遇等方面，俄罗斯文馆的规定是："在八旗满洲、蒙古、汉军内共挑取学生二十四名，每月各支领饭钱贰串，在馆食饭用度，仍给与马甲钱粮，帮助读书行走。"[②]该规定中的内容，除学生录取方式在1839年（道光十九年）经穆彰阿奏请由大学士挑选改为考选外，整体上并无明显变化。[③]自康熙五十年五月初一日起，清政府"按月每人给钱两千"，增加师生一份钱粮。同时鉴于过去"俄文学生无一正途，不肯勤学"，清政府决定"每人授给一职"，即学员在校期间可获得一项官职，以免除他们对前途的顾虑。[④]在考试规程上，俄罗斯文馆的考试主要分为平常考试和升等考试。平常考试又分为月课、季考和岁试，升等考试则为五年一次。据《筹办夷务始末》载：

> 俄罗斯文馆有月课、季考、岁试三项。月课则每月初一日，由该教习拟定文条，散给诸生翻译誊卷，该教习分别等第注册备查。季考则于二月、五月、八月、十一月之初一日举行，出题等第，均如月课，惟试卷则呈堂裁定，始行注册，是月停止月课。至岁试则于每年十月初十日前，堂定日期面试，考列一等者，赏给笔墨纸张，以示奖励，是月月课、季考，均行停止。[⑤]

---

①[清]何秋涛：《朔方备乘》卷十三《俄罗斯学考》，上海古籍出版社，1995，第159页。
② 台湾"中央研究院"历史语言研究所编：《明清史料》（庚编第八本上），中华书局，1987，第760页。
③ 台湾"中央研究院"历史语言研究所编：《明清史料》（庚编第八本上），中华书局，1987，第760页。
④ 张玉全：《俄罗斯馆始末记》，引自故宫博物院文献馆编辑：《文献专刊》（故宫博物院十九周年纪念），北京和记印书馆，1944，第55页。
⑤[清]宝鋆等修：《筹办夷务始末》（同治朝），（台北）文海出版社，1966，第811页。

至 18 世纪末期，随着清王朝日趋衰落，俄罗斯文馆也渐呈衰败之势，入学的八旗子弟坐领粮饷，俄罗斯文馆教育功能的发挥已无从谈起。据1824年（道光四年）有关俄罗斯文馆的记载反映：

迨乾隆二十九年以后未经挑选俄罗斯人教授，即用本学出身之员，将所学俄罗斯文讲习记诵。迨今数十余年，为日已久，仅能以满文章法翻写俄罗斯字话。近日俄罗斯来文与本学抄记旧话日渐支离，遇有承翻事件，查照档案翻写间有疑异无从询问。

为解决教学上出现的问题，大臣托津提出："请照历届成案，仍于驻京学习满文之俄罗斯内，挑取一名协同教授……俾学者得所传习。"[①] 由是，时隔多年后俄罗斯文馆聘请俄国教习的活动再度恢复。1851 年（咸丰元年），清廷曾整顿过俄罗斯文馆的学务，"改期考试学生以图速收实效"，但收效甚微。[②]1862 年，总理各国事务衙门为建立京师同文馆，对俄罗斯文馆全体师生进行了测试，除教习国世春因粗通俄语被留用外，其他人员一并裁撤，俄罗斯文馆长达 154 年的办学历史就此终结。

三、伊犁俄罗斯学的创建

就在俄罗斯文馆建立与发展的同时，清政府亦于乾隆年间在新疆地区创办了一所俄语教育机构，不仅招收一定数量的学生，还成为一所常设学校。据《总统伊犁事宜》载：

乾隆五十七年（1792 年），蒙将军公奏准，由京调来鄂罗斯教习一员，设立学馆一处，在八旗马、步甲壮丁内，挑取学生十六名，习学鄂罗斯话语字意。内额定，头等学生五名，每名纸笔一钱五分，二等学生五名，每名纸笔银一钱，每月茶水银二两，此项银两每月俱在官布铺，余平火耗银两内请领。六十年（1795 年）正月，鄂罗

① 台湾"中央研究院"历史语言研究所编：《明清史料》（庚编第八本上），中华书局，1987，第 776 页。

② 俄罗斯文馆：《为整顿俄罗斯学事务事》，（台北）"中央研究院"历史语言研究所，登录号 060334-001。《数位典藏与数位学习联合目录》http：//catalog.digitalarchives.tw/item/00/27/39/4d.html。

> 斯学生考列等第，将试卷咨送军机处，核对并无舛错，是以奏明，将鄂罗斯教习撤回。其鄂罗斯学生，俱系初学，今立定章程，令伊等常川学习，在于所有学生十数人内，挑选一等者一人，作为教习，暂给委笔帖式空顶戴，并专派官员管理。学生内如有缺出，如数挑补，五年照前考试一次，将试卷咨送军机处查对，果能教习安协，将教习补放本处，部缺九品笔帖式。若教习疏懈平常，革退空顶，开除教习，重责示众。[①]

值得一提的是，在伊犁俄罗斯学的发展进程中，俄罗斯文馆也起到了一定作用。一方面，伊犁俄罗斯学的管理制度、教学方式、奖惩规定等均深受俄罗斯文馆的影响；另一方面，伊犁俄罗斯学还获得了俄罗斯文馆提供的师资援助。

作为新疆历史上最早设立的外语学校，伊犁俄罗斯学在培养西北地区外交、外语人才方面具有重要作用，其培养的学生服务于外交领域，成为这一时期中国开展对俄外交活动的重要力量。

四、清前期俄语教育机构性质辨析

作为清前期仅有的两所俄语教育机构，清政府办理俄罗斯文馆、伊犁俄罗斯学等俄语教育机构的活动，其性质较之于俄国对华文教交流活动有较大差异。俄国开展的各类文教交流活动，总体上服从并服务于对华外交战略目标，形成了较为完整的对华文教交流体系，并且具有较强延续性，贯穿于整个清季。相对于沙俄对华文教交流策略、手段的丰富多样与针对性强，清政府于统治前期实施的对俄文化外交活动则显得形式简单、作用单一，缺乏长远规划与明确的指导思想，更未能形成系统的文化教育交流体系。这种实质性的区别，从清政府对国子监俄罗斯学与俄罗斯文馆职能的不同认识即可看出。据《朔方备乘》载：

---

① 中国社会科学院中国边疆史地研究中心编：《清代新疆稀见史料汇辑》，全国图书馆文献缩微复制中心，1990，第 191 页。

俄罗斯学有二，名虽同而职掌不同。国子监之俄罗斯学为俄罗斯来京读书子弟而设，所以柔远人也；内阁理藩院之俄罗斯学为八旗习俄罗斯字学生而设，所以通象译也。[①]

显而易见，在清廷看来，国子监俄罗斯学作为培养俄国留学生的专门教育机构，其主要功能在于“柔远人”，用来显示“中央之国”怀柔四方、宾服四夷的广阔胸襟；而俄罗斯文馆的作用则主要是培养通晓俄文俄语及翻译技能的满汉蒙八旗子弟，只为办理对俄外交事务服务，不涉其他。由此，有俄罗斯学者将俄罗斯文馆评价为“时代的产物”，“是建立在业已形成的华夏文明与蛮夷边缘国关系模式基础上的中国传统对外政治机器的一部分”[②]。也正是基于这种差异化的认识，清政府曾长期对国子监俄罗斯学在俄国对华外交方面的作用视而不见，“直至咸丰年间，随着驻京喇嘛、学生介入外交事务日益频繁，清朝官员才开始对俄罗斯馆表现出一种模糊的警觉”[③]。

通过考察清政府对国子监俄罗斯学与俄罗斯文馆职能的定位，以及办理俄罗斯文馆、伊犁俄罗斯学等俄语教育机构的活动，可以发现，受国家实力、政治文化、外交传统、现实需求等因素影响，处于统治前期的清王朝在对俄外交策略上表现出因循守旧、墨守成规的特征，依然延续既往王朝执行的外交政策。故而，在更为具体的对俄文化教育交流领域，清廷显得较为保守封闭，仅仅采用建立少量俄语教育机构作为应对对俄外交的手段，严重缺乏沙俄对华文教交流具有的针对性、计划性、多样性与实效性特征，至于派遣学生赴俄留学一事更是无从谈起。因此，俄罗斯文馆及伊犁俄罗斯学在实际上所能起到的效用极为有限。

①[清]何秋涛：《朔方备乘》卷十三《俄罗斯学考》，上海古籍出版社，1995，第158页。

②[俄]拉宾·帕维尔：《清朝俄罗斯文馆（18世纪初—19世纪中叶）》，《历史档案》2011年第1期，第57页。

③蔡鸿生：《蔡鸿生史学文编》，广东人民出版社，2014，第145页。

第四节　文化外交视野下的清代中俄关系与教育交流

前述文字已对中俄外交关系的确立及其在晚清时期的演变、清季俄国对华文教交流与清前期中国对俄教育交流策略与活动分别予以阐释。本节将从"文化外交"视角出发，运用相关理论及概念，对清代中俄文化外交与教育交流之间的关系加以剖析，厘清其内在逻辑关联，揭示引致近代中国留俄教育产生、发展的根本原因。

一、文化外交的概念与体系

作为一种理论分析工具，文化外交的内涵外延有较大弹性，性质较为复杂，观点众多。因此，在应用这一理论工具开展研究之时，有必要先对文化外交的基本概念与理论体系进行梳理，以界定研究的基本范畴。

（一）文化外交活动的产生发展与相关研究的兴起

仅就"文化外交"的词义而论，这是一个既古老又年轻的概念。言其古老，是因为早在理论概念诞生前人类社会便已存在符合"文化外交"定义的交往活动。作为种族生存、繁衍的本能之一，人类世界在逐步形成演进的过程中开始了人际之间、群体之间、组织之间的信息交流活动，以建立关系，满足沟通需要。这种交往随着人类社会不断进化得以发展，内容与形式渐趋丰富，并成为促进文明发展的重要推动力："因为它使每个文明国家以及这些国家中的每一个人的需要的满足都依赖于整个世界，因为它消灭了以往自然形成的各国的孤立状态。"[①] 罗素指出："不同文明的

① 中共中央马克思恩格斯列宁斯大林著作编译局编:《马克思恩格斯全集》(第3卷)，人民出版社，1960，第68页。

接触，以往常常成为人类进步里程碑。”[①] 正是在不同文明相互接触与融合的进程中，具有文化交往性质的交流开始萌生，进而成为人类交流活动的主要组成部分。“如果从不严格的意义上来理解国家，那么在古代中国的各诸侯国、古代希腊各城邦国家之间就有了对外文化交往活动，这应该是文化外交的雏形。”[②] 就中华文明的形成而言，在数千年历史长河中蕴含着大量具有文化外交性质的内容，典型者如借助海陆“丝绸之路”而形成的汉代中外文化交流，隋唐时期的中日文化交流，明代郑和下西洋，18世纪前后中国文化对欧洲文化的影响，等等。应该说，这些交往活动尽管在内涵、内容、形式上均比较简单，仅可算作文化外交的雏形，但这些活动不仅帮助国家、地区、民族之间建立起必要的联系，而且也为后续的文化外交活动奠定了前期基础。

随着世界不断发展变化，特别是近代意义上的国家逐步形成以及交通、通信技术的飞速进步，国际间文化交流活动亦愈发活跃。“国与国、洲与洲之间的文化关系要比在法国、德国或意大利设立‘文化关系司’，英国设立‘不列颠委员会’和美国设立‘美国新闻署’早得多。文化关系早就一直存在。”[③] 至二战前夕，国际文化关系逐渐成形。二战结束后，由于“冷战”爆发及世界各国文化教育事业的迅速发展，部分国家开始意识到必须通过经济、政治、军事手段之外的文化手段实现自己的目标，这就推动了国际文化交流活动进一步兴盛。由是，以国家外交手段面目出现的文化外交活动蓬勃兴起，众多国家均高度重视文化外交的功能与作用，将文化外交列为国家总体外交的一部分，力求通过文化外交以相对隐性的方式达成本国战略目标。譬如创建于1946年的富布赖特项目，由美国政府资助美国学生赴国外从事教育活动，及外国的学者、教师、学生赴美学习交流。这项文化教育交流计划的规模之大、范围之广、持续时间之长，在世界文化交流史上均属史无前例。[④] 富布赖特项目事务影响深远，体现出美国在外交领域对文化手段的充分利用。

①[英]罗素：《中国问题》，秦悦译，学林出版社，1996，第146页。
② 李智：《文化外交：一种传播学的解读》，北京大学出版社，2005，第13页，注释①。
③[法]路易·多洛：《国际文化关系》，孙恒译，上海人民出版社，1987，第3页。
④ 李智：《文化外交：一种传播学的解读》，北京大学出版社，2005，第14页。

项目创始人富布赖特在《外交政策的第四方面》中指出，当今世界外交政策不仅仅依靠军事力量和外交活动，我们必须向其他国家传播我们的社会价值观影响下一代，对世界格局产生的作用要远远胜过军事和外交上的作用。[①] 曾负责教育和文化事务的美国国务卿首席助理菲利普·赫·库姆克斯也指出："除了政治、经济和军事问题之外，教育和文化事务是现代国家外交政策的第四个、也是最人道的组成部分。"[②] 又如 20 世纪中叶以来世界各国纷纷建立对外传播和文化交流机构，积极开展对外宣传，通过语言文字、艺术形象等有意识地影响他国受众。

相较于文化外交活动的悠久历史，学术意义上的"文化外交"概念与相关研究起步较晚。学术界对文化外交的研究，是伴随着文化外交活动从简单到复杂、由自发到自觉的过程而逐渐兴起的。"文化外交"一词的提出，最早出现于 1934 年《牛津英语大词典》："英国议会创造了一种新的文化外交手段，就是致力于海外英语教学。"这是一个具有明显时代性与局限性特征的概念。现代意义上的"文化外交"一词，则是由美国历史学家拉尔夫·特纳在其为规划战后美国对外文化关系而起草的备忘录中提出来的，但特纳当时并没有给予文化外交这个崭新的概念以确切的定义。[③] 二战结束后，美国的文化外交研究开始兴起，并领潮流之先。其中代表人物为美国纽约圣约翰大学外交史学家弗兰克·A. 宁柯维奇 (Frank A. Ninkovich)。早在芝加哥大学攻读博士研究生时，宁柯维奇便专门对美国在 1938 年至 1950 年期间的外交政策和文化关系进行了系统研究，并于 1981 年出版了《思想外交：美国对外政策与文化关系，1938—1950》(*The Diplomacy of Ideas*: *U. S. Foreign Policy and Cultural Relations*, *1938–1950*) 。1996 年，美国外交政策协会 (The Foreign Policy Association) 又出版了他的另一部研究美国文化外交的专著《美国信息政策和文化外交》(*U. S. Information Policy and Cultural Diplomacy*)。从 20 世纪 80 年代起，西方其他国家学者也陆续着手研究文化外交，较有影响的有曾任英国外交官的 J. M. 米切尔 (J. M. Mitchell)、日本东京大学国际关系研

① 张骥、刘中民等：《文化与当代国际政治》，人民出版社，2003，第 182 页。
②[法] 路易·多洛：《国际文化关系》，孙恒译，上海人民出版社，1987，第 27 页。
③ 缪开金：《中国文化外交研究》，中共中央党校博士学位论文，2006，第 23 页。

究学者平野健一郎等。“自 20 世纪 90 年代起，研究文化与国际关系已经成为世界性热潮，一大批书籍、文章在世界各地出版和发表。”[①] 加拿大学者谢弗明确提出：

> 迄今为止，人们很少从文化角度来考虑世界体系。这是不可思议的，因为世界正在经历一个明显的和生气勃勃的文化变革时期，文化日益成为社区以及地区、国家和国际事务中的越来越有影响的力量……有越来越多的学者认为，世界已经进入深刻的文化冲突和对抗的时期，其特点是不同的文化和文明发生碰撞。特别令人不安的是，世界对此极其无能为力和没有思想准备。从这一观点出发，任何对未来世界体系的看法，如果没有充分考虑到文化的话，都是一开始便注定要失败的。[②]

“9·11”事件发生后，美国的文化外交研究又趋于热门，其中美国艺术与文化研究中心 (Center for Arts and Culture) 的文化外交研究课题最具代表性。[③] 此外，美国、英国、法国、德国、意大利等国先后设立了负有文化外交职责的政府机构。

当前，对于文化外交的研究仍然是国际关注的热点之一，其研究对象、研究理论、研究方法等亦愈发丰富多样。

（二）文化外交的概念界定与体系

1. 文化外交的概念界定

自文化外交研究兴起，相关概念界定便层出不穷。依据对“文化”“外交”的不同理解及不同文化背景与政治立场，众多学者纷纷提出了形式多样、内涵各异的文化外交定义。较具代表性的国内外观点主要有如下几种：

美国学者宁柯维奇认为，文化外交“首先是在国际政治中运用文化影响的一种特殊政策工具”。[④] 英国学者米切尔将文化外交的概念具体分为两重含义：第一重含义指由政府之间作出的以允许、方便或规范文化交流的双边或

---

① 潘一禾：《文化与国际关系》，浙江大学出版社，2005，第 28 页。

②[加] 谢弗：《从文化观点看新的世界体系》（上），国海译，《现代外国哲学社会科学文摘》（现名为《国外社会科学文摘》）1997 年第 12 期，第 14 页。

③ 胡文涛：《解读文化外交：一种学理分析》，《外交评论》2007 年第 3 期，第 51 页。

④ 缪开金：《中国文化外交研究》，中共中央党校博士学位论文，2006，第 23 页。

多边协议，故而政府间的文化条约、会议、协定及文化交流项目均属文化外交的范畴；第二重含义则是指前述协议的执行以及源于这些协议的文化关系行为可视为扩大的政府责任，也可认为是政府授予文化机构或组织的某些权限。①

中国学者李智对文化外交的研究相当深入。他认为：

> 文化外交不同于一般意义上的对外文化交流关系，它着重突出政府在对外文化关系中所起的作用。因而，可以说，文化外交是一国政府所从事的对外文化关系的总和，或者说，是以主权国家为主体、对外行使主权的官方文化关系。

由是，李智从传统观念与现实国家利益的角度对文化外交进行定义。就传统外交概念而言，“文化外交即是以文化传播、交流与沟通为内容所展开的外交，是主权国家利用文化手段达到特定政治目的或对外战略意图的一种外交活动”。若从国家利益维度而论，文化外交是“主权国家以维护本国文化利益及实现国家对外文化战略目标为目的，在一定的对外文化政策指导下，借助文化手段来进行的外交活动”。②

学者胡文涛在分析东西方文化外交活动演变的基础上提出，要全面而准确地定义文化外交，必须将外交主体与客体、目标与意义以及手段与途径等因素包括其中，因此文化外交可定义为：

> 是政府或者非政府组织通过教育文化项目交流、人员往来、艺术表演与展示以及文化产品贸易等手段为促进国家与国家之间、人民与人民之间相互理解与信任，构建和提升本国国际形象与软实力的一种有效外交形式，是外交领域中继政治、经济之后的第三支柱。③

学者关世杰认为，文化外交问题涉及多种学科，应从文化人类学、传播学和国际政治等角度审视这个问题，由此提出文化外交等同于国际文化传播，其目的是“最大限度地利用国际传播的方法（人际的、组织的和大众传播等

---

① 胡腾蛟:《美国对华文化外交研究(1970—1979年)》,湖南师范大学硕士学位论文,2005,第5页。
② 李智：《文化外交：一种传播学的解读》，北京大学出版社，2005，第24—25页。
③ 胡文涛：《解读文化外交：一种学理分析》，《外交评论》2007年第3期，第55页。

方式）传递本国的文化信息，以获得外交、政治、经济等方面的国家利益”[①]。

学者张永涛认为应从狭义和广义的角度界定“文化外交”的概念，并注意广义文化外交和文化教育在概念上的不同：

> 如果从狭义上来理解文化外交的话，是指一国政府实施的对外文化交流行为；而从广义上来理解的话，是指一国政府以及包括国际组织、民间团体、跨国企业、个人等非政府行为主体实施的以弘扬本国文化、扩大本国文化的国际影响力、维护本国文化安全等为主要目的的带有一定政治色彩的对外文化交流行为。[②]

文化部原副部长孟晓驷则将“文化外交”定义为：“围绕国家对外关系的工作格局与部署，为达到特定目的，以文化表现形式为载体或手段，在特定时期、针对特定对象开展的国家或国际间公关活动。”并提出了衡量某项活动是否属于“文化外交”范畴的四条标准：是否具有明确的外交目的；实施主体是否是官方或受其支持与鼓励；是否在特殊的时间针对特殊的对象；是否是通过文化表现形式开展的公关活动。[③]

上述观点尽管在表述上存有明显差异，但其中仍有相同或近似之处，具体而言包含以下几个方面：其一，主导文化外交实施的主体是主权国家，而非民间组织机构团体，因而其策略、行为具有明显官方色彩；其二，文化外交的实施是为实现维护国家文化利益、促进对外文化交流、施加对外文化影响等特定外交目的；其三，文化外交依赖的主要手段是文化交流、沟通与传播；其四，文化外交中的交流主体内容包括文学、艺术、体育、教育、语言等；其五，鉴于“文化”在文化外交中的地位，不同国家的文化外交往往首先体现本国文化特色。

2. 文化外交的体系

（1）文化外交的地位

作为一个国家对外交往活动的核心内容，外交是“国家为实现其对外政策，由国家元首、政府首脑、外交部门和外交代表机构进行的诸如访问、谈判、交涉、

① 关世杰：《国际文化交流与外交》，《国际政治研究》2000 年第 3 期，第 129 页。
② 张永涛：《中日外交文化比较》，中国宇航出版社，2015，第 218 页。
③ 孟晓驷：《中国：文化外交显魅力》，《人民日报》2005 年 11 月 11 日。

发出外交文件、缔结条约、参加国际会议和国际组织等对外活动”的总称[①]，是代表国家利益的国际交往，体现官方意志与态度。在一国总体外交中，文化外交的地位较为特殊。首先，总体外交包含很多外交分支，比如经济外交、政治外交、军事外交、文化外交等，“各外交分支之间的关系是平行的。这些分支在总体外交的指导下，在各自的领域发挥独特的作用，同时，遂行总体外交肩负的部分使命”[②]。故而，在各外交分支之间，文化外交与政治外交、经济外交、军事外交等是平行关系，均为总体外交的重要组成部分，各司其职、各负其责、协同配合，共同构建起国家外交体系。其次，文化外交作为总体外交的子系统之一，受到国家外交总目标与策略的决定和制约，其目标的制定与功能的执行，均要取决于并服从于、服务于国家外交总体目标与全局规划，而不能脱离总体外交约束单独存在及发挥效用。再次，文化外交在一定程度上亦受到其他外交方式的影响，既需要其余外交子系统的支持与合作，也要配合和帮助这些外交分支相关工作的开展。尤其是在软权力日益成为衡量一国综合国力重要指标的当代，大力开展文化外交，配合和推动政治、经济、军事外交的发展与国际形象塑造，对于一个国家总体外交而言十分必要。最后，文化外交在总体外交中占有重要地位，具有不可替代性。基于文化交流对人类世界的特殊功用及全球化时代的来临，文化外交在国际关系中的地位显得愈发突出，大多数国家都将文化外交列为开展对外交流的主要手段，力图借此提升本国文化影响，扩大在国际交往中的话语权。这种外交领域的发展趋势，促使文化外交逐渐也成为各国外交赖以依靠的支柱，其他外交方式难以取代其地位及职能。

（2）文化外交的作用

受文化外交在国家总体外交中的地位所决定，其主要作用表现为以下几项：

一是达成国家对外战略目标，对别国施加文化影响，从而提升国家软权力。这一点往往被西方霸权国家所采用。在目前的国际关系体系下，和平与发展

---

① 辞海编辑委员会编纂：《辞海》（第七版彩图本），上海辞书出版社，2019，第 4454 页。
② 周永生：《经济外交》，中国青年出版社，2004，第 39 页。

已成为当今时代主题，通过战争等体现国家硬权力的方式开展国际竞争与争夺霸权的活动逐渐被摒弃与避免，“软权力”的理念则被愈来愈多的国家所深刻理解并贯彻到外交活动之中：“权力的定义不再强调昔日极其突出的军事力量和征服。技术、教育和经济增长因素在国际权力中的作用越来越重要。”[①]特别是以美国为代表的部分西方大国，在时不时使用武力的同时，还试图利用本国文化与意识形态对别国加以影响，以实现其对外政策目标。正如“软权力”概念的创造者约瑟夫·S. 奈就曾建议美国政府：“我们现在应当利用这种软实力来建立一个与我们的基本价值观相一致的世界，以便来日我们的影响力缩小时仍有利于我们。”[②]显而易见，在此形势下，文化外交直接影响总体外交战略目标的实现。

二是增进国际理解及谋求和平环境。在国际关系中，世界各国的相互理解、沟通对于密切国家间外交关系、促进民间友好往来、维护和平稳定局面具有重要作用。而要加强彼此间的理解沟通，一个国家通常最先考虑使用的内容与手段是文化和文化交流。因此，文化外交具有的特质使其成为最适宜的推动国家间文化交流开展的外交形式。凭借文化外交，各国间的不同文化得以相互交流、沟通并产生影响，不仅增进了政府、民间的文化往来，加深了文化了解，从而促成国际理解的实现，也有助于各国在事关彼此利益的问题上消弭分歧、化解矛盾，尽快达成共识与互信，进而促进国际合作的开展，这就为维护和平的国际环境创造了必要条件。

三是促进本国文化的对外传播，塑造良好国际形象。国际形象事关国家核心利益，对于一个国家的生存和发展环境具有至关重要的作用，会直接影响其他国家对该国的整体评价及相关外交政策的制定，所以众多国家尤其是大国尤为注重树立自身的国际形象，力图借此为开展总体外交活动提供助力。而良好国际形象的树立，则与一个国家的文化及其被他国接纳程度密切相关。由是，为建立起良好国际形象，国家必须依赖对外文化传播，通过此种方式

①[美]约瑟夫·S. 奈著，约瑟夫·S. 奈、门洪华编：《硬权力与软权力》，门洪华译，北京大学出版社，2005，第 97 页。

②[美]约瑟夫·奈：《美国霸权的困惑——为什么美国不能独断专行》，郑志国等译，世界知识出版社，2002，第 104 页。

展现本国文化的优点与长处，向别国宣传自身良好形象，以获取国际认同，寻求互利互信。

四是为推进经济、政治、军事等领域的国际合作提供帮助，从而促进综合国力的提高。作为人类社会繁衍生息的重要支柱，文化与经济、政治、军事等要素共同构成了系统整体，相互联系、相互影响。因此，类似"文化搭台，经济唱戏""经济搭台，文化唱戏"的说法屡见不鲜，在国际合作方面亦是如此。由于文化外交在促进国际理解、增进国家关系方面具有重要功用，所以可在经济、政治、军事等领域的国际合作中起到"润滑剂""助推器"的作用，能有效推动各类合作的开展，从而帮助本国文化产业与其他行业实现快速发展，提高综合国力。例如，近些年中国与俄罗斯互办国家年、语言年、旅游年等大型人文主题年活动，不仅形成了两国人文合作的优良传统，增进了两国人民相互了解，巩固了传统友谊，对经济、政治等方面合作也具有重要促进作用。

（3）文化外交的类型与途径

根据文化外交的特性及其在总体外交中的地位与作用的不同，文化外交有正向、负向类型之分。所谓正向的文化外交，是指其主旨基于和平自主、互利互惠、取长补短、互通有无、责权平等等原则，目的是增进国家间的亲密关系、共享文化资源、达成各类共识、维护双方权益。此类型的文化外交通常建立在有偿或无偿的基础上，主要表现形式为国家主导下的文化合作或文化援助，体现国家间的友好互信关系。负向的文化外交则截然相反，更多表现为一国基于推行强权政治、实施经济控制、宣扬文化价值观等目的，利用在经济、军事等方面的优势，试图通过文化外交对别国开展文化输出、文化渗透，将本国文化与价值观强加给他国，以达成压制他国文化发展、实行文化入侵与殖民的目的，主要形式为和平演变战略、文化帝国主义、文化制裁等。①

在具体实施途径上，作为国家总体外交的子系统，文化外交的实施途径首先要遵循一般外交渠道，包括国际谈判与协商、参加国际组织、信息传递

① 李智：《文化外交：一种传播学的解读》，北京大学出版社，2005，第 27 页。

及以法律为工具从事外交活动。[①] 在结合文化外交特性的基础上，可将文化外交的途径大致划分为两类：第一类是严格意义上的，仅指国家政府间的文化外交行为。具体内容包括政府间签订各项国际文化交流项目、协商文化协定、缔结文化条约、洽谈文化业务、召集和参与各项国际文化会议、组建和加入国际文化组织、保障文化人员的互访、组织文化成果的对外展览，以及有关政府机构执行、实施文化协定与合作项目等。第二类是指一个国家面向国际社会与国外民众（包括各基金会、学术团体、各种协会、宗教机构）开展的一类国际公共关系活动，期望通过培植或影响国际舆论，间接左右他国行为来实现外交战略意图。其所依靠的手段是国际传播媒介，包括广播、电影、电视、互联网、书籍报刊、音像制品等。[②]

（4）文化外交的特点

在国家总体外交之中，较之于政治外交、经济外交、军事外交，文化外交的特点主要体现在三个方面：

一是柔性。由于文化外交是建立在“软权力”之上，且其战略目标并非完全基于现实性、功利性的近期需求，而是具有一定的长期性与长远性，所以与其他外交方式相比，文化外交的手段和策略并非是通过激烈的经济竞争、政治交锋或军事冲突展现，通常采用交涉、谈判、合作、访问等和平、对等的交流方式，这就使文化外交显得较为柔和，不仅易于被他国政府和民众接受，也会在两国发生矛盾之时发挥其柔性特质，为缓和局势、达成和解提供助力。

二是隐性。鉴于文化外交的性质及其通常采用的策略、方式，故一般而言其目的与功能的体现显得较为隐蔽，常隐含在文化交流、文化合作等具体对外交往活动中，真实意图与活动目的容易被丰富多彩的表象所掩盖而难于察觉，往往通过对他国施加潜移默化的影响来达到目标。

三是更广泛的适用性。在国际社会之中，国家间会因为核心利益而形成不同关系。例如，亚历山大·温特认为，世界上存有三种不同的国际体系文化：第一种是霍布斯文化，国家的相互定位是“敌人”角色，敌人是没有生

① 张文贤主编：《国际惯例词典》，复旦大学出版社，2000，第 16—17 页。
② 李智：《文化外交：一种传播学的解读》，北京大学出版社，2005，第 28 页。

存和自由权利的。第二种是洛克文化，国家的相互定位是“竞争对手”的角色，竞争对手是有着生存和自由权利的，但是不具有免于暴力的权利。结果就出现军事竞争，有时也会爆发战争，但战争会被控制在有限范围之内。第三种是康德文化，国家的相互定位是“朋友”角色，朋友之间相互承担义务：不使用暴力解决争端，在出现侵略的情况下相互帮助。[①] 各个国家都会根据与别国关系的亲疏程度而制定、实施不同外交战略与手段。相对于政治、经济、军事等外交形式，文化外交的适用性更为广泛，既适用于处在洛克文化或康德文化氛围中的各个国家，也适用于处于霍布斯文化状态下的国家。

二、清代中俄文化外交差别化的根本原因

一般而言，“一国的外交政策，扩展开来包括其决策模式，均取决于该国的内部环境以及这个环境的社会、经济和政治条件，这使一国在国际舞台上将采取的态度变得多少可以预知”。由是，在分析一国外交政策时，重要的是对决策者们活动范围的经济和社会条件进行研究，而要想把握政策的性质，“决定性的条件是国家背景”。[②] 清代中俄两国间以文教交流为主要内容的文化外交活动的产生，有其深刻的、错综复杂的内在根源。尤其是中国与俄罗斯在历史传统、政治文化、经济发展模式、地理环境等方面的不同，直接决定了两个国家在对待彼此间文化外交的态度、具体政策与措施上存有巨大差别。俄国汉学奠基人比丘林曾说过：“在这里（中国），我们看到了我们所拥有的一切，同时也发现，这一切同我们所拥有的又不完全一样。”法学家马尔金斯亦得出结论：“如果不存在翻译上的错误，双方对条约的理解应该是相同的。但是两国政府对条约精神的认识却不同，一个很简单的原因就是双方关于国际关系的道德和法律概念是对立的。”[③] 因而，“研究一个国

---

①[美] 亚历山大·温特：《国际政治的社会理论》，秦亚青译，上海人民出版社，2000，“中文版前言”，第 41 页。

②[加] 夏尔 – 菲利普·大卫：《白宫的秘密——从杜鲁门到克林顿的美国外交决策》，李旦、王健、徐翊等译，中国人民大学出版社，1998，第 11—12 页。

③[俄]B. C. 米亚斯尼科夫：《俄清关系的历史文化特点》，叶柏川译，《清史研究》2004 年第 3 期，第 122 页。

家特别是大国的外交政策，必须联系该国的政治传统、价值观念，以至广义上的文化来进行考察”[1]。即应对上述制约、影响中俄文化外交的基本要素进行深入研讨，以剖析导致其时中俄文化外交出现差别化的根本因素，进而揭示决定近代中国留俄教育产生、演变的内在原因。

（一）清季俄国对华文化外交政策形成的主因

清季俄国对华文化外交政策的制定及具体文教交流活动的实施，由其时俄国对华总体外交战略决定，而总体外交又受制于由政治、经济、文化等共同组成的历史传统基础。具体而言，影响其对华文化外交政策的因素可归纳为以下几点：

首先是俄罗斯独特的地理环境条件及由此引发的安全理念。正如黑格尔所言：“助成民族精神的产生的那种自然的联系，就是地理的基础……我们不得不把它看作是‘精神’所从而表演的场地，它也就是一种主要的、而且必要的基础。”[2]一方面，俄罗斯文明起源于辽阔的东欧平原，这种被称为“没有护栏的婴儿车”的平坦地形，使俄罗斯自诞生之日起便在较长一段历史时期内饱受来自四面八方的异族入侵，先后对俄罗斯产生多方面影响。另一方面，俄罗斯所处的自然气候较为严酷，受纬度、季风、地形等因素影响，每年冰冻期平均五个月左右，这就使俄国农业季节较之于西欧、中国远为短促，且雨量稀少、春旱严重，故而农业产量低下。由是，为了获得内心安全感并“获得较好的农业区域、西伯利亚的皮毛和不冻港”[3]，以防御与扩张为目的的战争便成为俄罗斯社会生活的主要内容：

> 公元 800 年—1237 年间，俄罗斯每 4 年击退一次外来进攻。在公元 1240 年—1462 年间，222 年里俄罗斯共击退了 200 多次入侵，达到了每年 1 次的频率……公元 1370 年—1895 年，525 年里俄罗斯有 329 年在打仗，也就是说每三年中有两年在作战……仅彼得一世在位的 36 年，就进行了 53 次战争，平均半年多就要打一仗。[4]

---

① 王缉思：《美国外交思想传统与对华政策》，《美国研究参考资料》1989 年第 3 期，第 130 页。
②[德] 黑格尔：《历史哲学》，王造时译，上海书店出版社，2001，第 82 页。
③[美] 沃尔特 · G. 莫斯：《俄国史（1855~1996）》，张冰译，海南出版社，2008，第 7 页。
④ 中央电视台《大国崛起》节目组编著：《俄罗斯》，中国民主法制出版社，2006，第 9 页。

这种为求打造安全屏障、消除畏惧并实现扩张的国家、民族心理诉求，使俄国政治文化和对外交往具有鲜明的进攻性、扩张性特征。对于与俄罗斯在地缘关系上颇为紧密的中国而言，鉴于“地缘关系不仅在任何时候都会对一个国家的现行战略产生影响，而且会使其战略思想在地缘关系方面带有某种传统性，甚至表现出模式化的地缘特征”①，所以该特征在清季俄国对华外交活动中体现得较为明显。

其次是东正教信仰与俄国外交的意识形态化。古罗斯建立后，社会上曾长期存在与自然崇拜相关的多神教信仰，这种情况至 10 世纪末时发生了根本改变。988 年，基辅罗斯大公弗拉基米尔宣布将基督教作为罗斯的国教，并要求公国人民集体受洗。997 年，弗拉基米尔在基辅设立大主教区，下设 8 个主教教区。至基辅罗斯末期，罗斯教会以基辅总主教为首，包含了 16 个主教教区，其中 2 个拥有大主教教区的地位。②东正教确立为罗斯国教后，原本信仰分散的公国拥有了“文化统一体”，建立了统一的思想和宗教基础。拜占庭帝国于 1453 年灭亡后，俄罗斯东正教会开始将自身视为基督教正统继承者，由此衍生出“第三罗马学说”和“救世主义思想”，强调俄罗斯民族才是基督教的正统捍卫者，只有俄罗斯民族才能复兴基督教。这就将宗教使命与俄罗斯帝国的命运紧密联系在一起。15 世纪末，普斯科夫的修道院院长菲洛费伊对此作了详尽论述。他认为，莫斯科是第三个、也是最后一个罗马，并向伊凡三世表示：“你是普天之下所有基督徒的唯一的沙皇。”③因而，历代沙皇往往“把东正教作为帝国强盛的旗帜”④。马克思对此评价道：“正教不同于基督教其他教派的主要特征，也就是国家和教会、世俗生活和宗教生活的两位一体。”在俄国，“教会变成了国家的纯粹的工具，变成了对内进行压迫和对外进行掠夺的工具”。⑤由是，沙俄政府在施行对外扩张时亦将东正

---

① 李际均：《军事战略思维》，军事科学出版社，1996，第 141 页。

②[美]尼古拉·梁赞诺夫斯基、马克·斯坦伯格：《俄罗斯史》（第 7 版），杨烨、卿文辉主译，上海人民出版社，2007，第 48 页。

③[苏]约·阿·克雷维列夫：《宗教史》（上卷），王先睿、冯加方、李文厚、郑天星等译，中国社会科学出版社，1984，第 357 页。

④ 孙雄：《神人之际——索洛维约夫宗教哲学研究》，宗教文化出版社，2009，第 41 页。

⑤ 中共中央马克思恩格斯列宁斯大林著作编译局编译：《马克思恩格斯全集》（第 13 卷），人民出版社，1998，第 147—148 页。

教视为重要工具之一，其外交手段因此带有浓厚的以宗教信仰为核心的意识形态色彩。

再次是东西方文明冲突与融合对俄罗斯文化的影响。通常人们在看待世界政治、处理国际事务时，会在很大程度上受制于他们所处的文化背景和环境。美国学者洛弗尔（John P. Lovell）指出："人是在文化氛围中长大的，受到其中的基本价值观、风俗习惯和信仰的熏陶……在每个民族国家，统治本身和外交政策的制定都是在某种文化背景中发生的。"[①] 对于俄罗斯而言，在东西方文明不断冲突与融合过程中形成的特殊文化，亦对其总体外交及文化外交具有重要影响。俄罗斯统一国家形成的历史进程中，来源于东西方的文明因子以或和平、或暴力的方式被逐渐注入俄罗斯文明的机体。汲取来自东西方不同文明因子的特点，使俄罗斯文明具有了有别于东西方的独特性。俄国宗教哲学家恰达耶夫认为："我们从未与其他的民族携手并进；我们不属于人类的任何一个大家庭；我们不属于西方，也不属于东方，我们既无西方的传统，也无东方的传统。"[②] 别尔嘉耶夫也指出："东方与西方两股世界历史之流在俄罗斯发生碰撞，俄罗斯处在二者的相互作用之中。俄罗斯民族不是纯粹的欧洲民族，也不是纯粹的亚洲民族……在俄罗斯精神中，东方与西方两种因素永远在相互角力。"[③] 这种独特性，也使不断对外学习与考察成为俄国文化外交策略与行动中的重要内容。就如同沙皇权力的象征符号"双头鹰"一般，俄罗斯的对外学习与考察一面望着西方，一面望着东方，并且基于目的不同而有正向、负向之分。其于前者，如彼得大帝亲赴欧洲诸国学习考察，以及俄国对欧洲先进思想与杰出学者的引入；其于后者，如沙俄在对外侵略扩张活动中对中国国情的不断刺探侦察。

最后是军事封建专制的沙皇制度及因此而生的向外扩张欲望。沙皇制度是俄国政治制度发展到一定历史阶段的结果，是俄罗斯政治、经济、军事、文化等因素共同作用下的产物。从伊凡四世于 1547 年自称"沙皇"始，沙皇

① 李智：《文化外交：一种传播学的解读》，北京大学出版社，2005，第 7 页。

②[俄] 恰达耶夫：《箴言集》，刘文飞译，云南人民出版社，1999，第 6 页。

③[俄] 尼・别尔嘉耶夫：《俄罗斯思想：十九世纪末至二十世纪初俄罗斯思想的主要问题》，雷永生、邱守娟译，生活・读书・新知三联书店，1995，第 2 页。

专制制度即被确立为俄罗斯的国家政治制度。而自其诞生之日起，这种残忍而野蛮的专制制度便建筑在封建农奴制经济基础之上，并具有强烈的扩张欲望，试图进一步扩大剥削，渴望掠夺更多的土地和奴役更多的人民。需要指出的是，这种因追寻利益而生的扩张欲望与地缘因素引发的安全理念在寻求向外拓展方面存有明显分别，前者更具侵略性、殖民性，更强调要为沙俄统治阶级服务，要从其他国家攫取更多利益。因而，沙俄政府将实施这种向外扩张侵略活动视为理所当然，如亚历山大二世对中国、高加索、中亚的政策便表明了俄国人一个持久的观念，“即他们有权向亚洲扩张，有权将‘落后’的人民同化”①。在这种情况下，沙皇专制制度使得“俄国的历史”成为一部“国家殖民的历史”②。有学者指出：“对 17 世纪全球地缘政治态势构成最重大影响的，莫过于俄国横跨西伯利亚地区的贸易、移民活动爆炸性的扩张了。”③沙皇制度及其引发的充满进攻性、侵略性和扩张性的向外拓展意识，也令俄罗斯的外交战略与具体举措具有同样特征，沙俄政府常常试图利用包括文化外交在内的外交方式达成战争手段未能实现的侵略目的。

（二）清王朝对俄文化外交活动产生与发展的主因

较之于兼纳东西方文化因子而逐渐形成的俄罗斯文明，作为历史悠久、文化灿烂的文明古国，中华文明则在民族精神、文化传统上另具独树一帜的鲜明特征。这种文明特质不仅体现了中国传统文化的博大精深与久远传承，也使中国在外交传统及具体的对外交流活动等方面表现出别具一格的特点，彰显了长期以来中华文明对外部世界的传统认识，以及与其他文明开展交往时的态度。因此，在清季中俄外交关系之中，清王朝对俄文化外交的整体目标既与其时的现实需求密切相关，亦深受中华文明外交传统的影响，故而其具体策略、行动具有与俄国对华文化外交截然不同的特征。

自古以来，中华民族便生活在一片地域辽阔、地理景观丰富的大地上，山川、河流、平原、草原、盆地、海疆等地形地貌罗网交织于其间，共同组成了可供中华儿女生存繁衍的有利环境。而明显的大陆性气候与显著的季风

①[美] 沃尔特 · G. 莫斯：《俄国史（1855~1996）》，张冰译，海南出版社，2008，第 65 页。
② 复旦大学历史系《沙俄侵华史》编写组：《沙俄侵华史》，上海人民出版社，1986，第 2 页。
③[英] 小约翰 · 威尔斯：《1688 年的全球史》，赵辉译，海南出版社，2004，第 154 页。

特色，对农业生产发展十分有利。这种复杂的地理环境与气候条件，将中国划分成具有显著差异的多种自然区域，从而使中国古代生产方式以农耕为主，辅以草原游牧与森林狩猎，自给自足的自然经济占据主导地位。“地理环境影响文化发展，是通过人类的物质生产实践这一中介得以实现的。”① 独特的地理环境及由此衍生的生产力发展模式，导致中华文明的发展历程与自身特色明显有别于其他文明。就疆域而言，东、南两面滨海，西部有青藏高原和帕米尔高原，北部则以草原、沙漠为主。这些位于国土四周的自然屏障既厚实地阻隔了中华文明与人类其他伟大文明的交流，同时“使中国人能在较中东或印度诸民族更少面临外来入侵的情况下发展自己的文明。因而，中国的文明更具连续性，也更为独特——中国与欧亚其他伟大文明之间，有着较后者相互之间更为根本的差别”②。由是，中华文明具有天然的、相对独立的原生性。梁启超就认为：

> 故亚洲东西南北，各自成一小天地，而文明之竞争不起焉。波斯与印度之间，惟有一路可通，亚历山大以来，用兵所通行者是也；而卡布儿之高原，又使之与西亚细亚相隔绝。若夫中国与印度之间，更无一路可适用于行军通商者。雪山之峻险，常在千丈乃至千八百丈以上之高度，而帕米尔高原，盛夏积雪。故舍海路外，无可以相通之道。坐是亚细亚虽有创生文明之力，而无发扬文明之力。③

不但如此，在地理环境和气候条件基础上所形成的庞大人口基数，在社会文化中居于主体地位的儒家思想，以及通用的书面语言和选拔人才的科举制度，也使中华文明的发展具有连续性，并且拥有较强融会性，从而在面对外来的冲击时能够始终保持本国文化的相对统一与完整。

由上述因素所决定，中华文明在认识世界与处理对外关系等领域也逐渐发展出自身特色。在宇宙观方面，“天圆地方”说代表了古代中国人对所处世界的整体直观认识和推测，认为地是亘古不变的不动根基，天如同圆形帐

① 陈晓龙主编：《中国传统文化概论》，陕西师范大学出版社，2009，第 21 页。
②[美]斯塔夫里阿诺斯：《全球通史：从史前史到 21 世纪》（第 7 版修订版）（下），吴象婴、梁赤民、董书慧、王昶译，北京大学出版社，2005，第 359 页。
③ 梁启超：《饮冰室文集全编》（第 3 册），广益书局，1948，第 86 页。

幕般笼罩于地之上，将“天圆地方”视为世界的基本形态。受宇宙观影响，古代中国人天然地认为自身居于大地中央，占据优势地位，加之由农业生产方式而产生的以血缘关系为纽带的宗法制度，所以在国家观念上古代中国强调“大一统”，认为作为天下之宗主，负有统御和教化四夷的使命，所谓“华”与“夷”的区分，主要是以对中华文化的认同感及对华夏文化礼仪的学习接纳程度为依据。例如，“孔子修《春秋》，以国家文教之差，为诸夏与夷狄之别……故曰：‘诸夏用夷礼则夷之，夷狄用诸夏礼则诸夏之。’又曰：‘夷狄进于中国则中国之。’”[①] 又如孟子认为：“吾闻用夏变夷者，未闻变于夷者也。”[②] 这种区别“华”与“夷”的认识，不仅表明了中华文明的极大包容性，也体现出以儒家思想为代表的中国传统人文思想更加强调仁义与王道，认为可以使用礼仪文明来改造处于落后状态下的地区或文化，因而反对使用暴力征服，要求以德服人，实现“天下大同”。

在以上种种认识支配下，古朴的中国中心信念“为构建一个宗藩模式的世界体系提供了地理的、文化的依据”[③]。由是，自夏商周三代以“五服”“九服”为代表的朝贡制度初现雏形始，古代中国处理对外关系的模式或秩序，便是以传统“天下观”为基础形成的朝贡体系。除了观念基础，朝贡体系的形成，依赖于大一统局面下积累的强大国力和中国文明的巨大吸引力，虽然在发展完善的进程中历经斗转星移、王朝更迭，朝贡体系的形式和具体内容有所区别，但受内化观念决定，其核心内涵相对一致。在该制度下，“天朝上国”位居中心地位，是为诸藩属之宗主，其统治力、号召力以中心向四周的方式辐射于外，形成了“同心圆”，各藩属及番邦则依据其与中国关系远近不同，在“同心圆”中居于不同层次的位置。中国作为宗主国，在享有接受贡赋等相应权利的同时亦对藩属负有一定责任，比如册封、回赠赏赐乃至提供保护等。与此同时，宗主与藩属之间的交往也要遵循一套较为严格的程序与礼仪制度，以显示宗主的尊贵地位与藩属的忠实臣服，体现出鲜明的等级、尊卑特色。费正清对此评价道：

---

① 张其昀：《中华五千年史》（第1册　远古史），（台北）中国文化大学出版部，1961，第125页。
②《孟子·滕文公上》。
③ 王立诚：《中国近代外交制度史》，甘肃人民出版社，1991，第2页。

中国人倾向于将对外关系想象为中国国家与社会内部社会与政治秩序原则的外部表现，中国的对外关系也就相应具有等级，如同中国社会自身一样。随着历史的发展，形成一种对外关系制度，大体相当于欧洲形成的国际秩序。[①]

当然，受经济、政治、军事、文化等多种因素影响，朝贡体系的运行并非完全如其规定般完美、理想，实际情况更为错综复杂。

至清入主中原后，受一以贯之的"中国中心论"与"大一统"政治观念影响，清王朝依然沿袭明朝惯例，保留了原有的朝贡体系。尤其是在国力处于鼎盛之时的清前期，中央管理机构中并无常设的专司外交部门，处理对外交往事宜分别由礼部与理藩院承担。正如《清朝续文献通考》所言："讫乾隆五十年，我为上国，率土皆臣，无所谓外交也，理藩而已。外洋各国向慕庆祝而至者，各修朝贡，略具互市，故未列外交一门。"[②]即便是面对有别于藩属国家的欧洲列强时，清王朝依旧秉承既定外交宗旨。譬如在对待最早与中国发展外交关系的俄罗斯与英国之时，清朝便承袭既往传统，"沿元、明制，视海内外莫与为对。凡俄、英之来聘者，国史皆书曰'来贡'"[③]。由此可见清王朝对朝贡体系的高度重视与严格遵从。及至晚清，绵延久远的朝贡体系发生了根本性变化。受其时世界大势激烈变化的直接影响，朝贡体系已然不合时宜，与时代发展严重脱节。在西方列强的坚船利炮及政治、经济侵略手段的轮番打击下，清王朝统治摇摇欲坠，濒临崩溃边缘。面对"泰西诸国之群集而环伺我者"[④]的严峻形势，清王朝不得不被动改变"闭关锁国"的态势，被迫与西方国家展开交往。由是，传统的朝贡体系再难以维系下去，为适应变化，清朝统治者放弃了传统思想与体系，建立专司洋务与外交事务的总理各国事务衙门，中国外交体制就此开始了近代化的历程。到19世纪末，朝贡体系彻底退出了中国历史的舞台。而在外交领域发生的巨大变革，也促使晚清时期中外文化教育交往的流向、种类、内容等发生显著变化，对于界连壤接的中

① 李云泉：《朝贡制度史论——中国古代对外关系体制研究》，新华出版社，2004，第193页。
② 刘锦藻：《清朝续文献通考》卷337"外交一"，商务印书馆，1955，第10781页。
③[清]赵尔巽等：《清史稿》卷212，表52"交聘年表一：中国遣驻使"，第8781页。
④[清]王韬：《弢园文录外编》，汪北平、刘林整理，中华书局，1959，第36页。

俄两国而言尤是如此。

三、文化外交视野下的清代中俄文教交流策略差异

作为清代中俄外交关系的重要组成部分之一，两国文化外交作用的发挥受制于多种因素，其中文化因素占有与经济、政治、军事关系同等重要的地位。[①]“文化因素是国际关系中传统的变量，但是在不同的时期，它的重要性不同。一般的逻辑是：在政治、经济和军事因素占主导地位的情况下，文化因素的作用就小，反之就大。”[②]在清代中俄总体外交关系中，文化外交所占比重大小因受两国综合实力对比变化及政治、经济、军事等外交关系的影响，而在清代中俄关系的各个发展阶段有所差异，其具体作用亦时大时小、或有或无。与此同时，中俄各自的外交历史传统又对其时本国文化外交的性质、功用及发展走向具有决定性作用，使本国文化外交衍生出与对方迥然相异的导向作用，对两国间各类文化外交活动的性质与发展方向具有巨大影响。受上述因素制约，清代中俄两国的文教交流政策，在指导思想、策略目标、重视程度、规划设计等方面，均表现出明显有别甚至截然相反的特征，形成了目的各异、特色各具且符合自身文化传统与对外交往需求的具体活动，从而共同勾绘出清代中俄文化教育交流的历史图景。

在指导思想方面，中俄两国有一定相似之处，但又有本质区别。其相似之处在于，受所处时代局限以及彼此间了解的匮乏，其时中国与俄罗斯对于文化外交作用的认识均较为模糊，因而两国都缺乏相对明确、完善的总体政策构想以指导文化外交的开展。而本质区别在于，极度渴求现实利益的沙俄政府，基于向外扩张开疆拓土和从邻国攫取各种丰厚利益的战略意图，率先意识到为达成目的必须与强大的远东邻国打交道，借以刺探内情，掌握先机。由是，沙俄快速调整对华外交思路，借助两国所定条约中的相关权利，通过

---

①[俄]B. C. 米亚斯尼科夫：《俄清关系的历史文化特点》，叶柏川译，《清史研究》2004 年第 3 期，第 123 页。

② 王沪宁：《文化扩张与文化主权：对主权观念的挑战》，《复旦学报（社会科学版）》1994 年第 3 期，第 9 页。

派遣商队、学生留华、驻（北）京布道团等活动，逐渐形成了一系列相对固定的文教交流方式，建立了虽粗陋却有效的文化外交体系，向中国施加文化教育影响。相较而言，清王朝囿于政治文化、外交传统与“天朝上国”的理念，在雅克萨战争之后的较长时期内未曾派员赴俄实地访问考察，故而对沙皇俄国的了解更为贫乏。直至1712年内阁侍读图理琛等人奉旨出使土尔扈特部时，康熙皇帝在谕旨中才明确指示：“此役鄂罗斯国人民生计、地理形势，亦须留意。”[①] 然而，诸如此类的考察实是屈指可数，遑论开展较大规模对俄教育交流等文化外交活动，至于形成对俄文化外交指导思想更是无从谈起。

在策略目标方面，一个国家在外交领域如何运用文化手段以达成目的，主要取决于国家的基本利益及决策者设定的战略目标。沙俄在清季对华文化外交上的目标较为明确，就是为了配合本国政治、经济、军事等外交手段的实施，从中国攫取最大限度的各种利益。基于此，其在制定具体对华教育交流目标时，立足于利益需求并服从于、服务于整体外交目标，使教育交流所要达成的文化外交目标完全符合自身需要，直接、具体且富于可行性。譬如沙俄对留华学生的派遣、在国内大力培养学习中国语的学生等，均是紧紧围绕其教育交流目标而施行，反映出典型的“领土帝国主义”[②] 特征。尤其是沙俄试图通过对中国教育领域的渗透活动，在中国国内培育亲俄的青年一代，具有扶植代理人的典型特征，这就与近代俄国对外扩张的一贯策略相吻合。[③] 反观清王朝，由于在整体对俄外交层面上缺乏具有针对性的大政方针，只是采取防御姿态，依据外交传统习惯进行应对，所以在对俄教育交流乃至文化外交方面并无明确指向性的目标，在清前期只建立了两所俄语教育机构应付对俄外交事务，至晚清时期也仅在增加俄语学校数量的基础上，增添了留俄教育及引入少量俄国教育资料，遑论对俄国开展文化外交、施加文化影响。这也是造成清政府不了解俄国内情的重要原因之一，不仅使中国对俄外交处处被动，而且直接影响到近代中国留俄教育的发展。

在重视程度方面，中俄两国对开展彼此间文化教育交流活动的重视程度

① 庄吉发校注：《满汉异域录校注》，（台北）文史哲出版社，1983，第17页。
② 茅家琦主编：《太平天国史研究》（第2集），南京大学出版社，1989，第453页。
③ 杜正艾：《俄罗斯外交传统研究》，上海人民出版社，2007，第188页。

呈现出明显的不对称性。在俄国一方，基于攫取在华利益的渴求，沙俄高度重视开展对华文教交流，表现出急于学习研究中国语言、探究中国国情的欲望，这就为其深入了解中国情况准备了条件、奠定了基础，因而在近代对华外交上占尽先机，屡次胁迫清政府签下不平等条约。而清政府在了解俄国国情、文化方面的热情与程度都远逊于俄国人之于中国，甚至漠不关心，在教育交流活动上也少有建树，因而其时中俄两国文化教育交流在数量及流向上均表现出不对等的特征。

在规划设计与实施方面，沙俄采取步步为营、见缝插针的策略，想方设法开展对华文教交流活动。首先，俄国通过条约获得了定期派遣驻（北）京布道团和商队的权利，继而开始利用选派留华学生、实施殖民教育等手段，使对华文化外交逐步深入，日益渗透到中国教育领域。在此过程中，俄国亦表现出明显的排外倾向，特别是在与自身利益有密切联系的领域更是如此。例如，1897 年 8 月 18 日（光绪二十三年七月二十一日），“为中国边地练新兵必用俄教官事”，俄国署公使巴布罗夫向总理衙门递交照会，其中提出聘用外国教官训练中国士兵时，“无论如何定议，惟独直隶、满洲、蒙古各处，新疆伊犁、塔尔巴哈台与俄毗连处所，除用俄人教习外，断不用他国教习练兵”。并强调“凡有洋人或各国求此者，未曾允行，亦不能允行”。[①]1898 年 2 月 11 日（光绪二十四年正月二十一日），巴布罗夫在致总理衙门的照会中再次重申：“在中国北方各军自交界起至北京天津一带亦在其内，专应用俄官为教习，此事本国大皇帝断不能通融。”[②] 由是可见，沙俄在事关本国利害的外交问题上保持高度敏感，企图干预清政府聘用军事教官之事，将其他西方列强排斥在外。清政府则缺乏外交上的大局观与敏感性，对俄文化教育交流欠缺谋篇布局式的缜密规划与长远考量，依然沿用旧有方式应对处理对俄文化外交问题，将接纳俄国驻（北）京布道团、留华学生及接受俄方赠予的图书视为传统“柔远人”的方式，而开设俄罗斯文馆、伊犁俄罗斯学等俄语教育机构，其目的主要是进行俄文俄语教育，培养翻译人员，虽然也赋予了

① 中国第一历史档案馆编：《清代档案史料丛编》（第 10 辑），中华书局，1984，第 254 页。
② 中国第一历史档案馆编：《清代档案史料丛编》（第 10 辑），中华书局，1984，第 259 页。

一定的外交教育功能，但实际上起到的效果极为有限，这使得晚清时期清政府处理对俄外交事务时缺乏兼具俄文俄语与外交技能的官员，不得不通过留俄教育弥补缺失。至于建立起专项研究俄国的学术系统，则更是无从谈起。

综上所述，自清前期建立起的中俄两国文教交流活动，因受沙俄与清政府在总体外交目标与文化外交策略的差异性所决定，而表现出明显的不平衡性。在对待文教交流活动的态度上，俄国的积极急进与清廷的消极保守对比鲜明，从一个侧面反映出其时两国外交政策的差别。与此同时，这些因素亦对近代中国留俄教育的产生与发展具有重要影响，直接决定了留俄教育的性质、目标乃至实际效果。

第二章

发轫与初成：近代中国留俄教育的初期发展

跨入近代社会的门槛后，受复杂的政治、经济、外交等因素影响，清政府将发展留学教育作为挽救自身统治的一种重要政治举措，企望以此培养急需的各类专业人才，适应变革日趋激烈的时局，中国人留学教育就此开始发轫并逐渐呈蓬勃发展之势。在此时期，伴随中俄外交关系的急剧变化，清廷对兼具俄文俄语与外交技能的专门人才越发渴求。因此，在革新国内俄语教育的同时，清政府也尝试选派学生赴俄求学，以提高相关人才培养的质量与效率，并借此了解俄国国情，从而为中国处理对俄外交事务服务。由是，在种种必然性与偶然性因素的综合作用下，近代中国留俄教育从19世纪70年代出现的“随使游历”类型起步，继而渐成规模。至19世纪末，留俄教育的第一个发展阶段亦告结束。

第一节　晚清俄语教育与留俄预备生培养

“语言是人类最重要的交际手段”[①]，文字是记录和传达语言的书写符号，两者在促进人类文明发展及不同文明交往方面具有至关重要的媒介作用，没有语言文字作为中介，国家、民族、人群之间的交流就难以进行。在某种意义上，语言文字甚至是一种“世界观”，既帮助人认识世界，又反过来制约人。[②]对于留学教育而言，语言文字同样意义重大，尤其是学生在出国前是否已掌握留学所在国的语言文字，是事关留学成行与否及质量高低的最重要因素之一。只有通晓留学所在国的语言文字，留学生才能真正理解和融入异域文化之中，并为顺利完成专业学习提供助益。

在晚清留俄教育的产生过程中，受中俄外交关系的大环境决定，留俄教育与俄语教育之间具有直接密切的关系。具体而言，一方面晚清俄语教育为留俄教育提供了必要的留学生预备培养，向留俄教育输送了众多具有一定俄文基础的学生，特别是由清中央及地方政府选派的官费留俄生，几乎均曾就读于各类俄语教育机构，接受过一定程度的俄语教育，因而赴俄前已有相当的语言基础；另一方面，部分留俄学生回国后又服务于一些俄语教育机构，对近代以来中国俄语教育的发展有突出的贡献和作用。

一、晚清俄语教育机构的最初革新

19 世纪中叶以降，因中俄外交关系剧烈变化及自身日趋衰落所致，清前期建立的俄罗斯文馆、伊犁俄罗斯学等俄语教育机构已远远不能满足清政府办理对俄外交事务的需要，俄语教育亟待革新。由是，部分官员与有识之士

① 中共中央马克思恩格斯列宁斯大林著作编译局编：《列宁选集》（第 2 卷），人民出版社，1995，第 370 页。

② 潘一禾：《文化与国际关系》，浙江大学出版社，2005，第 23 页。

向清廷呼吁，要求适应其时对俄外交关系态势，兴办更多的俄语教育机构以培育人才。譬如，清末驻俄公使胡惟德在呈交清政府的奏议《拟请东三省广储人才疏》中明确建议，“东三省交涉日繁，拟请广储人才，以资治理而固根本”，并提出为栽培后进之才，“计俄文学堂，亟须多设。招选学徒，年在十五六岁以内者，汉文可但习公牍，俄文必语言与文理兼深”。同时，鉴于“俄专门之学不及欧美，而文字之难则又过之”，因此学习俄语“但为办理交涉之用而已”。[①]晚清重臣许景澄在兼任中东铁路公司督办时，也曾因翻译人员不得力而萌生开办俄文学堂的设想，并积极向清政府建言。清廷面对时局变化及对俄关系日繁，亦认识到革新俄语教育的必要性与重要性。由是，俄罗斯文馆被新的俄语教育机构取而代之便是顺理成章、理所当然的事情了。

晚清时期俄语教育机构之中，京师同文馆最先成立。1862 年 8 月 20 日，恭亲王奕䜣等呈奏《遵议设立同文馆折（附章程）》并获清廷批准，京师同文馆的办学活动就此开始，这所学校也开创了近代中国外语（英、法、俄、德、日等语）教育之先河。

较之最先开学的英文馆，京师同文馆俄文馆的设立要稍晚一些。尽管如此，但在曾出任京师同文馆总教习的美国传教士丁韪良（W. A. P. Martin）看来，“以成立年岁而论，俄文班本是各班之母”，这主要是由于“在一世纪以前，理藩院便设了一个俄罗斯馆，表示中国已经知道它的北邻的地位之重要了。那个学校正式并入了同文馆”[②]。此外，同文馆章程中的大量内容亦是根据俄罗斯文馆章程衍变而来的。由此可见，京师同文馆的俄语教育与俄罗斯文馆确有某种程度上的承继关系。

京师同文馆俄文馆的教学较之俄罗斯文馆有所进步。在学制上，最初为三年，后改为八年。课程内容如下：

首年：认字写字，浅解辞句，讲解浅书。

二年：讲解浅书，练习句法，翻译条子。

三年：讲各国地图，读各国史略，翻译选编。

---

①近代史资料编辑部编著:《近代史资料》(总 100 号),中国社会科学出版社,1999,第 232—235 页。

②[美]丁韪良：《同文馆记》，傅任敢译，《教育杂志》第 27 卷（1937 年）第 4 号，第 216 页。

四年：数理启蒙，代数学，翻译公文。

五年：讲求格物，几何原本，平三角，弧三角，练习译书。

六年：讲求机器，微分积分，航海测算，练习译书。

七年：讲求化学，天文测算，万国公法，练习译书。

八年：天文，测算，地理，金石，富国策，练习译书。[①]

在考核制度上，学生要接受定期考核，分为月考、季考、年考及三年大考，并按照考试成绩“分别等第，奏请奖叙”。[②] 在教师方面，俄文馆从1863年起聘请了一批俄国教师为学生授课，最初到馆任教者为俄使馆翻译柏林，其后又有伟贝、第图晋、夏干、班铎、柯乐德、劳腾飞、单尔、郜悌爱、葛诺发等人出任，另外在馆教习俄文的还有中国教师巴克他讷、萨荫图等人。[③] 在招收学生方面，俄文馆学生最初由八旗子弟组成，早期为10人，后又招收汉族学生，年龄由十三四岁放宽到二十岁，人数则维持在15至20人左右。在日常生活上，学生在校期间一律住宿，由学校提供食宿、文具、月薪等后勤保障，并且要遵守严格的作息和请假条例。

虽然京师同文馆的俄语教育质量比照俄罗斯文馆已有提高，但总体而言成效仍不够显著。据少年时期曾就读于京师同文馆的著名戏剧学家齐如山回忆：“在西北科布多一带与俄国有交涉，需要会俄文的翻译人员，当然是由储备翻译人才的同文馆中去找，由总理衙门检了七个学生送到军机处考试，其中有一个人学过十三年之久的俄文，其余六人只学过七年，及一考试，其中只有一人能把俄文字母都念的上来，其余最多者，不过认识一半。”[④] 直至1869年丁韪良出任京师同文馆总教习之后，俄文馆及其他各馆的教学情况才发生好转。

1900年八国联军侵入北京时，京师同文馆被迫停办，后于1902年1月并入京师大学堂，并在1903年改为京师大学堂译学馆，馆中的俄语教育功能亦一并传承。

---

① 张静庐辑注：《中国近代出版史料》（初编），中华书局，1957，第8页。
② 高时良编:《中国近代教育史资料汇编·洋务运动时期教育》，上海教育出版社，1992，第54页。
③ 朱有瓛主编:《中国近代学制史料》（第1辑　上册），华东师范大学出版社，1983，第40—42页。
④ 齐如山：《齐如山回忆录》，宝文堂书店，1989，第35页。

二、晚清俄语教育机构的后续发展

在京师同文馆之后，清中央及地方政府又陆续兴建了一批俄语教育机构，其中有独立办学的俄语学校，也有包含俄语教育在内的综合外语教育机构。

（一）独立形式的俄语学校

开展独立办学的俄语学校在晚清俄语教育机构中占有主体地位，基本上集中分布在与俄国较为邻近的中国北方地区，其中典型者有以下几所：

在东北地区，位于珲春的俄文翻译书院最先成立。自第二次鸦片战争后，沙俄强占黑龙江以北、乌苏里江以东的广大中国土地，珲春、宁古塔、三姓等地因此与俄交涉事繁。为解决当地缺乏俄语翻译人才的问题，吉林将军希元于 1887 年向清廷申请在珲春设立俄文学堂，奏调内阁中书庆全担任俄文翻译教习官，挑选八旗子弟入堂学习。1888 年，学校更名为俄文翻译书院并正式开学，校内一切规模经费均“援照京都同文馆删减酌拟”。1889 年，为使俄文翻译书院获得进一步发展，吉林将军长顺向清廷申请解决人员、经费等方面存在的问题。军机处及总理衙门批准了相关请求，并对“教习期满三年”者给予奖励。[①] 获得清廷支持的珲春俄文翻译书院，其教育教学活动逐渐步入正轨。书院培养的学生在掌握字母、词汇与俄文文法的基础上，能够熟练翻译公文、信札、照会。如果学生在考试中取得优异成绩，还可获得花红及官阶升迁的奖励。[②] 此外，书院所立章程对其后成立的黑龙江俄文学堂提供了有益借鉴。

在珲春俄文翻译书院之后建立的黑龙江俄文学堂，其办学活动始于 1896 年。该学堂由黑龙江将军恩泽与齐齐哈尔副都统萨保奏请清廷批准设立，校址位于齐齐哈尔，以培养精通俄国语言文字的中俄交涉人才为办学宗旨。至 1899 年，在校学生“均能熟谙俄语，应对无滞，出题翻译华文俄文，亦各清通”[③]。1900 年，黑龙江俄文学堂毁于战火，经费荡然，师徒星散。1902 年，

---

① 中国史学会主编：《洋务运动》（二），上海人民出版社，1961，第 146—147 页。

② 陈谷嘉、邓洪波主编：《中国书院史资料》（下册），浙江教育出版社，1998，第 2372—2373 页。

③ 中国社会科学院中国边疆史地研究中心主编：《光绪朝黑龙江将军奏稿》（下册），全国图书馆文献缩微复制中心，1993，第 609 页。

时任黑龙江将军萨保复建俄文学堂。1906年，黑龙江俄文学堂结束了办学历程，改设为黑水中学堂。[①]

就在黑龙江俄文学堂已取得一定办学成绩的同时，又一所位于北方地区的俄文学校于1899年成立，这就是东省铁路俄文学堂。该所学校的开设，主要是为了满足修筑东省铁路的需要。正如兼任中东铁路公司督办的大臣许景澄所言，“（学堂）招中国学生学习俄国语言文字，以备铁路调遣之用”[②]。为保证教学质量，学堂特制定了招考章程，规定“报考诸生年岁须二十左右，年长才庸者不收；吸食鸦片烟者不收，如蒙混考取查出扣除另传；传到时核对年貌笔迹不符扣除另传；大员子弟毋庸预考；宗室子弟毋庸预考；身有差务毋庸预考”[③]。创办之初，学堂在北京崇文门内荣公府花园内办学，课程以俄文为主课，辅以中文。[④]办学经费取自清政府存在华俄道胜银行的500万两白银产生的部分利息，由外务部从中按年拨给白银25000两，许景澄还每年提取5000两白银俸禄补充其中。[⑤]1900年八国联军侵华期间，东省铁路俄文学堂因遭焚毁而被迫中止办学。1903年，新校舍在东单东总布胡同落成。辛亥革命后，东省铁路俄文学堂交由外交部管理。经外交部与教育部协商，东省铁路俄文学堂成为高等专门学校，改称外交部俄文专修馆，后又升格为北京俄文法政学院。

在西北边疆地区，继伊犁俄罗斯学后最先开设的专门俄语教育机构是新疆俄文馆。1887年，新疆巡抚刘锦棠于新疆省城迪化设立俄文学馆，其时尚属试办性质。[⑥]1892年，甘肃、新疆巡抚陶模请求清政府批准在新疆正式成立俄文学馆，并获钦准。因办学成效卓著，1896年和1902年，清政府先后两次批准奖励俄文馆教师。1905年至1908年间，新疆俄文馆曾一度被并入到高等

①万福麟监修，张伯英总纂，崔重庆等整理：《黑龙江志稿》卷二十四“学校志”，黑龙江人民出版社，1992，第1099页；齐齐哈尔市政协文史资料委员会编：《龙沙教育史料》（齐齐哈尔文史资料第23辑），1995，第242页。

②[清]赵尔巽等：《清史稿》卷一百五十三“邦交志·俄罗斯”，第4511页。

③《招考俄文》，《申报》1899年7月3日。

④全国政协文史资料委员会编：《文史资料存稿选编·教育》，中国文史出版社，2002，第171页。

⑤北京大学校史研究室编：《北京大学史料》（第1卷　1898~1911），北京大学出版社，1993，第520页；中国第二历史档案馆编：《中华民国史档案资料汇编》（第3辑　外交），江苏古籍出版社，1991，第8页。

⑥高时良编：《中国近代教育史资料汇编·洋务运动时期教育》，上海教育出版社，1992，第252页。

学堂中。后经甘肃、宁夏都统志锐奏请清廷批准，由新疆巡抚联魁与镇迪道兼按察使荣霈于1908年复设为官立中俄专门学堂。[①]1910年，新疆巡抚联魁呈奏《新省筹修中俄学堂片》，请求清政府拨专款为中俄学堂修缮新学舍，此议获准。[②]

在天津亦有俄语学校成立。1896年，李鸿章批准成立天津俄文馆。[③]学校以北洋水师营务处作为校舍，由水师学堂总办严复兼任俄文馆总办。该馆日常开支为每月白银700两，由清政府负担。[④]俄国曾向天津俄文馆提供资助，于1897年5月由使臣乌赫托姆斯基公爵向俄文馆捐资“一千二百金”[⑤]，这是其时沙俄对中国教育领域渗透的典型做法，并对俄文馆学生产生了一定的影响。1900年，俄国《新边疆》报记者德米特里·扬契维茨基前往天津俄文馆访问时了解到，俄文馆学生对学习俄语和俄国历史非常着迷。[⑥]1903年，天津俄文馆并入北洋大学俄文专科班。1906年春，俄文班14名学生毕业后，该班与法文班同被裁撤。[⑦]

（二）综合性外语教育机构中的俄语教育

除上述专门开设的俄语学校外，晚清时期在综合性外语教育机构中开展的俄语教育亦获得一定程度发展，与独立运行的俄语学校共同组成了这一时期的官办俄语教育。

1903年成立的京师大学堂译学馆，继续肩负起原京师同文馆的俄语教学任务。作为译学馆的重要组成部分，俄文科的教学活动总体遵循学馆章程要求，采用的一部分教学用书由京师大学堂译书局译出，[⑧]另一部分则由译书局于1904年2月从英国购入的俄文图书构成，其中包括伊番福著《俄文规》（全

---

① 袁大化修，王树枏等纂：《新疆图志》卷三十九“学校二”，（台北）文海出版社，1965，第1402页。

②《新疆巡抚联魁奏新省筹修中俄学堂片》，《政治官报》（第1047号），1910年9月27日，第408页。

③ 天津市地方志编修委员会编著：《中国天津通鉴》，中国青年出版社，2005，第104页。

④[俄]德米特里·扬契维茨基：《八国联军目击记》，福建人民出版社，1983，第43页。

⑤ 严复：《中俄交谊论》，引自爱颖（熊元锷）编：《国闻报汇编》，（台北）文海出版社，1987，第28页。

⑥[俄]德米特里·扬契维茨基：《八国联军目击记》，福建人民出版社，1983，第44页。

⑦ 张绍祖：《天津俄文馆——中国最早官办俄文专科学校》，《中老年时报》2007年5月4日；《北洋大学—天津大学校史》编辑室编：《北洋大学—天津大学校史资料选编》（一），天津大学出版社，1991，第52页。

⑧ 北京大学、中国第一历史档案馆编：《京师大学堂档案选编》，北京大学出版社，2001，第40页。

1卷），李倭拉著《俄文问津》（全1卷）、《俄文读本》（全1卷），郎博著《俄罗斯史》（3卷本）。俄文科的教师中既有俄国人伊凤阁、葛理格，亦有余大鹏、范绪良、郝树基、陈嘉驹等毕业于京师同文馆的中国人。[①] 译学馆的办学活动持续至1911年10月才告终结，在此期间俄文科共招收了五级学生，现有明确记录者计33人，具体如表2.1所示：

表2.1　京师译学馆俄文科部分学生名单

级别	姓名	籍贯	从前职业	现在职业
甲	朱式瑞	湖南湘潭	—	中东铁路管理局工务处翻译
甲	吕崇	河北固安	外交部主事	—
甲	秦锡铭	山东广饶	教育部佥事科长	平汉铁路管理局工务处科员
甲	常鼎新	河北丰润	—	—
甲	常作舟	河北丰润	—	—
甲	陈浦	江苏江浦	京汉铁路局工务处工程师；交通部路政司科员	—
甲	陈大岩	福建闽侯	海军部部员	—
甲	汤用彬	湖北黄梅	执政府秘书	—
甲	杨世震	河北宛平	哈尔滨特别区警察厅科长	中东铁路哈尔滨商务事务所副主任
甲	赵世棻	江西南丰	财政部佥事	北平财政部保管处主任
甲	蔡璐（蔡宝瑞）	浙江桐乡	交通部技士	—
甲	权世恩	河北良乡	—	驻黑河总领事
丁	王恕仁	河北易县	—	—
丁	王润丰	山东诸城	—	—
丁	王汝明	山东福山	外交部主事	财政部关务署科员

① 全国政协文史资料委员会编：《文史资料选辑》（第40辑），中国文史出版社，1990，第197页；陈初辑：《京师译学馆校友录》，（台北）文海出版社，1978，"教职员名录"，第1—10页。

续表

级别	姓名	籍贯	从前职业	现在职业
丁	田乘（田玉）	湖北蕲春	外交部主事	北平师范大学职员
丁	米逢泰	河北定县	农商部佥事	—
丁	何霁峰	河南滑县	—	—
丁	余彭龄	江西奉新	—	—
丁	李佩珂	河南开封	内务部科员	北平师范大学图书课课员
丁	金体乾	浙江长兴	江苏司法厅秘书	江苏省政府秘书长
丁	唐仰杜	山东邹县	山东省会市政厅总办	—
丁	高焕会	河北临榆	—	—
丁	高文垣	辽宁辽阳	—	—
丁	张泽嘉	江苏吴县	外交部佥事	—
丁	许明德	四川万县	哈尔滨警察厅	中东铁路管理局机务处翻译
丁	陈国莹	四川荣昌	四川省议会会计科科长	—
丁	裔寿康	江苏盐城	参谋本部科员	—
丁	刘其湘	河南林县	中东铁路局秘书	中东铁路稽核局第三科科长
戊	柴启垚	山东章邱	—	—
戊	杨兆年	河北宁河	—	安徽财政厅驻芜湖金库主任
戊	赵国安	山西浑源	—	—
戊	刘蓟生	河南罗山	河南省政府秘书	—

[资料来源]陈初辑：《京师译学馆校友录》，（台北）文海出版社，1978。其中并无俄文科乙、丙两级学生的记载。表中“现在职业”一栏系指统计时所从事的职业。

位于武昌的湖北自强学堂成立于1893年，始创者为晚清重臣张之洞。自强学堂中设有方言、算学、格致、商务四斋，其中方言斋负责外语教学，斋内学生住馆肄业。方言斋开设英、法、俄、德、日等五种语言专业，每门定额招收学生30名。其中，张之洞对俄语教学颇为重视，强调：“中俄近邻，（俄语）

需用尤殷，况俄文原本希腊（文字），与英法德文之原本拉丁者不同，更为专门之学，自宜延访俄人之通华语者为教习，庶裨指授。”[①] 因此，俄文专业聘请了俄籍教师，俄人波立沙、萨哈哪甫斯祁、喀凌呵等先后在学堂任教。[②]1902 年张之洞将自强学堂改设为方言学堂，仍开设英、法、俄、德、日等五门语言，并以培养外交人才为办学宗旨。辛亥革命后，湖北方言学堂随即停办。

作为东北地区核心要地的奉天，同时有两所综合性外语教育机构负有教授俄语之责。一所是成立于 1908 年 2 月的奉天方言学堂，内设英、日、俄三科，录取“中学程度较优之学生”，后于 1912 年 9 月被并入法政学堂。[③] 另一所是于 1908 年冬建立的专为“造就吏才”的奉天方言肄习所，“在省充差以及候补人员”均可自愿报名。其中设有英、日、俄等科，并有两种教学形式：甲班白天授课，学制两年；乙班于晚间开课，学制三年。[④] 方言肄习所受到了官方的重视，锡良担任总督东三省事务的钦差大臣时，曾在 1909 年 4 月向方言肄习所提调黄仕福详细了解该所办学情况，并表示将亲自前往参观考察。[⑤] 这所外语学校的俄语教学亦取得一定成绩。1909 年 4 月，3 名俄国学生到方言肄习所参观，在旁听了俄文课及与俄语专业学生现场对话后，俄国学生对该校教师和学生的俄语水平深表佩服。[⑥]

除上述学校外，晚清时期还有少量涉及俄语教学的公立外语学校。例如，东省铁路交涉局总办周冕于 1903 年秋在铁路交涉局后院开办了哈埠华俄学堂，并聘请中东铁路局局长霍尔瓦特担任学董。学堂共招收了七期学生，自 1907 年 6 月 18 日改为吉、江合办哈尔滨中学堂，后又改为吉江合办译学堂。[⑦] 又如在 1907 年，吉林建立了一所方言学堂，由一名俄领事馆武官负责俄语教学。[⑧] 但囿于办学规模，此类学校对晚清俄语教育的贡献实为有限。

综上所述，借助于兴办各类官办俄语教育机构，晚清俄语教育较之清前

---

① 朱有瓛主编：《中国近代学制史料》（第 1 辑　上册），华东师范大学出版社，1983，第 310 页。
② 朱有瓛主编：《中国近代学制史料》（第 1 辑　上册），华东师范大学出版社，1983，第 317 页。
③ 金毓黻主编：《奉天通志（影印本）》，辽海出版社，2003，“教育志”，第 3556 页。
④ 李毓澍主编：《东三省政略》卷九“学务”，（台北）文海出版社，1965，第 5681 页。
⑤《锡帅注重方言学》，《盛京时报》1909 年 5 月 23 日。
⑥《俄学生参观方言肄习所》，《盛京时报》1909 年 6 月 11 日。
⑦ 黑龙江省人民政府办公厅调研室编：《黑龙江省情》，黑龙江人民出版社，1986，第 929 页。
⑧《方言学堂聘妥俄文教员》，《盛京时报》1907 年 5 月 18 日。

期获得了较大发展，在一定程度上解决了既往学校数量与教学质量皆难满足对俄外交的严峻问题，培养了一批俄语、外交人才，进而为近代中国留俄教育提供了必要的人力支持，使留俄教育的起步基础更为坚实。

第二节　晚清留俄教育的初始形态：因游历而求知

较之同时期留学其他各国的教育活动，近代留俄教育的初始形态具有一定特殊性，与通常意义上的留学教育并非完全等同，而是起步于带有实习观摩性质的出洋考察学习。这种特殊性既说明近代中国留俄教育深受中俄两国总体外交态势与文化外交策略的制约，也在一定程度上表明其起源与发展演变过程的复杂性。

一、晚清留俄教育产生的直接动因

除受时代大环境决定与制约外，晚清留俄教育的产生亦有其直接动因。从《尼布楚条约》签订至清道光年间，由于中俄两国关系仍能维持均衡局面，加之清王朝在外交关系上一贯遵循的“朝贡体系”原则及由此衍生的对俄交往策略，所以中国对俄文化外交长期呈现简单化特征，即仅以建立外语教育机构的方式开展对俄教育交流。这种简单化，一方面体现了此时中国对俄文化外交策略的缺位与教育交流手段的单一，另一方面从根本上反映出清王朝的妄自尊大和固步自封。由于俄罗斯文馆和伊犁俄罗斯学的功能仅局限于培养俄文俄语人才，只是“为造就俄文译员起见”，“尚不足以云为研究俄事，而培养专门人才”，于培养外交人员的功能较为欠缺，所以无论是深入研究俄国国情抑或培养大批专业化外交人才均无从谈起。陈复光对此评价道：“清廷自博闻强记，喜研讨西方文化之康熙帝以后，多固步自封，昧于邻邦局势，而不加以研究，以致人知我而我不知人，影响外交之着着失败，此亦不为无因焉。”[①]

清前期形成的对俄教育交流简单化的局面，最终随中俄关系的失衡而被打破。沙俄持续升级的侵华行径，不仅严重侵害了中华民族的根本利益，也在两国间文化外交及教育交流领域引发巨大变化，促使其时中俄教育交流发生根本性改变。

其一，沙俄侵华行径引致中国社会“防俄”思想诞生，从而对中俄教育交流产生极大影响。自《尼布楚条约》签订起，中俄两国始有接壤，产生了疆界关系。对于这个来自北方的充满侵略性的强横对手，清王朝不可能不生出警戒之心，“防俄”思想就此逐渐产生。公认较早明确提出“防俄”主张的是林则徐。早在查禁鸦片时，林则徐便通过翻译外报资料而创办了中国最早一份文摘式译报——《澳门新闻纸》[②]。组织编译《澳门新闻纸》时，林则徐即高度关注沙俄动向。譬如在1840年7月25日的报道中，便刊登了谈及“俄罗斯国家之狡诡”的新闻，揭露了沙俄侵略扩张的野心。[③]不仅如此，林则徐还曾结合俄国侵华事实指出沙俄对中国具有的威胁性。据《林文忠公史略》记载：“时方以西洋为忧，后进咸就公请方略。公曰：此易与耳。终为中国患者，其俄罗斯乎。吾老矣，君等当见之。然是时俄人未交中国者数十年，闻者惑焉。”[④]《见闻琐录》中亦记载：

> 林文忠赦入关时，人以英夷事问之，谓其害直无所底止。文忠曰：“英夷何足深虑，其志不过以鸦片及奇巧之物劫取中国钱帛已耳。予观俄国，势日强大，所规划布置，志实不小。英夷由海道犯中国实难，但善守海口，则无如我何。俄夷则西北包我边境，南可由滇入，陆路相通，防不胜防，将来必为大患，是则重可忧也。[⑤]

与林则徐观点相似的官员不在少数。1860年（咸丰十年），钦差大臣奕䜣、

① 陈复光：《有清一代之中俄关系》，云南崇文印书馆，1947，第62页。
②《澳门新闻纸》现存6册，时间跨度大致从1839年7月至1840年11月。
③ 林则徐全集编辑委员会编：《林则徐全集》（第10册　译编卷），海峡文艺出版社，2002，第291—293页。
④[清]李元度纂：《清朝先正事略》（二），明文书局，1985，第119页。
⑤[清]欧阳昱：《见闻琐录》，岳麓书社，1987，第194页。

桂良、文祥等人在《奏通筹洋务全局酌拟章程六条折》中指出："俄国壤地相接，有蚕食上国之志，肘腋之忧也。"所以，在解决内忧外患的顺序策略之中"治俄次之"，其重要性位于"治英"之前。[①]除这些权臣外，王韬、薛福成、曹廷杰等人亦表达过类似的"防俄"思想或言论。"防俄"思想的形成，对中俄教育交流领域产生了重大影响。一方面，中国社会对于俄国对华教育交流方式表现出警惕、防备和抵触。例如，19 世纪末，沙俄试图通过提供经费及自行建立俄文馆等方式插手中国的俄语教育之时，《申报》便刊发评论，揭露"俄人处心积虑谋我中国非一日矣"，明确指出俄国人意欲借此笼络人心、培植侵华代理人的险恶用心，并认为：

> 为中国计，宜畅顺其意，阴战其谋，务使中国之政俄人不得而阻挠也，中国之地俄人不得而吞并也，中国之人士俄人不得迫胁而驱遣之也。是则虽有俄文馆千百所，俄人将奈之何哉。[②]

另一方面，"防俄"思想的兴起也令中国社会之中要求了解研究俄国的呼声日益高涨，不少有识之士纷纷要求派遣学生赴俄实地学习考察，以学其长处、识其国情。譬如有人认为，在"专设书塾肄习俄国之语言文字预以储他日之用"的同时，"遣发幼童学习各艺于俄京亦必有人，然后考其舆图物产，悉其土风民俗，察其国政人心，知其山川险阻，交其国中贤豪长者，而后现俄之实效可睹也已。况夫使于俄国与使于欧洲英法德奥难易迥尔不同"[③]。还有人提出为应付俄国：

> 宜专设书塾肄习俄国之语言文字，又必详审其律法条例，三年一加甄别，择其精练者置于俄疆交界各衙署以备翻译以资耳目，又必遣发幼童俊秀壮实者至俄京各处学习技艺，佐之以有巧思之工匠，借以供他日之用。此三者亦当今之急务也。所以注意于俄者虽不止此，亦可以备一得矣。行之十年必有实效可睹已。[④]

其二，沙俄侵华行径促使中俄外交关系发生改变，导致中国对俄教育交

---

①齐思和、林树惠、田汝康、金重远等与故宫博物院明清档案部合编：《第二次鸦片战争》（五），上海人民出版社，1978，第 341 页。

②《论俄国领事请建俄文馆事》，《申报》1898 年 9 月 24 日。

③《论宜专设俄使》，《申报》1887 年 9 月 5 日。

④《论中国当注意于俄》，《申报》1888 年 8 月 26 日。

流方式产生变化。在中俄关系尚能维持均衡局面之时，两国外交事务以界务、商务及追索逃犯等为主，又尤以商务为核心。清王朝就多次以中断两国贸易为外交手段，向沙俄政府施加压力，以谋求达成外交目的。基于这一时期中俄外交事项相对简单的特点，对清王朝而言更需精通俄文俄语的翻译人才，因而俄罗斯文馆、伊犁俄罗斯学等俄语教育机构先后建立，以应付此时所需。然而，受所处时代、教育资源、重视程度等原因所限，仅有的两所俄语教育机构在培育人才的数量和质量上均无法令清朝统治者满意。早在1724年雍正皇帝审阅俄罗斯来文之时，便因译文质量较低而试图派遣水平更高的俄罗斯文通事赴黑龙江工作，后因散秩大臣兼都统拉锡及隆科多表示反对作罢。[①] 随着沙俄侵华行径的持续升级，中俄两国的外交事务越发纷繁复杂，其时清王朝已不仅需要俄语翻译，更加渴求掌握外交技能、能灵活处理外交事务的专业人才。因此，原本培养质量与数量已无法令人满意的俄文俄语教育必然遭遇改革，俄罗斯文馆转而由新开设的俄语学校取代。与此同时，为加快培养人才的效率，清廷仍须想方设法寻找更多的解决问题途径，派遣学生赴俄留学就成为清王朝的一种必然选择。由是，在政治、经济、军事、外交等诸因素的综合作用下，中国人留学俄国的必要性与可能性日益显现，晚清留俄教育的实现具备了前期基础，历史契机已然显现。

二、晚清人物游历俄国的求知活动

对于派遣中国学子赴俄留学一事，早在18世纪上半叶已有清朝官员提出动议。1735年，镶蓝蒙古旗副都统多尔济针对俄罗斯文馆教学成效并不显著的问题向清廷奏议：

> 圣祖仁皇帝先知，特设俄罗斯文学校，赏教习人以官，予以嘉勉，实为柔远之至意。教习俄罗斯文之二员，虽系俄罗斯血统，但生于京城，原对俄罗斯语文不甚精通，今惟余一员。学生内因无重视学

① 中国第一历史档案馆编：《清代中俄关系档案史料选编》（第1编　下册），中华书局，1981，第417页。

习者，翻译不能无遗谬，甚涉异国之事。奴才愚思，俄罗斯同我国既然和好，由俄罗斯学校少年内，拣选学习略懂者四名，与今来之俄罗斯使臣同遣，勤习伊等语文三年而回。如此，翻译由俄罗斯国来文，不致遗谬。[①]

从这份奏议的内容可知，多尔济主要是从培养俄文俄语人才的角度出发，试图通过派遣留俄学生以解决俄语教育质量不高、效率低下的弊病。此项建议在当时虽是培养外语人才的良策，但基于其时清王朝对俄外交政策的局限而未被采纳。这也从一个侧面反映出，其时清廷尚无明确对俄文化外交策略，至于实施具体行动更是不在其意念之中。

1859 年 1 月 24 日，俄国东西伯利亚总督尼古拉・尼古拉耶维奇・穆拉维约夫[②]在致清朝黑龙江副都统吉拉明阿的咨文中表示："所有二年后差学生前来之处，我甚欢悦，且与（于）两国有益。其学生前来学艺，务于起身之一月或半月以前致信，我闻信后，即饬属员尽心教诲。"[③]显而易见，这是一封有关中国派遣学生赴俄留学事项的信函。在信中，穆拉维约夫对黑龙江将于两年后选派学生前赴俄国学习一事表示欢迎，认为此事对中俄两国均有裨益，并希望能提前从清朝官员处获知具体信息以便安排相关事宜。但接此咨文后，清廷上下颇感莫名其妙，不知穆拉维约夫所谈之事究竟缘起何处。于是，清中央政府在同年 1 月 27 日密寄给黑龙江将军奕山、吉林将军景淳的上谕中表示："其木哩斐岳幅来文内，有二年后差学生到俄国学艺之语，更不知从何而来。"[④]由于手头尚缺乏更多资料作为旁证，此事也就成为一桩目前难以详加考证的历史悬案。若根据相关信息进行合理推测，则大致存有两种可能：一是对咨文内容的翻译出现问题，导致传递的信息有误，从而引发这次外交上的乌龙事件；二是派遣留俄学生之事本是由黑龙江地方官员与穆拉维约夫协商促成，原属地区性外

---

① 中国第一历史档案馆译编：《雍正朝满文朱批奏折全译》（下册），黄山书社，1998，第 2492 页。
② 在清朝汉文俄罗斯档中穆拉维约夫被称为木哩斐岳幅。
③ 故宫博物院明清档案部编：《清代中俄关系档案史料选编》（第 3 编），中华书局，1979，第 611 页。
④ 故宫博物院明清档案部编：《清代中俄关系档案史料选编》（第 3 编），中华书局，1979，第 609—610 页。

交事务，并未上报清廷使其知晓，更未经其下旨批准，故而清中央政权对此事一无所知，亦不可能表示同意，所以最后无疾而终。但无论哪种可能性，根据已有史实可以确定的是，咸丰帝在位时期并未有中国学子以官派留学生身份前往俄国。

直至清同治年间，中国人留学俄国的帷幕才徐徐拉开。此时，历经两次鸦片战争的清王朝被迫选择兴办洋务作为“自救”措施，派遣留学生即是其中教育革新的重要环节，这为中国人赴俄留学再次提供了历史机遇。由是，从“随使游历”起步，近代中国留俄教育开始登上历史舞台。

（一）“初涉俄乡”：斌椿考察团中的京师同文馆学生

所谓“随使游历”，是中国近代留学教育初创阶段出现的一种短期游历的留学方式。[①]一般而言，是指晚清时期总理各国事务衙门在派遣使团出国考察时，随团均携有若干名京师同文馆学生，这些学生要在领队官员的指导帮助下，于游历途中进一步学习外国语言文字、了解各国国情、掌握外交礼仪、熟悉中外交涉等有关事项，以增加学生的知识、阅历，拓宽眼界，提高其外文能力。由是可见，所谓“随使游历”既可以看作是一种短期访学性质的留学活动，亦可视为清王朝给予京师同文馆学生的实践和实习机会，借此锻炼同文馆学生的外交、外语能力，培养所需外交及翻译专业人才，以应付日益复杂多变的外交事务。“随使游历”时期，京师同文馆学生在清廷指派下前赴的国家为数不少，俄国便是其中最主要的国家之一。

“随使游历”能成为晚清留俄教育的最初形态，既属偶然，但也蕴含着一定的必然。就必然性而论，主要包含以下两点：

其一，1840年以后西方列强侵华脚步日益加快，对长久以来一以贯之的中国传统外交模式“朝贡体系”造成沉重打击，并直接导致其最终崩溃。与此同时，西方列强将中国强行拉入近代化和全球化的历史进程中，不但在军事、经济、政治、社会文化等方面对中国形成强烈冲击，而且迫使清王朝在外交领域接受西方制定的国际法体系。当然，最初清王朝曾一度坚拒，不想加入其中，但来自列强的强大压力迫使清廷作出改变。由是，清王朝由“外交游

① 郝世昌、李亚晨：《留苏教育史稿》，黑龙江教育出版社，2001，第6页。

戏规则”的制定者与主导者转而沦为学习者和遵循者，这就使中国必须通过对外学习交流掌握新的外交规则，以应对源源不断、层出不穷的各类外交事务。在此情况下，派遣使团赴外国游历考察学习，就成为清朝统治者率先考虑实施的一种举措。正如恭亲王奕䜣在1867年（同治六年）呈交的一份奏折中所言：

第十余年来，彼于我之虚实，无不洞悉；我于彼之情伪，一概茫然。兵家知彼知己之谓何，而顾不一虑及？且遇有该国使臣倔强任性，不合情理之处，惟有正言折之，而不能向其本国一加诘责，此尤隔阂之大者。[①]

封疆大吏左宗棠也极力赞成派员出国游历，他明确指出：

外国于中国山川、政事、土俗、人情，靡不留心谘考，而我顾茫然；住（驻）京公使，恣意横行，而我不能加以诘责。正赖遣使一节，以诇各国之情伪，而戢公使之专横。

有鉴于此，左宗棠认为应责成闽浙督抚及总理船政大臣择优选才，“以游历为名，搭坐各国轮船”外出游历考察。[②] 由是可见，遣使出洋以探他国国情对于清廷而言无疑是当务之急。此时西方列强亦从自身利益出发，试图通过较为隐蔽的外交手段满足侵华目的，避免武力侵略造成的损失，以及由此激起的来自中国人民的反抗斗志和排外心理，所以也极力游说清廷向国外派遣常驻使节。

其二，“随使游俄”也是清王朝顺应中俄关系变化趋势，在外交上应用文化手段的一种策略调整。自沙俄殖民势力不断东扩并与中国产生外交关系以来，随着中俄两国往来的逐步深入，清廷上下对于这个咄咄逼人的强横邻国的了解也日益加深，并有相关史料汇编及研究俄国国情、中俄关系的论著相继问世，其中较具代表性的如表2.2所示：

①[清]宝鋆等修：《筹办夷务始末》（同治朝），载沈云龙主编：《近代中国史料丛刊》（第62辑），（台北）文海出版社，1966，第4821页。

②[清]宝鋆等修：《筹办夷务始末》（同治朝），载沈云龙主编：《近代中国史料丛刊》（第62辑），（台北）文海出版社，1966，第4887页。

表 2.2 清代部分介绍和研究俄国及中俄关系著作情况表

序号	著作名称	作者	成书时间
1	《皇清职贡图卷》	傅　恒	1757 年
2	《奉使倭罗斯日记》	张鹏翮	1688 年
3	《平定罗刹方略》	国史馆	1689 年
4	《柳边纪略》	杨　宾	1701 年
5	《龙沙纪略》	方式济	1716 年
6	《宁古塔纪略》	吴振臣	1721 年
7	《绥服纪略》	松　筠	未详
8	《俄罗斯事辑》	俞正燮	未详
9	《俄罗斯佐领考》	俞正燮	1806 年
10	《俄罗斯长编稿跋》	俞正燮	1806 年
11	《黑龙江外纪》	西　清	1810 年
12	《吉林外纪》	萨英额	道光初年
13	《俄罗斯事补辑》	张　穆	1839 年
14	《海国图志》	魏　源	1841 年
15	《瀛环志略》	徐继畬	1849 年
16	《朔方备乘》	何秋涛	1860 年
17	《西伯利亚东偏纪要》	曹廷杰	1885 年
18	《北徼纪游》	宋小濂	1888 年

[资料来源]主要整理自吕一燃所著《清代和民国时期的中国中俄关系史研究述评》(载《黑龙江社会科学》2000 年第 6 期)。

需要指出的是，表内著作不仅有记载描述俄国国情、研究中俄关系及汇编外交文件的内容，还有部分著作提出了对俄外交策略的认识和建议，如曹廷杰撰《西伯利亚东偏纪要》即是如此。然而，受时代、地域等各类条件所限，上述著作对俄国国情及中俄关系的研究往往只停留在表面，难以深入其中，甚至讹误百出。因而，要求到俄国实地考察的呼声随之产生。晚清著名外交家黎庶昌就曾致信曾纪泽，明确指出通过派员游历方式调查俄罗斯的必要性，并且提出了个人的建议：

俄罗斯边地绵长，与国邻接二万余里，疆场纠纷，时时多故，其在亚细亚洲者，仍属茫昧无稽。俄人高掌远跖，志在得地南侵，蒙古、新疆，垂涎已久。故尝欲创火车设电线以达中华，君臣同力谋之数十年，徒以地势险远，经营未就。而中国从未有遣一介之使，涉历欧亚两洲腹地以相窥觇者……于出洋人员中，选派数员，酌带翻译随人，亦假游历名分……以两年为期，限令其从容行走，凡所经过之处，山川城廓、风土人情、道途险易、户口蕃耗、贸易盛衰、军事虚实，以及轮车、电线能否安设，一一谘访查看而记载之。可图者并图其形势而归，以备日后通商用兵有所考核，不为俄人所欺，实亦当务之急。

不仅如此，黎庶昌还主动请缨，表示愿意亲赴俄罗斯考察，“不惜躯命，乞充一路之任，以上报国家，为奔走臣，亦以明文正公知人之美”。[①]

如果说必然性因素为“随使游历”的产生与发展奠定了基础，那么偶然性因素则是直接推动“随使游历”登上近代中国历史舞台的“催化剂”。这个偶然性因素与曾出任中国海关总税务司一职的英国人赫德有关。自进入清廷权力中心后，赫德便迅速赢得了清朝统治者的好感，成为可以信赖的顾问。除控制中国海关外，赫德还向清王朝建言献策，提出诸如《局外旁观论》之类的建议，劝说清廷革新内政外交。不仅如此，赫德还将关注的目光投向了中国教育事业，曾为京师同文馆的存在与发展提供了一定支持。

1865 年冬，赫德决定暂时回国休假。起程之前，他建议总理各国事务衙门派遣一个非正式使团，在其陪同下出访欧洲考察。总理各国事务衙门对此建议颇感兴趣，旋即由恭亲王奕䜣于同年 2 月 20 日呈上《奏请派斌椿等随赫德出国前往泰西游历折》，向朝廷阐明遣使出国游历考察的必要性。在奏折中，奕䜣提出：

自各国换约以来，洋人往来中国，于各省一切情形日臻熟悉。

①[清] 黎庶昌：《西洋杂志》，喻岳衡、朱心远校点，湖南人民出版社，1981，第 183—185 页。

而外国情形中国未能周知，于办理交涉事件，终虞隔膜。臣等久拟奏请派员前往各国，探其利弊，以期稍识端倪，借资筹计。……令其沿途留心，将该国一切山川形势，风土人情，随时记载，带回中国，以资印证。

奕䜣还提出，以往因在礼节等方面存有问题，故派遣使节前往各国长期无法成行，现在可借助总税务司赫德回国休假之机，“由臣衙门派同文馆学生一二名，随伊前往英国，一览该国风土人情，似亦甚便”[①]。在奕䜣看来，同文馆学生经过此前一段时间学习，已粗通外国语言，如能出国学习游历，必会增广见闻，对学业大有裨益。而且，“使团的非正式的性质及其与总税务司返国度假同行，将使外交方面出现的困难减少到最低限度”[②]。不过，这些学生涉世未深，如若派遣出国则必须要有老成持重的长辈带领照料，以在行抵该国以后，得其指示，而不致因少不更事，贻笑外邦。因此，奕䜣推荐时年 63 岁的前任山西襄陵知县斌椿同学生与赫德前往。

斌椿之所以能够获得奕䜣的推荐担此重任，主要基于四个优势：一是斌椿身为汉军正白旗人，又曾有公职在身，较为符合清廷对带队人选的要求；二是斌椿饱读诗书，出身科举，并好远游且不畏艰险，曾“足迹半天下”，能适应出洋的种种艰苦条件；三是斌椿交友广阔，与美国驻北京使馆参赞卫廉士（S. W. Williams）和同文馆总教习丁韪良过从甚密，并获赠《联邦志略》《地球说略》等著作，对近代西方文化知识有一定了解，观念较为开明；四是斌椿曾被赫德雇请，担任总税务司中文文案，深得赫德信任。因此，斌椿担当使团领队，合情合理、顺理成章。总理各国事务衙门的奏折不久即获清廷批准，斌椿率领的考察团旋即组成，共有 5 名成员，包括被临时授予三品顶戴和“总理各国事务衙门副总办”头衔的斌椿，斌椿之子、内务府笔帖式、六品顶戴广英（叔含），以及京师同文馆的 3 名学生：英文馆八品官、六品顶戴、正黄旗蒙古凤仪（夔九），英文馆八品官、六品顶戴、镶黄旗汉军德明（在初）[③]，

①[清]宝鋆等修：《筹办夷务始末》（同治朝），载沈云龙主编：《近代中国史料丛刊》（第 62 辑），（台北）文海出版社，1966，第 3669—3671 页。

②[美]理查德 · J. 司马富、约翰 · K. 费正清、凯瑟琳 · F. 布鲁纳编：《赫德与中国早期现代化：赫德日记（1863—1866）》，陈绛译，中国海关出版社，2005，第 451 页。

③ 德明（在初），即张德彝。

法文馆学生、七品顶戴、镶黄旗汉军彦慧（智轩）。[①] 这 3 位均已掌握一门外语的同文馆学生，事实上也是由赫德建议派遣的："赫德指派他们出使欧洲，既有锻炼他们的意思，又有借机插手中国外交的打算。"[②] 出发前，清王朝拨给考察团一笔行装费，其中给斌椿 300 两，其他人各给 200 两，这笔费用由海关提供。[③]

1866 年 3 月 6 日，斌椿考察团从北京起程。出访期间，这个非正式考察团先后游历法国、英国、比利时、荷兰、德国、丹麦、瑞典、芬兰、俄国等国家。访问俄国期间，斌椿一行不仅会晤了俄国总理大臣和各国驻俄公使，参观了沙皇宫殿及各类艺术作品，见识了俄军的操练和兵营，还会见、访问了俄国东正教驻（北）京布道团第十二、十三届随团学生孔气（斯卡奇科夫）、王书生（瓦西里耶夫）。回国后，斌椿撰写了《乘槎笔记》和游历诗，张德彝写就了《航海述奇》。斌椿和张德彝在著作中详细记述了对西方的器物和制度文明留下的深刻印象，其中不乏对俄国国富兵强的记述。如斌椿在《乘槎笔记》中写道：

> 至彼得尔堡，乃俄国都城也，人烟辏集，街衢宽阔，周五十余里，楼阁高峻，宫殿辉煌，人民五十三万六千，洵足称各国都城之冠……拜本国大臣、各国使臣……答拜孔公……晤总理官国姓，辞气和蔼，约在各处游览。是日，至王宫……往彼得尔行宫。殿宇高峻，铺陈华丽……虽未及见国主，而备舆游览，晚复设宴公所，遣官款待，礼意优渥。[④]

斌椿还用诗句描述了俄罗斯炮台的雄壮："虎踞龙蟠势，雄都镇朔方；樯帆丛海澨，楼阁灿斜阳；滕薛难争长，齐秦定颉颃；三台车火壮，恃此卫金汤。"[⑤] 时年 19 岁的同文馆学生张德彝，也在《航海述奇》中细致描述了俄国皇宫、

①[清] 张德彝：《航海述奇》，湖南人民出版社，1981，第 1 页。

② 王宏斌：《赫德爵士传——大清海关洋总管》，文化艺术出版社，2000，第 98 页。

③[美] 理查德 · J. 司马富、约翰 · K. 费正清、凯瑟琳 · F. 布鲁纳编：《赫德与中国早期现代化：赫德日记（1863—1866）》，陈绛译，中国海关出版社，2005，第 447 页。

④ 林鍼、斌椿、志刚、张德彝：《西海纪游草 · 乘槎笔记 · 诗二种 · 初使泰西记 · 航海述奇 · 欧美环游记》，岳麓书社，1985，第 129—131 页。

⑤ 林鍼、斌椿、志刚、张德彝：《西海纪游草 · 乘槎笔记 · 诗二种 · 初使泰西记 · 航海述奇 · 欧美环游记》，岳麓书社，1985，第 176 页。

夏宫及军队操练等情况，对宫殿的华丽与兵操的严整均大加赞赏。由中不难看出，此段访俄经历对这位年轻的同文馆学生所产生的巨大影响，亦由此可见“随使游历”如何开阔了张德彝之辈的眼界，以及培养其外交和外语能力所具有的作用。

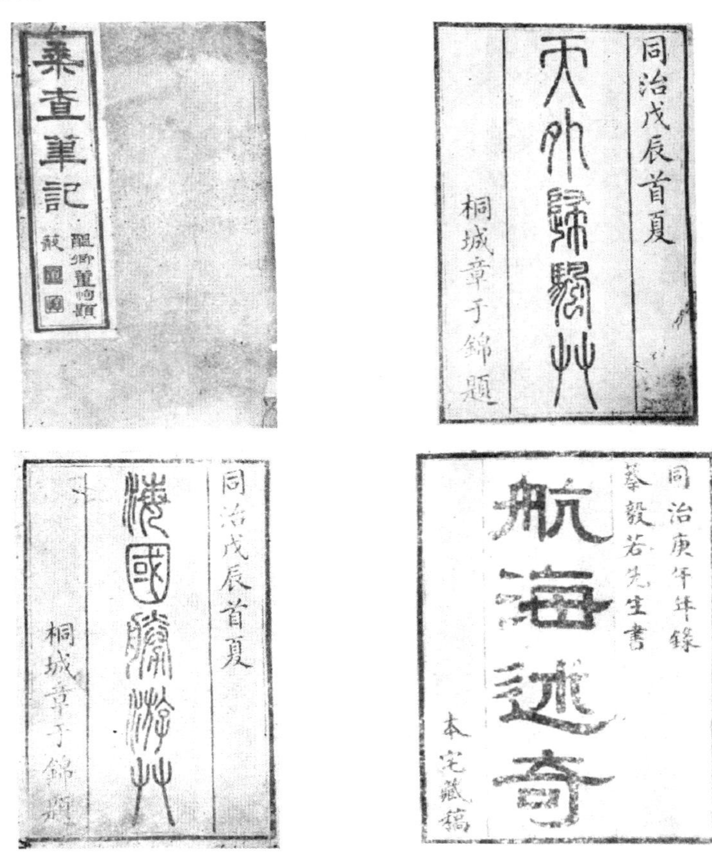

图 2.1　斌椿与张德彝的著述

[资料来源] 钟叔河：《从东方到西方：〈走向世界丛书〉叙论集》，上海人民出版社，1989。

作为近代中国第一个赴欧洲游历的考察团，斌椿考察团对俄国的访问具有重要历史意义。对此，俄国总理外交大臣在会晤考察团时指出：“中华与俄国原系邻邦，况又通商二百余年，然中土曾无一人辱临敝国。今贵国大皇帝简派诸君来此，则我两国之友谊更当敦笃矣。”斌椿在致辞中回应道：

> 中国自古臣民，鲜有至外邦者。今大清国与欧罗巴各国互换和约，各国既有公使商民驻华，是以我国大皇帝命我等游历诸国，察访风俗，以通和好。我等既开其先，他日源源而来者，不难频临贵地矣。[①]

尽管这次遣使出洋考察的活动与清王朝的要求以及赫德设定的目的，即“带几名中国观察者作为一个调查考察的使团前往欧洲，为中国在西方世界设立外交代表打入一个楔子”[②]，仍存有一定差距，但毕竟为近代中国打开了一个对外交往的新通路。不仅如此，考察团出访俄国也加深了中国对俄罗斯的了解，使随团京师同文馆学生获得了知识技能上的历练，并为后续清政府向俄罗斯派遣正式使团及留学生奠定了基础。

（二）“随使游俄”：蒲安臣使团访俄

通过非正式的斌椿考察团的出访，清王朝开始对西方世界有所了解，在对外关系方面有所收获。基于此种缘由，加之来自同列强修约的巨大压力，在斌椿考察团归国后，总理各国事务衙门认为有必要之后开始派遣正式使团办理外交事务。正如恭亲王奕䜣在奏折中所言：

> 遣使一节，本系必应举行之事，止因一时乏人，堪膺此选。且中外交际，不无为难之处。是以明知必应举行，而不敢竟请举行。尚待各处公商，以期事臻妥协。惟近来中国之虚实，外国无不洞悉，外国之情伪，中国一概茫然。其中隔阂之由，总因彼有使来，我无使往。以致遇有该使倔强任性，不合情理之事，仅能正言折服，而不能向其本国一加诘责，默为转移。[③]

由是可见，奕䜣等官员已然了解其时开展外交工作的困难所在，即因缺乏职业外交官而致难以选拔合适人选承担出使重任。这也从一个侧面反映出，“随使游历”作为一种短期游历性质的留学方式，产生的必然性及在培养近代中国职业外交官方面的重要作用。

在斌椿考察团归来不久，清廷派遣官方使团的行动再度开始。为“办理

---

①[清]张德彝：《航海述奇》，湖南人民出版社，1981，第108页。

②[美]理查德·J. 司马富、约翰·K. 费正清、凯瑟琳·F. 布鲁纳编：《赫德与中国早期现代化：赫德日记（1863—1866）》，陈绛译，中国海关出版社，2005，第450页。

③[清]宝鋆等修：《筹办夷务始末》（同治朝），载沈云龙主编：《近代中国史料丛刊》（第62辑），（台北）文海出版社，1966，第4898—4899页。

中外交涉事务”[①]，清政府于1868年1月5日派遣了一个正式使团，前往日本、美国、英国、法国、德国、俄国、比利时、意大利和西班牙等国。该使团的性质较之斌椿考察团有所不同，实乃由清王朝对遣使出国谈判的要求而决定。总理各国事务衙门明确提出：“上年本衙门奏准，令斌椿带同学生凤仪等，附船赴泰西各处游历，略访其风俗人情，与出使不同，未可再为仿照。”[②]因此，后续使团均以办理中外交涉事务或政治考察等公务为主，“随使游历”的性质亦随之发生变化。

此次组团，清政府聘请原美国驻华公使蒲安臣为办理中外交涉事务大臣，充任该使团的首席使臣，并赏赐一品顶戴花翎。另有海关道志刚与礼部郎中孙家谷出任办理中外交涉事务大臣。随蒲安臣使团出访的成员中亦包括6名京师同文馆英、法、俄馆学生：

> 英文馆八品官正黄旗蒙古凤仪（夔九）；英文馆八品官镶黄旗汉军张德彝（在初）；俄文馆八品官正蓝旗汉军塔克什讷（木庵）；俄文馆八品官镶蓝旗汉军桂荣（冬卿）；法文馆九品官正蓝旗蒙古廷俊（辅臣）；法文馆九品官镶白旗汉军联芳（春卿）。[③]

从学生的组成来看，无论人数还是涉及的外语语种较之斌椿考察团均有所增加，特别是增添了2名俄文馆学生，这也体现出俄国是本次使团谈判对象中的重点。其中，除张德彝因病中途回国，其余学生均随团至俄访问。

在俄期间，由于蒲安臣患病身故，与俄国政府磋商的重任就由志刚、孙家谷等人合力承担。使团与俄国政府就两国外交关系上的“应办数事”展开言辞激烈的谈判。沙俄向中国使团提出了一系列无理要求，甚至干涉中国内政，因而遭到中方代表的强烈反对。最终，使团与俄国政府根据谈判内容互通照会并约定：

> 如欲举办一事，有益于此而损于彼者，即可作为不必商办；于此有益，于彼虽无损失而有碍难之处，即可从缓商办；必俟碍难之处，

①[清]张德彝：《欧美环游记〔再述奇〕》，湖南人民出版社，1981，第26页。
②[清]宝鋆等修：《筹办夷务始末》（同治朝），载沈云龙主编：《近代中国史料丛刊》（第62辑），（台北）文海出版社，1966，第4822页。
③[清]张德彝：《欧美环游记〔再述奇〕》，湖南人民出版社，1981，第25页。

> 可以设法疏通之后，方可商办；至于两无损碍而有利益之事，自然易于商办。[①]

在官方谈判活动之外，志刚等人还先后前往博物馆、工厂和军事要塞等处参观，对铸炮、树胶加工等先进的新式技术有所了解，并与王书生（瓦西里耶夫）再度会面。[②] 这些活动亦有助于增长同文馆学生的见识，广博其见闻，增进对俄国国情的了解。

使团归国后，鉴于志刚、孙家谷等人在办理中外交涉事务中立下的功劳，恭亲王奕䜣上奏《志刚、孙家谷等出使十一国现已回京折》，请求清廷给予使团成员适当奖励。在奏折中，奕䜣指出：

> 志刚、孙家谷，出使三年之久，历聘十有一国，奔走十余万里，险阻备尝，办理各件，亦俱中肯，应否加恩之处，伏候圣裁。至左协理柏卓安、右协理德善，随同该大臣等办理一切事件，均能和衷商酌，亦有微劳足录。随从学生、供事等，远涉重洋，亦能不惮辛苦，应由臣等另行查明，奏请奖励。[③]

由此，随蒲安臣使团一同出访的几名同文馆学生均得到了清政府的相应嘉奖，这当可视为“随使游历”的中国学子所获得的官方肯定。

---

① 林铖、斌椿、志刚、张德彝：《西海纪游草 · 乘槎笔记 · 诗二种 · 初使泰西记 · 航海述奇 · 欧美环游记》，岳麓书社，1985，第 343—344 页。

②[清] 志刚：《初使泰西记》，湖南人民出版社，1981，第 93—98 页。

③ 中华书局编辑部、李书源整理：《筹办夷务始末》（同治朝）（八），中华书局，2008，第 3177—3178 页。

图 2.2　志刚（图中右起第六人）和“蒲安臣使团”的全体成员

[资料来源]钟叔河：《从东方到西方：〈走向世界丛书〉叙论集》，上海人民出版社，1989。

（三）“专团访俄”：崇厚使团赴俄谈判

斌椿考察团和蒲安臣使团的出访，在一定程度上使清政府对俄罗斯及其他西方强国的情势更为了解。曾国藩在 1871 年（同治十年）上奏的《拟选子弟出洋学艺折》中便指出：“斌椿及志刚、孙家谷两次奉命，游历各国，于海外情形，亦已窥其要领。”[①] 与此同时，这也使同文馆随团学生获得了在国内难得的历练，不仅对俄文俄语的掌握更为精熟，也锻炼了外交技能。由是，为此后同文馆学生随官方使团专访俄国奠定了必要的基础。

1871 年，沙俄乘中亚浩罕汗国军官阿古柏率军进犯中国新疆地区之际，以防止阿古柏攻打伊犁为借口，对伊犁悍然实施了侵占。作为当时新疆政治、经济、军事中心的伊犁，不仅是区域最高军政长官伊犁将军的驻地，还是连接中国与中亚地区的枢纽，地理条件优渥、商贸发达，因此战略和商业地位极其重要。为平定西北动乱，清廷委任左宗棠为钦差大臣，督办新疆军务事宜。1876 年，左宗棠统率的大军出关西征，在两年左右的时间内陆续收复北疆和南疆，清政府恢复了对除伊犁以外新疆地区的统治。

①[清]李瀚章编撰：《曾国藩全集》“奏稿”（三），李鸿章校勘，中国华侨出版社，2003，第 1303 页。

就在运用军事手段收复被侵占领土的同时，清政府亦通过外交途径强烈要求沙俄归还伊犁，自 1871 年起便与俄国多次交涉。为彻底解决相关问题，清政府于 1878 年 7 月任命太子少保、吏部左侍郎、总理各国事务大臣崇厚为出使俄国全权大臣，率团赴俄办理收回伊犁等交涉事务。然而，备受重用的崇厚却在俄方笼络之下辜负了清廷的期望。在缺乏基本国际政治、外交知识及未经清政府批准的情况下，崇厚擅作决定，于 1879 年 10 月 2 日与俄国签订了《里瓦几亚条约》及其附约。根据该条约的规定，俄方不仅得到了丰厚的直接经济补偿，更获得了中方割让的领土及通商特权，中国国家利益由此遭受严重损害。《里瓦几亚条约》缔结的消息一经传出，举国哗然，朝廷震怒。清政府不仅拒绝批准条约，还将崇厚革职查办，并于 1880 年改派驻英法公使曾纪泽赴俄国重新谈判，最终在 1881 年 2 月正式签署了《中俄改订条约》。

在崇厚统领使团赴俄谈判的过程中，亦有京师同文馆学生随团出行，并负有学习和工作的职责。其时随崇厚使团出访的京师同文馆学生共有 6 人，分别隶属于英、法、俄三馆，其中包括英文馆的二等翻译官、兵部员外郎张德彝（在初）和法文馆的二等翻译官、员外郎衔工部主事庆常（霭堂），俄文馆的三等翻译官、户部郎中桂荣（冬卿）和三等翻译官、工部员外郎塔克什讷（木庵），九品官赓善（吉甫）和觉罗福连（远峰）。这些同文馆学生的主要任务是担任翻译及实地学习。①

在俄期间，他们尤其是俄文馆的几位学生既承担了部分翻译、交涉工作，也借机学习俄文俄语，还广泛接触俄国社会，调查研究俄国国情。对此，张德彝在所著《随使英俄记》中有较为详细的记载。譬如，觐见沙皇并呈递国书；谒见俄国皇室和宗戚；与俄国外交官员会谈；会晤各国驻俄使臣；与俄国留华学生代表、汉学家会面；参加俄国官方和私人举办的各类典礼、宴会、舞会、茶会；欣赏俄国戏剧、舞蹈、马戏和美术作品；游览俄国名胜古迹和自然风景；学习社交礼仪；记录俄国政治、经济、军事、地理、语言文字、文化教育、社会风俗、宗教信仰等详细情况。由是可见，随使团出访的学生不仅能够在真实的语言环境中锻炼和培养语言文字能力，而且通过陪同使节、参赞等官

①[清]张德彝：《随使英俄记》，岳麓书社，1986，第 640 页。

员参加各种外事活动，掌握了一定的外交技能，同时还增进了对俄国社会各个方面的深入了解。

总体而言，“随使游历”是清王朝在培养职业外交官方面的一次尝试，并开创了中国向俄国派遣学生实地游学的先河。尽管同文馆学生赴俄的首要目的是配合外交官员完成出访使命，但也确实负有学习外国语言文字和锻炼外交技能的任务，并将外国的山川地理、风土人情等情况带回国内，对增进中国对外国国情的了解具有重要作用。但严格来说，“随使游历”的同文馆学生并不具备完全意义上的留学生性质，仅具雏形。中国社会对于“随使游历”学生的学习经历及引入的知识和信息亦褒贬不一，赞之者谓之“亲历各国，习其语言文字，察其地势人情，与夫山川道里之所经，一一穷其奇而笔之书。岂徒侈游览之大观，夸新奇以骇俗哉？将为圣朝备有用之材也”[①]；贬之者则认为学生出洋时间过短，在外语及外交上的学习实践仅是浅尝辄止，不但难以习得更多知识技能，而且带回的信息往往只是浮光掠影、表面现象。后世亦有学者持相似看法。譬如陈恭禄在评价斌椿考察团时便指出，斌椿因“年老力衰，懒于动作”且不通外语、不解西方风俗，根本无法理解外国的思想制度，故而在其游历归来撰写的著作中反映的见闻“多为轮船、火车及汽力之生活，高大雄伟之建筑”，“偏重于海程、宴会”，所以“无影响于国内”。[②]至于年纪尚轻、资历经验均远逊于斌椿且是首次出洋的张德彝，显然更加难以理解五光十色的西方世界及其文化内涵，因而在其首部著述中对外部世界的描写亦多流于表面。直至张德彝有多次出使海外经历，积攒了一定经验和知识之后，他对西方的认识与阐述才逐渐趋于深入。对于这种“近人至外洋者，所记述浅率居多”的现象，清末广州广雅书院山长朱一新的解释是：

> 中国之至外洋者，不过历其都会而止，所取材者，皆习闻习见之事，欲觇其国之强弱，民之情伪，彼固善匿，我亦未必善问，不可骤得也……政教不同，采之亦无大益，语言各异，译之且不胜烦。技艺之学，各有专家，又岂游踪一至，所能探其奥窔哉？[③]

①[清]张德彝：《航海述奇》，湖南人民出版社，1981，“序一”。
② 陈恭禄：《中国近代史》（上卷），商务印书馆，1948，第278页。
③[清]朱一新：《无邪堂答问》，中华书局，2000，第172—173页。

客观而论，尽管国人对“随使游历”的学生及其学习活动评价不一，但就其时中国的社会现状而言，同文馆学生通过这种“游历”活动毕竟积累了一定的俄语知识及外交技能，这也为后续中俄文教交流提供了某些可资借鉴的经验财富。

三、晚清赴俄出访考察的清朝官员

在晚清留俄教育起步阶段，除“随使游历”的京师同文馆学生外，尚有另一种与之类似但又具自身特点的求知方式，就是清朝官员以出国考察者身份前往俄国实地游历及学习。与“随使游历”的同文馆学生相比，这些官员既须履行考察外国实情的职责，又肩负有求学异域的使命，缪祐孙与王之春即是其中的代表人物。

（一）奉旨赴俄的游历使缪祐孙

自官方使团前往海外开展考察、谈判以来，清廷上下对于此项外交工作的开展状况及未来发展愈加关注，相关意见、建议纷至沓来，对遣使活动产生了重要影响，促使其向更加规范严谨的方向发展。

1885 年 1 月，御史谢祖源上奏《时局多艰，请广收奇杰之士游历外洋》折，对同治年间以来遣使出洋的情况作出评价，并提出改良建议。[①] 谢祖源指出，自同治年间有派遣使团赴国外活动起，使团官员的随员均为“在馆供事及肄业官生”，其中“并无瑰奇磊落之材”。即便是较为出色者，其才能仅限于“学习机器”“通译语言”，且生活习惯已为异国同化，故难当大任，“殊未足膺异日干城之选”。谢祖源认为，在当下外交事务日益繁多的情况下，为广储人才，应在翰林院、詹事府等官署中选拔出身于科举正途之士作为随员，每名出使大臣出发时皆带领两名，“给以护照俾资游历一年后许其更替，愿留者听其才识出众者，由出使大臣密保，既备他日使臣之选，亦可多数员熟悉洋务之人”。[②]1885 年 3 月，总理各国事务衙门奉光绪皇帝谕

①《大清德宗景皇帝实录》卷 199“光绪十年十二月上”，第 825—826 页。
②[清] 葛士浚：《皇朝经世文稿编》（“洋务卷”120），上海宏文阁，1898，第 13 页。

旨，会同翰林院、吏部以议复谢祖源奏请派员游历外洋一疏复奏。[①] 总理各国事务衙门首先委婉回应了谢祖源对随员资质不高、难充大任的批评，对既往派员留洋的缘由、方式及已有成绩进行了简单回顾。然后针对谢祖源提出的“令出使大臣每国酌带二员”的建议，总理各国事务衙门基于现实需求指出，当前派员赴海外游历考察的主要目的在于：“察敌情、通洋律，谙制造测绘之要，习水师陆战之法，讲求税务、界务、茶、商、牧、矿诸事宜。虽未能遽底于精深，亦当先得其大要。”因此，总理各国事务衙门结合谢祖源的建议提出了解决方案：

> 查出使各国大臣不乏差遣之员，外国每年中例有避暑不办事之月，又多宾祭燕闲之日，相应申请饬下出使各国大臣，随时分饬属员游历境内，考核记载，分门讲求。并督出洋武弁学生等学习各项技艺，董劝并行，以收实效。该员等本月支薪水，毋庸另给经费。至翰詹部属中，如实有制器、通算、测地、知兵之选，坚朴耐劳，志节超迈，可备出洋游历者，可否请旨饬下翰林院、六部，核实保荐，并资送总理各国事务衙门考核，再行奏请发往各国游历，由出使大臣就近照料。应需出洋薪装，届时由总理各国事务衙门酌定数目，在出使经费项下发给。[②]

谢祖源及总理各国事务衙门的奏折，促使光绪皇帝开始重视选拔人才赴外国考察的建议。1887 年 1 月，光绪皇帝再次下旨要求尽快办理派员游历事宜，其中指出：

> 前据谢祖源奏请饬保荐出洋人员，经总理各国事务衙门议覆，请由翰林院、六部核实保荐。现在几及两年，尚未据保荐有人。著该衙门传知翰林院、六部，迅即查明有无可以保荐之员，限三个月内咨覆该衙门，毋再迟延。[③]

总理各国事务衙门、翰林院、六部等随即启动选拔出洋人员工作。1887 年 5

①[清]薛福成：《出使英法义比四国日记》，岳麓书社，1985，第 170 页。另据《光绪朝东华录》载，谢祖源奏《时局多艰，请广收奇杰之士游历外洋》折的时间为光绪十二年十二月（[清]朱寿朋编：《光绪朝东华录》，张静庐等校点，中华书局，1958，第 2195 页），疑为笔误。

②[清]葛士浚：《皇朝经世文稿编》（“洋务卷”120），上海宏文阁，1898，第 13—14 页。

③《大清德宗景皇帝实录》卷 236“光绪十二年十二月上”，第 183—184 页。

月18日，总理各国事务衙门拟定的《出洋游历章程》出台，共列出14条细目，规定了游历的人数、选拔方式、年限、待遇、经费报销、任务、管理制度等内容。[①]1887年6月2日，《申报》刊登了《出洋游历章程》全文。[②]较之此前奉旨出洋考察和谈判修约的使团，此次派员游历活动对游历使任务的规定更为详尽：其一，游历使负有调查外国国情之责，“游历之时应将各处地形之要隘、防守之大势，以及远近里数、风俗、政治、水师、炮台、制造厂局、火轮舟车、水雷炮弹，逐一详细记载，以备考查”；其二，建议游历使可以有选择性地学习西方科技文化知识，“各国语言文字、天文、算学、化学、重学、电学、光学及一切测量之学、格致之学，各该员如有素日曾经留意及出游之后能于性情相近者择端有所学习”，“亦可以所写手册录交（总理各国事务衙门）以备参考”；三是游历使归国后，必须“将所习何业、所精何器、所著何书”向总理各国事务衙门呈明，这也是考察游历使才能和贡献的一项重要标准。

《出洋游历章程》出台后，总理各国事务衙门于6月12日至13日举行了两次面试，共录取28人。[③]后经光绪皇帝御笔朱批，圈定其中12名出任游历使，具体名单如表2.3所示：

表2.3　1887年考取游历使人员名单

姓名	出身	职位	年龄
傅云龙	浙江监生	兵部候补郎中	46
缪祐孙	江苏进士	户部学习主事	33
顾厚焜	江苏进士	刑部学习主事	44
刘启彤	江苏进士	兵部学习主事	33
程绍祖	江西监生	兵部候补主事	38
李秉瑞	广西进士	礼部学习主事	32
李瀛瑞	山东进士	刑部候补主事	40
孔昭乾	江苏进士	刑部候补主事	31

① 王彦威纂辑，王亮编：《清季外交史料》，王敬立校，书目文献出版社，1987，第1285—1286页。
② 《总署拟定出洋游历章程条款》，《申报》1887年6月2日。
③ 天台野叟：《大清见闻录》（上卷），中州古籍出版社，2000，第622页。

续表

姓名	出身	职位	年龄
陈爔唐	江苏进士	工部学习主事	31
洪　勋	浙江进士	户部学习主事	32
徐宗培	顺天监生	户部候补员外郎	32
金　鹏	广西进士	户部学习主事	33

[资料来源]《考取游历人员名单》，《申报》1887年10月28日。

入选的12名游历使被分为5组，按照清廷的计划分赴亚、欧、美、非洲游历，前往游历的国家大致如表2.4所示：

表2.4　游历使前赴国别表

人员	国家
傅云龙、顾厚焜	日本、美国、加拿大、秘鲁、古巴、巴西
刘启彤、李瀛瑞、孔昭乾、陈爔唐	英国、印度、法国、阿尔及利亚
李秉瑞、程绍祖	德国、奥地利、荷兰、比利时、丹麦
缪祐孙、金　鹏[①]	俄罗斯
洪　勋、徐宗培	西班牙、葡萄牙、意大利、瑞典、挪威

[资料来源]中国第一历史档案馆编：《光绪朝朱批奏折》（第112辑），中华书局，1996，第692—693页。

总理各国事务衙门还为12名游历使准备了整装费用，按照其时使臣参赞随员的标准办理，给予每位游历使白银800两。[②]

本次游历使选拔与派遣活动，不仅为清廷重视，亦受社会各界瞩目。1887年11月10日《申报》头版刊登了题为《论游历人员之责重》的评论文章，在评价既往游历、游学活动利弊得失的基础之上，结合时势对此次派遣游历使赴海外的活动予以高度评价："今日所派则悉属正途，各人隐有四大洲于

① 另据《申报》载，缪祐孙与李瀛瑞游历俄国及其属地（《分地游历》，《申报》1887年9月7日），应系消息不确。

② 中国第一历史档案馆编：《光绪朝朱批奏折》（第112辑），中华书局，1996，第693页。

胸中。故此次派出游历而所以期望之者亦甚厚。将来中国悉知外洋各国之山川、风土、人情、物理而纤悉靡遗，胥由于此矣。”文章结尾更再次强调游历使的责任重大：“全赖游历诸君广咨博访、详识约记，力破从前之积习，以为国家著洋务之效。呜呼！其责非不重哉！”[①]

在12名游历使中，赴俄国学习考察的是缪祐孙与金鹏，两人同为户部学习主事，且年龄相当。他们于1887年10月29日乘坐德意志公司的萨克森号轮船自上海起程，并于11月29日在意大利热那亚登陆。12月1日，缪祐孙与金鹏乘火车继续旅程，于12月3日到达柏林，后于12月7日抵达俄国圣彼得堡。[②]

作为奉旨专门赴俄的游历使，缪、金二人中以缪祐孙之名更为世人熟知，这主要是由于缪祐孙编纂有《俄游汇编》之故。作为出身科举的年轻官员，缪祐孙在赴俄国前即有远游之心，他在致兄长缪荃孙的信中写道，“出洋游历，乃弟平生之志，千祈即为谋得”[③]，且将此视为仕途升迁捷径。由是，在俄期间缪祐孙严格贯彻执行《出洋游历章程》，不仅四处云游探访，深入考察俄国国情，且通过翻译、著述等方式对上述内容进行详细记载，并最终形成了《俄游汇编》12卷，内容具体如表2.5所示：

表2.5 《俄游汇编》内容一览表

卷数	内容
第一卷	俄罗斯源流考、译俄人自记悉毕尔始末、译俄人记取中亚细亚始末
第二至四卷	疆域表及所附地图
第五卷	铁路表及路线图
第六卷	通俄道里表
第七卷	山形志、水道记
第八卷	舟师制、陆军制、户口略
第九至十二卷	游历日记

[资料来源][清]缪祐孙：《俄游汇编》，上海秀文书局，1889。

①《论游历人员之责重》，《申报》1887年11月10日。
②[清]缪祐孙：《俄游汇编》（卷第九），上海秀文书局，1889。
③顾廷龙校阅：《艺风堂友朋书札》（上），上海古籍出版社，1980，第295页。

作为缪祐孙的心血之作，《俄游汇编》汇集了他在两年游俄经历中所行所思的精华，显示出“日则游探，夜则考证”[①]的辛勤耕耘。在《俄游汇编》的第一至八卷，缪祐孙分别对俄罗斯的历史及各领域的现实国情进行了调查研究与详细考证，不仅纠正了既往中国对俄罗斯的种种错误及模糊认识，而且翔实记述了俄国地理疆域、山川水势、铁路路线、陆海军队及内政状况。除部分翻译自俄国原著外，大部分内容均为缪祐孙通过实地考察获得的第一手资料辑成，还结合了一些中国古籍作为参考，在质量上比照此前中国国内流传的相关著作可谓更上一层楼，既为中国社会深入了解俄国国情提供了极具价值的参考，又对既往错误、偏见有匡谬纠偏之效。不但如此，缪祐孙还在《俄游汇编》中揭示了沙俄向西伯利亚和中亚细亚侵略扩张的情况及特点，并结合俄国侵华史实指出中国应对其有所防范，正所谓“其贪念弥炽，狡谋弥深，我之防维固有亟于宋室之经略西夏，明人之备御东倭者矣”[②]。而从后四卷游俄日记的内容中可以发现，缪祐孙在俄罗斯的游历活动颇为丰富，涉猎甚广，足迹遍及博物馆、图书馆、教堂、监狱、造船厂、炮厂、电话局、学校、医院等处，涵盖俄国的文化、教育、军事、科技、社会等若干领域。缪祐孙还前往莫斯科、基辅、巴库、伊尔库茨克等城市游历，进一步增长了对俄国风土人情的见识，加深了理解。与此同时，鉴于游历使既负有考察之责，又兼有学习西方科技文化知识的任务，缪祐孙还尝试学习俄国语言文字，并延聘一名俄国老妪专任教习，只是成效不著。缪祐孙认为，学习俄语较为困难的根本原因在于，“盖有数音皆中国所无，而措词之变法尤多，倘轻重急徐及其变法稍有未谐，便茫然不解”，并列举表示法国、德国、土耳其等国的名词为例，说明俄语发音、语法的复杂难学。[③]

就《俄游汇编》的内容而言，在俄游历两年的缪祐孙确实颇有成就，较好完成了出洋前清廷布置的游历任务，既对俄国国情予以详细调查与记载，又按照总理各国事务衙门要求形成了著述，还抽时间尝试学习俄文俄语，对

①陈思等修，缪荃孙等纂：《江阴县续志》（一），（台北）成文出版社，1970（据民国9年刊本影印），第776页。

②[清]缪祐孙：《俄游汇编》（卷第一），上海秀文书局，1889，第10页。

③[清]缪祐孙：《俄游汇编》（卷第十二），上海秀文书局，1889，第2页。

于一个科举出身的传统士大夫而言已是殊为不易。当然，受游历时间及外语水平所限，缪祐孙在两年之间实是难以开展多学科的学习，在很多领域只能是浮光掠影、浅尝辄止，遑论专精一门学问，但较之此前“随使游历”的同文馆学生已有不小进步。

1889年春，缪祐孙的游历年限已满，于是整装归国。是年5月15日，缪祐孙到达恰克图，因在此地患病甚重，难以行动，不得不暂停旅程，就医休养一月有余。直至6月28日才再度起程，后抵达张家口。[①]到京后，缪祐孙即将《俄游汇编》书稿寄往沪上付印出版。[②]

随着各游历使陆续归国，总理衙门于1890年7月26日上奏《请给奖游历人员疏》，请求清廷对游历使给予褒奖。缪祐孙因在俄期间“采访精详，有裨时务”，而获“免补主事，以本部员外郎遇缺即补，并赏加四品衔”的擢升官职奖励。[③]

（二）留心异域的赴俄使臣——王之春

与在俄游历长达两年的缪祐孙相比，于1894年出使俄国的王之春，其出使目的及游俄历程又有较大差异，可谓其时另外一种官员游历求知类型。

王之春，字爵棠（又作芍棠），湖南清泉县人，早年曾为曾国藩、李鸿章和彭玉麟之部属，“以其貌厚重，令从军事，拔至道员”，后又历任浙江、广东按察使，湖北、四川布政使，以及山西巡抚、安徽巡抚、广西巡抚。王之春不仅是清朝重臣，且是晚清时期较负盛名的外交家、思想家，为洋务派代表人物，热心于了解西方、兴办洋务，并喜著述，编著有《防海纪略》、《船山公年谱》、《清朝柔远记》（亦称《通商始末记》）等，对其时尚处于半封闭状态的中国而言，这些著作具有广泛传播世界知识、启蒙社会思想的积极作用。此外，王之春在开展外交方面亦颇有见地与成绩。早在1879年，王之春便受命赴日本查探，归国后向清廷上奏万言书，条陈夷务，还著成《谈瀛录》，广受好评。1884年中法战争之时，王之春又联络郑观应共同游说泰

①[清]缪祐孙：《俄游汇编》（卷第十二），上海秀文书局，1889，第26页。
②《游员将归》，《申报》1889年8月28日。
③《总理衙门奏请给奖游历人员疏》，《申报》1890年8月14日。

国夹攻法国，但因故未与郑同行。[①] 可以说，上述经历为王之春出使俄国奠定了一定基础。

1894 年 11 月，俄皇亚历山大三世晏驾，其子尼古拉·亚历山大德罗维奇·罗曼诺夫继位，是为末代沙皇尼古拉二世。获悉此信息的清廷作出决定，派遣尚在湖北布政使任上的王之春，以头品顶戴衔的“出使俄国大臣”身份奉旨赴俄，一是吊唁已逝沙皇，二是代表清王朝向新皇登基表示祝贺。需要指出的是，这次使俄并非一次单纯的礼节性质的外交访问，事实上王之春还负有其他重要使命。此时正值甲午中日战争之际，清军在海陆两端遭遇连番败仗，战情岌岌可危，清王朝于其时遣使赴俄，是践行“以夷制夷”外交策略的重要活动，是联俄政策的开端，清廷试图以俄压制日本以解时局之困。力主联俄的李鸿章在与翁同龢会商甲午战争事宜时便提出：“若能发一专使与商，则中俄之交固，必出为讲说。”而当翁同龢提出“俄连而英起，奈何”的假设时，李鸿章断然否定有此种可能，认为“无虑也。必能保俄不占东三省”。[②] 正是基于“联俄制日”的设想，故清王朝借沙皇更迭之机遣使赴俄。

清廷选择王之春作为出使大臣，出于两方面考量。一是王之春熟悉洋务，曾有出洋游历考察的经验，且对俄国有一定认识。1880 年，王之春撰成《清朝柔远记》，其中不乏对沙俄国情的记述和侵华活动的剖析。他明确指出：

> 俄人狡诈强悍，欧洲之地蚕食殆尽，其边疆直接中国东、西、北三面，延袤几至二万里。其近边如浩罕诸国、哈萨克、布鲁特诸部落，皆胁之以兵威，实欲尽撤我藩篱。若东三省近边之地，不独库页岛归于俄，即黑龙江、绥芬河、吉林等处所属之穹庐，亦多为所割据。而且经营回疆，侵占伊犁，久视我为弱肉，而不能为我用者也。

对于与俄交往策略，王之春认为应与对其他列强的外交策略相类似：“是宜防患于未然，弭变于无形，可以信孚者以信孚之，可以术驭者以术驭之，内

① 费行简：《近代名人小传》，（台北）文海出版社，1967，第 252 页。

②[清] 翁同龢：《翁文恭公日记》（第 9 册）“光绪二十年九月初二日”，（台北）台湾商务印书馆，1973，第 7041 页。

峻其防，外弭其隙，而缓急轻重之间，是在能辨之者。”① 二是王之春曾与新沙皇尼古拉二世会过面。1890 年 10 月 23 日，尚为皇储的尼古拉二世踏上远洋旅程，目的地为希腊、埃及、印度、中国、日本等欧亚非国家。② 访华之前，清王朝已知悉俄太子即将到来的消息。1891 年 1 月，直隶总督李鸿章电奏《俄国太子游历中国拟定款待礼节折》，基于“联俄”立场请求清廷批准妥善接待。光绪皇帝批示：“李鸿章电报已悉，即著该大臣电致各该督抚，俟俄太子抵口岸时，一律照议亲行款待，以重邦交。”③ 同年 4 月，尼古拉二世一行抵达广州，受到中方热烈欢迎。④ 由于广东巡抚刘瑞芬因病告假，所以由按察使王之春代为负责相关接待事宜。其间，王之春与尼古拉二世先后会晤三次，并设宴盛情款待。⑤

1894 年 11 月 27 日，王之春一行自北京出发，于 1895 年 1 月 5 日在上海吴淞港乘坐法国轮船撒拉济号起程赴俄，途经中国香港、越南、新加坡、印度尼西亚、斯里兰卡、埃及等地。1895 年 2 月 7 日，王之春一行到达法国马赛，受到驻法参赞庆常的热烈欢迎，然后乘火车经法国巴黎、德国柏林，于 1895 年 2 月 16 日抵达俄都圣彼得堡，入住涅佛寺街欧罗巴宾馆。2 月 18 日，沙皇尼古拉二世与皇后接见了王之春等使团成员，接受了王之春递交的唁贺国书，并向中国使团表达了谢意。此外，针对王之春提出的希望其调停中日战争的请求，尼古拉二世答复道：“贵国与敝国邦交二百余年，又承远来，自无不竭力相助之理。”⑥ 就回复内容而言，沙皇已作出同意出面调停的口头承诺。许景澄在使馆会见王之春时便谈到，俄国外务部也指出此次尼古拉二世确实愿意协助中国，“惟不肯先期为嘱”，这种表态为许景澄驻俄四年来前所未见。

当然，在王之春看来，此次出使除唁贺沙俄及设法促成俄国出面调停中日战争之外，还负有一个重要使命，就是将沿途所见所闻、异域风土人情等“考厘图册，钩稽戎索”，从而“借资质证”并“期以奉行”。这就与此前赴俄

---

①[清] 王之春：《清朝柔远记》，赵春晨点校，中华书局，1989，第 365—367 页。
②Дневникъ императора Николая II (1890-1906 гг.). -Берлинъ: Книгоиздательство «Слово», 1923, с.39.
③《清德宗实录》卷 292“光绪十六年十二月”，《清实录》（第 54 册），中华书局，1987，第 885 页。
④ 李永昌：《末代沙皇——尼古拉二世传》，四川人民出版社，1997，第 21 页。
⑤[清] 王之春：《使俄草》，（台北）文海出版社，1966，第 23 页。
⑥[清] 王之春：《使俄草》，（台北）文海出版社，1966，第 214 页。

访问考察的官员、同文馆学生所负任务具有一致性，将游历与求知紧密结合在一起，在详细调查研究俄国国情的基础之上，将所思所学所感汇集成册带回国内，一则以了解异域情况，为中国对俄外交提供助力，一则借以学习俄国优长之处，以资中国攻玉之用。有鉴于此，王之春在承继郭嵩焘、曾纪泽、薛福成等人出使日记特点基础上，对自己的日记体例与内容进行了丰富和改良，在强调“奉使当周知四国之情伪”的同时，又将“西学之源流、山川之险易、民物之简繁、风俗之殊变、军械之更新”等纳入重点考察记叙的范围。在俄期间，除参加必要的外交活动外，王之春几乎将剩余大部分时间用于四处游历考察，先后赴皇家大戏院、皇宫、大教堂、博物院、监狱、滑冰场、万生院（动物园）、蜡人馆、造船厂、陆军操练场、国书库、造纸局、炼铁厂、赛马会、礼拜堂等参观，观察记录俄国风土人情，并对俄国历史展开考证。王之春还对俄国的教育状况予以重点关注，曾至格致学塾（技术学校）、水师学堂等教育机构访问，细致记录这些学校的学科设置、教育状况。例如，他所记述格致学塾的专业有天文、算学、重学、化学、光学、电学、律例、舆图、绘画、测量、医理等，其划分之细致可见一斑。他对俄国学校设备之精良也大为赞叹，列举了学校为天文、医理、化学等专业准备的各类教学及实验仪器、模型。不仅如此，王之春还会晤了教授汉语的教师，听取其对俄国汉语教学情况的介绍：“中国之书，四子五经以纲常大义为根本，其他孔子家语、老庄墨、列国策、国语、资治通鉴、温公家规、朱子全书、历代名臣奏议、陔余丛考、五礼通考诸书皆有。”[①] 王之春之所以对教育问题尤为关注，源于其长期经办洋务的经验与思考。早在撰写《清朝柔远记》时，王之春就提出应广设学校培养人才的建议，认为既要发展国内教育又要派遣学生出洋留学，以培养管理、外交及各类技术人才，并有较为详细的设想。[②] 出使期间，王之春结合旅途见闻及游俄观感，对西式教育的认识又有所进步，他认为：

> 欧西各国教民之法莫盛于今日。凡男女八岁以上不入学堂者罪其父母，男固各学其学，女亦无所不学，即聋瞽跛哑者流亦各有学院，

①[清]王之春：《使俄草》，（台北）文海出版社，1966，第294页。
②[清]王之春：《清朝柔远记》，赵春晨点校，中华书局，1989，第367—370页。

> 设塾师，择其所可为者以教之。其贫穷无力及幼孤无父母者皆令收付义塾，在乡则有乡塾，至于一郡一邑及国都之内，学塾林立，有大有中有小。自初学以至成材及能研究精深者，莫不有一定程限……近数十年学校以德为尤著，其兵多出学校，所以战胜攻取，而诸大国亦争先竞爽。推之于士农工商，何独不然。推究大局兴衰，观其所以致此之由，而知勃兴之本原不在彼而在此也。[①]

这就明确指出了教育对国家富强具有的巨大作用。

当然，由于在俄时间仅一月有余，王之春的游历考察活动在很多方面仍是浮光掠影、走马观花，难以更为深入。所以，王之春也承认日记内容属于“随得随录”，“择焉而不精，语焉而不详，是则涉历未久之过”，而且作为科举出身的传统士人，在了解审视俄国及欧洲国家的政治、法律、道德、风俗、宗教等领域之时，王之春往往套用中国传统标准，也就难以避免偏颇了。

1895 年 3 月 18 日，王之春一行离开俄国，又赴德、法、英、意等国游历，后于 1895 年 7 月 6 日抵达上海。回国后，王之春结合此次出使经历与感想，积极向清廷建言献策，主张向西方学习，并在奏折中提出 8 项能够起到“复已亏之元气，隐弭将来之祸萌”作用的建议：一铁路、二军制、三变通科举、四造就人才、五筹款项、六重商工、七矿务、八交涉。这些建言虽未即时兑现，但在随后的晚清变革过程中逐一显现，由是可见王之春的思想锐敏与远见卓识。

除缪祐孙、王之春两人先后游历考察外，诸如此类将游历与求知结合在一起的官员出洋活动仍然有之。譬如 1899 年广东巡抚鹿传霖从粤海关出使项下支出白银 20000 两，用于选派人才赴海外游历，考察制造格致之学。[②] 又如外务部于 1905 年选派官员赴东西洋游历，专门学习法律、交涉等专业，以解决因专业人才不足而导致的外交事宜“屡受外人之挟制”的问题。[③] 但随着时代不断演进、国家对于各类人才需求的逐步上升及中国人留学教育的发展，此类兼有专门考察与游学任务的游历活动渐趋减少，游历与游学的区别从初

---

①[清] 王之春：《使俄草》，（台北）文海出版社，1966，第 315—317 页。
②《派员游历》，《申报》1899 年 5 月 7 日。
③《外务部拟派员游历》，《大陆》1905 年第 8 期。

始较小到逐渐扩大，至19世纪末20世纪初再无法完全等同而论。如署理两江总督、江苏巡抚鹿传霖于1900年制定的《游历章程》便将游历与游学截然分开：

> 出洋向分游历、游学两事。游历宜成才，以所固有者扩充变通，著之简编，冀可设施裨补国家，以振刷修治诸略，非仅仅于观风问俗已也。游学则当一其心志入彼中学校，积岁累月得其一艺，断非踌尘南北者所能。二者相济，实难相兼。[①]

由此可见，其时游历与游学的分野已然渐趋明晰，各负使命、各尽其责，游历再难以承载游学的任务。至1904年，张百熙、荣庆、张之洞上呈《奏请奖励职官游历、游学片》，对清廷官员的出洋游历、游学与奉命出使进行了区分。其中指出，官员游历的宗旨是“以能考察其内政、外交、海陆军备、农工商各项实业，及其章程办法为要义”，而游学“较游历为尤有实际，最为成就人才之要端”，“由普通而达专门，考求实在有用之学”。对游历与游学的奖励亦有所不同，游学归来获得学堂毕业凭证者“尤宜破格奖励，立予擢用”，游历归来者的奖励则“比游学应减一等”。[②]上述内容已然清楚表明，其时清廷在游历与游学之中更为重视后者，认为游学在培养人才方面的作用更加突出。因此到20世纪初期，清朝官员游历活动渐趋停顿，奉旨出使活动将原有求知任务剥离，转而专注于专项考察，比较典型者如清末五大臣出洋考察。与此同时，这种变化亦对其时留俄教育的发展产生重大影响，近代中国留俄教育的新形态由此产生。

①《署理两江总督江苏巡抚鹿芝轩侍郎酌定游历章程》，《万国公报》1900年第134卷。
② 舒新城编：《近代中国教育史料》（第1册），上海中华书局，1928，第172—173页。

第三节　晚清留俄教育的实践推进：从游历到游学

历经借助赴俄游历考察求知的阶段后，受时代大背景影响，晚清留俄教育亦随之转型，其性质从发轫时的特殊形态逐渐趋近通常意义上的留学教育。由是，留俄教育的目的、功能均发生改变，开始真正肩负起"育才于域外"的历史使命。

一、"住馆肄业"式留俄教育的萌发

在"随使游历"阶段即可发现，处于晚清时期的中国十分缺乏熟谙处理对外关系的职业外交官。最初办理洋务及负责外交事宜的官员均出身传统科举，尽管他们在思想观念上较保守派更为开明进步，但依靠的仅是日积月累逐渐形成的工作经验和自发性质的学习，缺乏必要且足够的专业语言与外交技能训练，因而面对纷繁复杂的外交事务时处处受制、时时被动。这种情况已然昭示，在其时中国尚无专司培养外交人才的教育机构的形势下，清政府以"随使游历"方式锻炼京师同文馆学生的必然性与必要性。然而随着时间推移，单凭"随使游历"培养外语、外交人才已难以满足中国对外交往之急需，在中俄关系领域亦是如此。故而，"住馆肄业"式留俄教育应运而生。

所谓"住馆肄业"，在中国教育中是与"走读"相对的一种学习方式，意为学生日常在校上课，课余时间仍住在学校，该名词在晚清时期的一些学堂章程中尤为多见。而在中俄教育交流史上，"住馆肄业"一词最早出现于1859年（咸丰九年）。其时，钦差大臣、镶黄旗蒙古都统胜保和安徽巡抚翁同书上奏《历陈洋务之失入京之害宜以民力阻其入江折》，其中提及对俄策略时有言："除从前俄夷住馆肄业之外，凡有一切要求，尽拒不纳。"[①] 其意即指俄国东正教驻（北）京布道团随团学生在华期间的学习方式。至于晚清留俄教育的"住馆肄业"形式则在光绪年间出现，最初源于外交官员的个人行为，始创者为晚清名臣许景澄。

许景澄，字竹筼，浙江嘉兴人。1868 年（同治七年）中进士，改翰林院庶吉士。初入官场时许景澄曾醉心于"骈俪之文"，入翰林院后，"以时事方艰，词臣清要，非可徒以词章塞责，乃究心朝章国故及时政得失利弊，冀有用于当世"[②]，因而备受文祥、李鸿章等洋务派代表人物的赏识、器重。1880 年，许景澄因才堪重用而以侍读升用并加二品顶戴，充任出使日本大臣，后因父去世并未成行。1884 年，许景澄接替曾纪泽任出使法、德、意、荷、奥等国大臣，次年又兼任驻比利时公使。1890 年，他再度任出使俄、德、奥、荷等国大臣，并升迁为内阁学士。此后，许景澄又曾先后担任驻法、德、奥、荷、意、比、俄等国使臣，其经办外交的经验与资历之丰富，可谓名列晚清官员之前茅。1897 年，许景澄由清廷召回，充任总理各国事务衙门大臣，主持外交兼任工部左侍郎、大学堂总教习、管学大臣等。"他到任时……十一个总署大臣中，只有他是出过洋同洋人打交道，且谙熟外交的一个了，总署的事务，几乎由他一人主政。"[③]

在许景澄的出使历程中，他与俄国打交道的时间最长、交涉事务最多。正是在俄期间，许景澄开始筹谋尝试培养外交人才并付诸实施。许景澄意图培养人才的原因主要有两点：一是出自其长期经办外交事务的丰富经验及对世界发展大势的深刻认识。在办理外交事务过程中，许景澄已发现清政府外交官员普遍素质不高，既不懂国际法、外交史和国际形势，又未掌握外语。这种职业外交官匮乏的严峻情势，导致中国在外交活动中屡受西方列强欺侮蒙骗乃至于被巧取豪夺。所以，许景澄强调外交官员必须提高自身素质，适应时代发展需要。他曾明确提出："外交官以通方言为最要，欧洲各国使臣

① 中华书局整理：《筹办夷务始末》（咸丰朝）（四），中华书局，1979，第 1280 页。
② 许同莘：《许文肃公（景澄）遗集》，（台北）文海出版社，1966，第 1016 页。
③ 高伯雨：《许景澄与陆征祥》，《大成》1974 年第 6 期。

大都能操英、法、德三国语言，吾辈惜未讲究此道。”[①]二是许景澄长期关注教育，重视教育的作用。1880年，许景澄被委任为出使日本大臣，但因丁忧未能成行。在致接替其出使的黎庶昌的信中，许景澄谈及学好日语对经办中日外交事务的重要性。他认为，要想培养精通日语的人才，应该“于同文馆中收选第二三学生增设一科，或先国语试办，于外国文教习必延东京土著，以得彼之官音，学徒必取京旗两籍，以一我之方言”[②]。1883年中法战争爆发后，许景澄审时度势，上奏清廷提出多项抗法建议，认为应“选派弁勇，前赴德国练习铁舰驾驶，冀收速效”[③]。由此可见他对军事教育的注重。1897年，许景澄兼任中东铁路公司督办后便着手筹办东省铁路俄文学堂，并获清廷批准与俄国公司的支持，为近代中国培养了一批兼通俄文俄语与铁路运营管理的人才。不仅如此，许景澄甚至还预料到，随着赴海外求学的中国学生“年增月盛，学问猛进”，必然会有中国人取得“洋翰林”（法学博士、文学博士）的功名。[④]这亦可证明他对留学教育的关注。

基于上述缘由，许景澄在出使外国时便时刻留心是否有可造之才，以求为中国培养既通语言又熟谙外交事务的专业人才，这就为他接纳陆征祥为学生奠定了基础。1890年，许景澄改任驻俄公使兼驻德、荷、奥国公使，后于1891年年初抵达圣彼得堡。到俄后，许景澄即致函总理衙门总办，提出选派京师同文馆学生担任翻译的要求，内称“现俄文翻译塔克什讷、法文翻译阎海明均已销差，俄文业已敷用，毋庸补调。法文拟改调学生陆征祥，借资早就，另牍奉呈。如蒙衙门准调，该生应需整装银两，请照学生俸薪借给并二等盘费以利就道为恳”[⑤]。由是，其时尚在同文馆学习的陆征祥起程赴俄“任学习员”，就此开启了一段辉煌的外交生涯。

出国前，陆征祥的个人资历就如同那些“随使游历”的京师同文馆学生一样，仅是受过一般性的中文及外语教育，而对外交专业知识一无所知。至俄后，鉴于许景澄对西方语言因“年纪渐大不及学习”，故而陆征祥等人承

① 许同莘：《许文肃公（景澄）遗集》，（台北）文海出版社，1966，第17页。
② 许同莘：《许文肃公（景澄）遗集》，（台北）文海出版社，1966，第821页。
③《许文肃公年谱》，《国专月刊》第4卷（1937年）第3期，第45页。
④ 陆征祥：《本笃会修士陆征祥最近言论集》，光启学会，1936，第175页。
⑤ 许同莘：《许文肃公（景澄）遗集》，（台北）文海出版社，1966，第270页。

担的工作主要包括翻译外交公文及陪同许景澄出席各种外交场合。经过一段时间考察，许景澄对陆征祥颇为赏识，于是拟将陆征祥培养成为优秀的外交人才。不久后，许陆二人便围绕着个人前途问题展开了一番对话。陆征祥对此回忆道：

许钦差问我有何志愿？我说："学好外文，找一邮局工作，供养父母。"大臣听我言后，非常不悦，说："国家培养你们是希望你们能为国家奉差，你只想得一小差事，以供养父母。"我说："我父不愿我为官。有天我在上海广方言馆求学迟归，我父问我何故？我说归途正遇到县太爷出门，有大锣开路，神牌跟随，差役前后拥护，十分威风。我父勃然大怒说：这些作威作福的害民贪官污吏，明日我带你去看看衙门。到了收钱粮处，坐着一位八字胡的小官，在收钱粮。钱分成大小，小的则不要，交钱粮的老百姓，再三要求，说这些钱都是官造的，经过再加付，老百姓又被多敲诈才了结。我父说：这就是官吏，你若作官，真是作孽。所以我父非常痛恨为官。"大臣说："你父所责的是贪官污吏，的确害民不浅，但吾圣贤所教导的，官是为民的父母，要爱护人民，为公家做好事。我所要求你的，是这一类的官。""大人的好意，我很感激，但恐我不堪造就。"大人说："不要紧，你是下材，我可造就你为中材，你如中材，我可使你为上材。""大人好意，我应先禀告我父。"不久我父复信说："这是天赐良缘，你不但以师师之，更以父父之！"[①]

父亲的首肯与许景澄的器重使陆征祥坚定了拜师决心。由是，许景澄与陆征祥便正式结为师生关系，但为避免招致外人误解，所以拜师之事对外严格保密。

拜师后，许景澄从多角度入手培养陆征祥，以提升他在翻译、外交等方面的素质。首先是外交礼节。晚清时期的中国在逐渐接受和学习近代外交体系时，也在不断改变自己的外交礼节以适应现实要求，外交官员尝试掌握西式外交礼节，防止"腾笑友邦，贻为口实"。在其时北京官场中甚至出现了

① 郑揆一：《追忆陆征祥神父——并记与二十一条有关的一席话》，（台北）《传记文学》第47卷（1985年）第6期，第81—82页。

一本名为《出使须知》的手抄本，“其中所教者，不过是觐见国王、总统递国书时的仪式和外交上的酬酢规矩罢了，并非是教以办交涉折冲樽俎之道。最有趣的是书末有一章好似叫做‘西菜南针’，是教这批‘天使’怎样吃西餐，宾主位置，喝什么酒用什么杯，餐巾绝对不能用来擦鼻涕等等”[①]。凡即将出洋的外交官，都会向前辈借来抄写一份并仔细研读，以备不时之需。许景澄对陆征祥的教导，最初亦是从外交礼节着手。

许景澄将从驻俄使馆一位德国参赞处习得的西式外交礼仪，倾囊传授给陆征祥。许景澄对外交礼节的教授十分全面，甚至细致到如何填写信封。陆征祥回忆道：“有次问我会不会写信封？我被问一时不知所答，老师说：‘我们直写大清国北京城总理衙门某某大臣，洋文则横书，从左到右，某某大臣。’其后每日就练写信封。”[②] 由是可见，许景澄是从日常细节入手教导陆征祥掌握基本外交礼节的，学会如何与外国人开展交际，从而适应以外交官的身份在国外生活。

其次是翻译能力。作为驻外使臣与外界沟通的桥梁，陆征祥承担着繁重的翻译任务，因而必须提高自身的语言文字能力，以满足各种外交场合交流及翻译公文的需要。许景澄对此十分重视，想方设法培养陆征祥的翻译能力，尤其是提高其对话传译的准确性与临场随机应变能力。为提高陆征祥的口语水平，许景澄还督促其积极与各国人士进行交流。据陆征祥回忆：

> 另一次老师说：“书本上的法文与口语上法文有所不同，你应该与外人交谈。”我答道：“我是与某外交官夫人交换会话，她教我法语，我则授之官话。”过些时候，老师又找我说：“学言语不能只与一人学，应该多换人交谈，今天我带你去会晤荷兰钦使夫人，她法语很好又极友善。练习练习，再带你去看外交大臣。”[③]

与此同时，许景澄也注意锻炼陆征祥的胆量，用“见大人渺而视之”的原则教导其在外交会晤中无须怯场。通过这种由浅入深的锻炼，许景澄使陆

---

① 高伯雨：《许景澄与陆征祥》，《大成》1974 年第 6 期。

② 郑揆一：《追忆陆征祥神父——并记与二十一条有关的一席话》，（台北）《传记文学》第 47 卷（1985 年）第 6 期，第 82 页。

③ 郑揆一：《追忆陆征祥神父——并记与二十一条有关的一席话》，（台北）《传记文学》第 47 卷（1985 年）第 6 期，第 82 页。

征祥从起初见外人便面红耳赤，不知如何应对的状态中迅速解脱出来，逐渐适应了传译工作。陆征祥亦时时谨记老师教诲，故而提高很快，在第一次陪同许景澄会晤俄国外相时便有优异表现，许景澄也对陆征祥的传译首演赞赏有加。正是通过上述训练，陆征祥的翻译能力大为提高，成为前后几任出使大臣都极为信赖的传译官。

再次是外交知识与技能。要成为一名合格的职业外交官，不但要掌握外交礼节、熟谙语言翻译，而且必须熟谙相应的外交知识与技能，以应对各类外交事宜及突发状况，维护国家利益。许景澄认为“外交人才非立时可成，也不是外行人立时可学”，所以注意从细节入手培养陆征祥的基本外交知识与技能。譬如，有一次许景澄嘱咐陆征祥到文具店采买3件物品，但陆征祥只买回2件，许景澄借机教育道：“你年轻应记忆好，但有一方法，外国大臣约我某日某时晤会，即拿本小簿记下。”陆征祥对此牢记于心，待翌日许景澄再次差遣其做事时便立即记录，许景澄赞道：“这对的，说做就应做到。”许景澄还传授给陆征祥对外宣传的有效方法，向陆征祥说明：

> 中国人的面貌就是一种宣传工具。外国人一见，就知你是中国人，可是你得做好人。你好，外国人就说中国人好；你若做坏事，外国就说中国人坏了。不过这种宣传法尚嫌不足。你身边要带中国邮票，中国风景片；你走路时，小孩一见就向妈妈说：那是中国人么？我去向他要邮票。小孩要邮票时，你便笑脸给他。你坐火车时，同车箱（厢）的人都想找你说话，你便拿出风景片给他讲。[①]

又如许景澄极为重视向陆征祥教授国际法，要求其熟悉外交法律体系。据陆征祥回忆：

> 有次我在朗读八股文，老师忽来我背后，说：“你为何读这些。”我答道：“我不敢如老师三考三进，只望考个秀才，我家不是书香之家，想点点香。”老师说：“不对，你学外交，应学国际公法、外交史等新知，成为一能听能说正式外交官……你的前途在此。我

① 罗光：《访问陆征祥神父日记——六十述往之一章》（二），（台北）《传记文学》第19卷（1971年）第4期，第81页。

当时只把八股文当作敲门砖，早已弃之勿用。”[①]

而当陆征祥提出想到巴黎学习国际法时，许景澄认为：

你去读两年书，进步也很少。没有法律知识，不打紧，我教导你。我打算你日后当公使；当公使时，你在办公室里多置些书架，凡是关于世界公法，各国条约，以及外交方面的书报，尽量收集，越多越好。[②]

最后是外交理念。许景澄本人不仅“善以吾国固有哲理，来运用之于新事物”，而且抱有鲜明的改良主义观点。他曾对陆征祥说：“对正在衰亡中的制度，你绝对不要加以留恋，更不要追随它，也不要谴责它；但要恪尽自己的职责。”“一俟时机到来，就进行改革。”[③]基于此，许景澄也注重培养陆征祥在外交理念上的大局观，帮助其形成外交思想，从而为将来担任中国外交领袖做好准备。在传授过程中，许景澄采用虚拟情境的教学方式，令陆征祥从外交总长的角度出发考虑和处理问题，比如当外国公使提出要求时应如何应对，并叮嘱陆征祥：

外间说外交家说话要灵巧，要双关，这都是外行话。正经的外交家，有一贯的政策，说话简捷。同这等人办外交才有趣，别人也看得起这等外交家。你该做一个叫人看得起的外交总长。一个被人看得起的外长自己既修了道德，也能把握自己的地位，这是一举两得。被人看不起的外长，既失人格，又容易失地位，这是一举两失。[④]

不但如此，许景澄还要求陆征祥必须学会识人，具备伯乐式才能，以便日后担任外交领袖时“注意培植一辈外交人才”。这些内容都已远远超出了一般的外交知识技能，由是可见许景澄对陆征祥的器重和寄予的厚望。而陆征祥亦牢记恩师教诲，其后担任外交总长时便“起手收罗有志青年，各国的

---

① 郑揆一：《追忆陆征祥神父——并记与二十一条有关的一席话》，（台北）《传记文学》第47卷（1985年）第6期，第82页。

② 罗光：《访问陆征祥神父日记——六十述往之一章》（上），（台北）《传记文学》第19卷（1971年）第2期，第48页。

③ 全国政协文史资料研究委员会《文史资料选辑》编辑部编：《文史资料选辑》（第6辑，总106辑），中国文史出版社，1986，第26页。

④ 罗光：《访问陆征祥神父日记——六十述往之一章》（二），（台北）《传记文学》第19卷（1971年）第4期，第83页。

留学生都有，不分省界，预备培植他们做外交人才”[①]，创建起民国初期的外交人才培养体系，一批青年才俊由此得以在近代中国外交舞台上崭露头角。

许景澄对陆征祥的“一对一”培养可谓卓有成效，单就陆征祥在俄期间的表现而论，其翻译能力及外交技能均有大幅提高。因而，陆征祥成为清政府对俄外交极为倚重的外交官员，俄国皇帝也亲自接见他并授予勋章，礼遇之隆重早已超越普通外交人员。与此同时，许景澄对陆征祥的培养，也体现出尚处于萌发状态的“住馆肄业”式留俄教育的特点：一是陆征祥身居国外，却不入俄国学校而只接受上司的教育指导，且这种师生关系无法公之于众，只能维持私下辅导教学的状态；二是陆征祥在俄期间未曾入校学习外语及其他专门学科，仅是通过许景澄的培养及外交工作的锻炼来提高外语水平和外交技能，显示出所学的单一性与局限性。其原因应在于：一是对其时驻俄使馆与出使大臣而言，培养外交官是应付两国外交事务的当务之急，所以亟须专项培养外交人员的教育模式；二是囿于其时清王朝对俄外交政策，清廷并无指派学生入俄校学习的明确指示，故尚不可能有官派学生进入俄国学校攻读学业；三是许景澄对陆征祥的培养首先出于自身意图，意在培养得力助手及为未来储备人才，所以亦不可能将陆征祥送入俄国学校就读；四是陆征祥在俄时期的身份为中国外交官员，因而也就无法如普通学生那样入俄校接受教育。

二、“住馆肄业”式留俄教育的形成

许景澄对陆征祥的培养，揭开了“住馆肄业”式留俄教育的序幕，但还只是“住馆肄业”式留俄教育的原初形态，属于一对一的小型实地培训，与系统化的留学教育相比尚存在一定差距。随着时间的推移与中俄关系的变化，“住馆肄业”式留俄教育逐渐过渡至第二形态，且由清政府正式确立。

① 罗光：《访问陆征祥神父日记——六十述往之一章》（上），（台北）《传记文学》第19卷（1971年）第2期，第51页。

（一）“住馆肄业”式留俄教育的产生

甲午中日战争后，清王朝的统治摇摇欲坠。西方资本主义列强在政治、经济、军事等方面压迫中国，提出种种侵略要求，故而清廷的对外交涉谈判层出不穷。随着外交活动的日益增多，单靠“随使游历”及单对单式的外交官培养，显然已无法满足清政府对外交、外语人才的大量需求。为改变此种情况，扭转因人才匮乏导致的不利局面，1890 年 3 月 16 日，詹事府詹事志锐上奏清廷称：

> 总理衙门同文馆之设，历有年矣，各省拔尤送到之人为数多矣，而出洋大臣奏带同文馆学生充当翻译者，卒不多见，佥谓学生文字虽精，语言不熟，每有临时传述而洋人茫然不解者。奴才曾经试验，令其与洋人对面交谈，诚有不解之时。推原其故，盖学生专习文字，一旦托之言语，只能按书翻译，多有与土音方言不合之处，较之专习语言者，应答驳诘，殊欠爽利。①

在志锐看来，由于京师同文馆的外语教学更注重书面文字，口语培养较为欠缺，加之随使出访机会太少，导致同文馆学生缺乏口语训练，根本无法同外国人流畅交谈，遑论担任外交使团的传译官，快速准确地完成翻译工作。由是，他提出应该给予同文馆学生更多出国学习机会：

> 每于轮换出使大臣之时，令其带出四人，仍照学生支给薪水，专习语言，三年之间，断无不能通晓之理。或翻译缺出，即令坐充；或参赞乏人，亦许拟补。量其能而加以鼓励，必有可用之材，较之在外物色翻译，为益不浅。至于支给薪水，则令出使大臣酌量匀拨，少带一二随员，即可匀出此四人薪水，应请不必格外议增经费。如此一变通间，学生皆归有用，翻译不假外求，似于设立同文馆本意尚为符合。②

按照志锐的设想，“住馆肄业”的留学生均由出使大臣负责带领，以学习语言为主，期限为三年，结业后即能为中国外交服务，既可充任翻译亦可

① 中国史学会主编：《洋务运动》（二），上海人民出版社，1961，第 69 页。
② 中国史学会主编：《洋务运动》（二），上海人民出版社，1961，第 69—70 页。

升迁至参赞，这就能够解决外交人才匮乏的严峻问题。由于志锐的建议确有合理之处，对具体安排也有周详考虑，因此获得清廷的肯定，“住馆肄业”式留学教育由此正式产生。

1896 年 2 月 7 日，总理各国事务衙门呈报《奏派学生出洋片》，对派遣学生随使出洋“住馆肄业”作出安排。该奏折首先阐释了选派学生出洋的原因：“近来交涉日繁，需材益众，臣衙门同文馆延请各国教习，俾该学生学习语言文字。溯自开馆以来，学有成就者尚不乏人，第恐限于见闻，未能曲尽其妙。”这就强调了出洋学习对于培养外语、外交人才的重要性。在具体实施部分，总理衙门提出拟于英、法、德、俄四使馆各拨学生 4 名，分往学习语言、文字、算法，以 3 年为期，责成出使大臣严为稽核。奏折正文部分还明确规定了留学资格、经费与后勤保障以及学生就业等事项：

往来资装肄业之费，由各该出使大臣在出使经费内划给；即在使馆寄寓，以节旅费。如或不堪造就，即行咨回。如三年学有明效，出使大臣加具考语，咨送回京，再由臣等面加考试，果能精进，又不染外洋习气，应如同文馆三年大考之例，奏请奖叙。[①]

在奏折所附《出洋学生经费章程》中，又规定了每名学生每月的薪水、路费、饭费、零用、奖励等开支的数额和出处。由是，在经过“随使游历”阶段后，清政府为提高同文馆学生的外语能力，开始加强派遣留学生的力度。1896 年，总理各国事务衙门派遣俄文馆学生邵恒浚、桂芳、陈嘉驹、李鸿谟赴俄肄习。清王朝按照《出洋学生经费章程》的规定发给每人整装银 150 两。从天津起程到俄后，4 名留俄学生均按要求寓居于使馆，每月领取薪水银 50 两。清廷对这批留学生寄予厚望，临行前特叮嘱道：

此次出洋不惮烦难，不惜经费，专为讲求实学，磨砺真才，广见闻而开风气。诸生到洋后各宜束身自爱，专意讲求，毋慕浮华，毋沾习气，三年期满，果有成效，定邀嘉奖。倘不潜心学问，徒事游嬉，一经遣撤，断不再给川资。回华后并不准复行入馆，以示劝惩。该生等读书有素，应知品学宜端，务当仰体国家培养人材之意，

① 朱有瓛主编：《中国近代学制史料》（第 1 辑　上册），华东师范大学出版社，1983，第 51—52 页。

力图上进，克底于成，方不负此远役，慎毋稍蹈歧趋，致贻后悔。[①]

1898 年，邵恒浚、桂芳、陈嘉驹、李鸿谟学习期满回国。1899 年，京师同文馆俄文馆学生张庆桐、范其光、陈瀚、郝树基抵达圣彼得堡，继续“住馆肄业”。[②]1902 年，同文馆学生傅仰贤抵俄入使馆，充任“使馆学生”。[③]

其时“住馆肄业”式留俄学生的情况大致如表 2.6 所示：

表 2.6　“住馆肄业”留俄学生情况一览表

姓名	字（号）	生卒时间	籍贯
邵恒浚	筠农	1870—1951	山东文登
桂　芳	植忱	1865—?	北京
陈嘉驹	集生	1870—?	四川金堂
李鸿谟	虞臣	1870—1944	山东宁海
张庆桐	凤辉	1872—?	江苏上海
范其光	宾臣	1879—?	江苏江宁
陈　瀚	飞青	—	江苏江浦
郝树基	绪初	—	河北三河
傅仰贤	肄三	1882—?	福建建安

[资料来源]《俄游述感》以及相关传记、文集、日记、人物辞典等。

“住馆肄业”式留俄学生的出现，标志着晚清亦即近代中国留俄教育开始步入正规化，其意义重大。有鉴于此，有俄国学者将其与开创了近代中国留学先河的留美幼童相提并论，认为其时中国在派遣留学生方面除重视美国外并没有忽视其他先进的工业国家，并将“住馆肄业”式留俄学生称作“非典型的在俄中国人”，指出其不寻常之处在于，与其时数量不菲的各类中国

① 朱有瓛主编：《中国近代学制史料》（第 1 辑　上册），华东师范大学出版社，1983，第 144 页。

② 据《京师同文馆学友会第一次报告书》[《中国近代学制史料》（第 1 辑　上册），第 52 页]载，第二批赴俄肄业的俄文馆学生为张庆桐、付师贤（实为傅仰贤）、陈瀚、郝树基。而据《奏为前同文馆选派出洋学习俄文学生张庆桐等毕业请鼓励事》（中国第一历史档案馆馆藏档案，光绪三十一年九月二十六日）称，张庆桐、范其光、陈瀚、郝树基同在光绪二十五年十一月初七到俄。另据张庆桐著《俄游述感》称，同行者为范其光、陈瀚、郝树基。据此推测，清政府以范其光替代了傅仰贤。傅仰贤后于 1902 年赴俄留学。

③ 出使大臣胡惟德：《同文馆学生傅仰贤等调充使馆学生咨请备案由》（光绪二十八年十月二十八日），（台北）“中央研究院”近代史研究所，馆藏号 02-12-005-01-078。《数位典藏与数位学习联合目录》http：//catalog.digitalarchives.tw/item/00/0c/77/f2.html。

移民相比，留学生的人数有限，在俄经历亦不同。[①]

（二）“住馆肄业”式留学生在俄国的求学经历

不同批次的“住馆肄业”式留俄学生在求学经历与学业水平上有较大差异。于1896年首批赴俄的邵恒浚、桂芳、陈嘉驹、李鸿谟，忠实贯彻了总理衙门的要求，在学习俄文俄语及少量专业知识的同时，积极协助驻俄使臣办理中俄外交事务，积累外交经验。此外，邵恒浚与桂芳还曾出任圣彼得堡大学东方语言系教师，向俄国学生传授中国语言。与“随使游历”承担翻译等项职责的同文馆学生相比，“住馆肄业”式留俄学生可长期在俄学习语言文字，从而克服了“随使游历”存在的学习时间过短的弊病，但由于“学生均以襄赞使署公牍为务，无暇求学”，所以有学者认为他们“实不能谓为留学生”。[②]事实上，由于邵恒浚等学生的俄语水平不高，在俄期间取得的学业成果确实较为有限。据当时的俄国文献记载：“邵恒浚、桂芳、陈嘉驹、李鸿谟是京师大学堂译学馆最优秀的毕业生，但他们仅能使用俄语阅读，而很难理解及用俄语复述课文的含义。”[③]虽然如此，清王朝仍对归国后的“住馆肄业”学生给予褒奖，邵恒浚、桂芳、陈嘉驹、李鸿谟均被授予一定官职。根据1898年的《同文馆题名录》记载，邵恒浚授四品衔分部即补主事并任黑龙江翻译官，桂芳授四品衔候选知州，陈嘉驹与李鸿谟同授五品衔同文馆七品官。[④]

较之邵恒浚等人，张庆桐、范其光、陈瀚、郝树基虽名为首批“住馆肄业”学生之接续，但他们在俄时间更长，学业内容也比首批“住馆肄业”学生更为丰富，除研习俄文俄语、增长外交才干之外，还获得了更多学习专业知识的机会，故而与前者相比有实质性区别。这种变化源自清政府对其时留学教育的改革。1898年10月，《申报》刊登了题为《论游学为今日之急务》的评论文章，高度评价推动留学教育发展对于中国实现富强的重大意义，并呼吁清廷应通过选派国内学生与培养海外华人子弟两种途径提高留学教育效率。[⑤]

---

①А. Г. Ларин. Китайские мигранты в России. История и современность. -М.: Восточная книга, 2009, с.62.

② 舒新城编：《近代中国留学史》（影印本），上海文化出版社，1989，第21页。

③В.Г. Дацышен. Изучение русского языка в Китае в конце XIX – начале XX в. http：//www.synologia.ru/a/Изучение_русского_языка_в_Китае_в_конце_XIX_–_начале_XX_в.

④ 朱有瓛主编：《中国近代学制史料》（第1辑　上册），华东师范大学出版社，1983，第70页。

⑤《论游学为今日之急务》，《申报》1898年10月14日。

这种观点在一定程度上反映出中国社会各界对留学教育的广泛关注与高度重视。清政府亦察觉到留学教育效率问题的重要性，开始着手改良“住馆肄业”式留学教育。1899 年，总理各国事务衙门上呈《奏遵议出洋学生肄业实学章程折》，其中指出：“查出使各国大臣每届奏带同文馆学生各二员，系专资办理公牍之员，自无暇分身肄业。”为解决这一问题，总理衙门提出实施方案，建议：

> 现在出使经费极为支绌，物力甚艰，应先就此项学生察其才性，择尤送入农工商矿学堂肄业。应加津贴并延师经费准在出使经费项内开支作正报销。……现拟派出洋之员弁学生，资有利钝、成有迟速，向章限三年期满，回华恐未必能速成，自应一律限定六年，学成务以考得优等文凭为度。责成各出使大臣出具切实考语，方准咨送回华。其由同文馆派出者，归臣衙门考试评定优劣，奏请分发沿海省分差委；其由各省派往者，归各督抚考试，一体量材委用。俟有成效，然后准其保奖，酌予升阶，以励成材而储远器。[①]

由是，留俄教育开始发生改变。

1899 年 10 月，第二批“住馆肄业”学生张庆桐与范其光、陈瀚、郝树基一道乘坐俄国义勇舰“萨拉叨甫”号赴俄。此 4 人均为京师同文馆高才生，如张庆桐、范其光、郝树基曾在 1898 年的同文馆三年大考中取得优异成绩，其中“监生郝树基，拟请以部寺司务，遇缺即选，并加六品馆；监生范其光，拟请以部寺司务，遇缺即选，并加六品馆；指分湖北试用县丞张庆桐，拟请免补本班，以知县仍留原省补用，并加同知衔。”[②] 而在出身背景、就学经历等方面，4 名学生则有所不同。如张庆桐于 1896 年考入同文馆学习俄文时已年逾弱冠，比一般同学年纪稍长。入学伊始，张庆桐的成绩并不尽如人意，曾一度心灰意冷，后在中国教习王季同、俄国教习柯壁确甫和总管学务官员袁昶的共同帮助下突飞猛进，最终得以被选为留俄学生。又如范其光，原名范启光，少年时便由其母送入京师同文馆学习俄文。而他入学的原因较为特

---

①《约章成案汇览》（乙篇卷 32 上）。

② 朱有瓛主编：《中国近代学制史料》（第 1 辑　上册），华东师范大学出版社，1983，第 83 页。

殊，由于同文馆学生除学习、生活由清政府全面负责外，还会获得一定数额的俸饷以示鼓励，所以范其光之母为培养长子范启源能够通过科举考取功名，就将幼子范其光送入同文馆，以便获取津贴补助家用。然而范启源屡试不第，范其光反而成绩优异，并考取到留俄资格。范家依靠范其光在同文馆及留学时获得的政府津贴维持了一家生活，甚至还在西单小院胡同购买了一处房产。[①]

抵达圣彼得堡后，出使大臣杨儒首先安排张庆桐等人的住宿事宜，将学生卧室安置在使馆四楼，共两个房间。然而4位留俄学子对此安排却不大满意，张庆桐有言道：

> 窃谓跋涉万里，原抱庄岳主意，今乃使自相咻，其意何居？忆甫到时曾贻书友人，谓国家增一培植之虚名，当道多一报销之实笔，吾国官场积习视国家公益不甚出力护持，与其视私人交情厚薄悬绝，殊不能为讳也。[②]

待张庆桐等人已安顿稳定，杨儒便安排他们进入圣彼得堡的“艺文学堂”就读，每人每月的食宿、学费支出为40卢布。这所“艺文学堂”实际上是始建于1872年的圣彼得堡师范学校。1897年9月20日，驻俄参赞陆征祥与师范学校校长签署了《圣彼得堡师范学校接纳中国使馆学生学习条件》，从此该校便成为培养中国留学生的一个重要基地。第一批“住馆肄业”学生邵恒浚、桂芳、陈嘉驹、李鸿谟也曾在此就读。[③]这所学校的学习与生活条件较为一般，尤其是在饮食方面。张庆桐曾抱怨“学堂中饭食异常清苦，初到时颇不习，有日中膳止黑面包一枚、奶腐一片”。为解决温饱问题，每逢周末张庆桐等便回到使馆与外交官员何秋辇闲谈，“借图一饱”。[④]在学业上，为提升人才培养质量，解决在俄学习时间过短问题，总理衙门将第二批“住馆肄业”学生的学习期限由3年改为6年。这种改革有利于留俄学子提高学业水平，譬如张庆桐便认为改成6年更有利于提高成绩，尤其是“大得力处正在此后三

① 宋路霞：《李鸿章家族》，重庆出版社，2005，第245页。
② 张庆桐：《俄游述感》，1912年自刊，第3页。
③ 阎国栋：《沟通中俄文化的先驱——张庆桐生平事迹补苴》，《俄罗斯文艺》2009年第2期，第110页。
④ 张庆桐：《俄游述感》，1912年自刊，第3页。

年中”[①]。张庆桐等人在“艺文学堂”共学习了3年时间，一方面张庆桐、范其光、陈瀚、郝树基的俄语水平得到了进一步提升，对俄国社会也有更深刻的了解，奠定了继续求学深造的基础；另一方面，由于“艺文学堂”总体教学质量不高，缺乏专业教育，所以引致“住馆肄业”学生不满。1903年，“住馆肄业”学生中的某人致信国内刊物，对其时在俄所受教育予以批评：

> 至其国之学校尚在幼稚时代，无程度无阶级，羼杂无章，视欧美、日本相悬霄壤，彼固利用愚民之术，不乐开通，飓滋敷耳，不知能长保此专制主义否也。比者中邮送来学生四人，无学堂可入，则入其所谓师范学堂，其中学课除每日授几钟语言外灵无物焉。前北京同文馆送来之学生，入此学二年配分入其所谓律学、铁路、矿物各专门学堂。律则随班德讲而已，矿与路固以图算暨工程为主，亦视人所学何如。盖彼之学问皆窃取佗（他）国，略而不完，且其本国文字不敷种种学问之用，即寻常文义借用英法德非国之文不少，惟为东方交涉计，为中等以下人之衣食计，则通译自亟亟耳，工学、商学、政治学一尚不足论矣。[②]

由是可见，受限于俄国教育水平及清廷对留俄学生学业的轻率安排，这一时期留俄教育在质量上尚难以令人称意，连少数几人都无法妥善对待，遑论培养更多数量的中国留学生。

1902年，出使大臣杨儒按照总理衙门指示，将已在俄国学习3年的张庆桐、范其光、陈瀚、郝树基送入各类专门高等学堂就读，“住馆肄业”学生由此进入专业知识学习阶段。[③]其中，张庆桐进入圣彼得堡大学攻读法政学科；郝树基入圣彼得堡矿务学堂攻读矿务专业[④]；陈瀚、范其光入圣彼得堡铁路大学堂攻读铁路专业。就读期间，张庆桐等人成绩优良，多次获得清廷的褒奖。1904年，时任出使俄国大臣胡惟德向清政府申请，为张庆桐等“住馆肄业”

---

① 张庆桐：《俄游述感》，1912年自刊，“自叙”。

②《在留俄国某君来函》，《政法学报》第3卷（1903年）第3期，第100—101页。

③ 出使大臣杨儒：《学生郝树基等分送专门各学堂又寄上谢恩折只代备安折恭递由》（光绪二十八年二月二十三日），（台北）“中央研究院” 近代史研究所，馆藏号02-12-005-01-010。《数位典藏与数位学习联合目录》http：//catalog.digitalarchives.tw/item/00/0c/77/ae.html。

④ 北京图书馆编：《地方志人物传记资料丛刊》“华北卷”（第19册），北京图书馆出版社，2002，第363页。

学生每人每月增加俸饷 10 两白银，以示对留俄学子的鼓励。[①]1905 年，胡惟德再次上奏清廷，称张庆桐、郝树基、范其光、陈瀚等 4 名俄文学生“在俄已届满六年”，“且该生等远涉波涛，积年刻苦，讲求科学，用资奖励。而该生等立志既远，植品尤佳”，所以“自应遵照部令，由臣按异常劳绩续行请奖所有”。此议获清廷批准，张庆桐等 4 人由此均升上更高官阶：

盐运使衔分省补用知府张庆桐，拟请免补本班，以道员分省补赏加二品衔；知府衔候选同知郝树基拟请免选本班，以知府不论双单月遇缺即选，并赏加盐运使衔；知府衔候选同知范其光拟请免选本班，以知府不论双单月遇缺即选，并赏加盐运使衔；五品衔分省补用知县陈瀚拟请免补本班，以直隶州知府分省补用，并赏加知府衔。[②]

除刻苦读书外，“住馆肄业”学生还有丰富的课余生活，他们可至俄国各地游历，以广见闻、增才识。如张庆桐在休假期间曾赴伏尔加河等俄国名胜游览，又至法、英等国参观考察。不仅如此，张庆桐还与同学威西纳合作翻译梁启超的名著《李鸿章》，并借赠书给俄国大文豪列夫·托尔斯泰之机与其通信，而托尔斯泰在 1905 年 12 月 4 日复张庆桐的信中表达了对中国人民与中华文化的敬佩之情。[③]此事对于沟通中俄文化交流而言，可谓意义重大。[④]

① 驻俄国大臣胡惟德：《俄大学生郝树基等自本年八月起应再各加 10 两以示鼓励由》（光绪三十年十月二十四日），（台北）“中央研究院” 近代史研究所，馆藏号 02-13-051-01-013。《数位典藏与数位学习联合目录》http: //catalog.digitalarchives.tw/item/00/0c/95/a7.html。

② 出使大臣胡惟德：《奏为前同文馆选派出洋学习俄文学生张庆桐等毕业请鼓励事》（光绪三十一年九月二十六日），中国第一历史档案馆馆藏档案：“军机处录副·光绪朝”，全宗号 03，缩微号 538-2554。

③ 张庆桐：《俄游述感》，1912 年自刊，第 22—24 页。

④ 托尔斯泰还曾与辜鸿铭有过书信往来。详见《俄国大文豪托尔斯泰伯爵与中国某君书》，《东方杂志》第 8 卷（1911 年）第 1 号。

托氏手書

图 2.3 《俄游述感》中的托尔斯泰肖像与手书信件

[资料来源]张庆桐：《俄游述感》，1912 年自刊。

1905 年年底，张庆桐、范其光、陈瀚、郝树基在俄国的修学期限已满，要对未来前途作出选择。张庆桐于是年冬起程回国，入职官场，先任“分省道北洋工务局会办”，后任海牙和平会议参赞。[①] 郝树基于同年 9 月起程回国。陈瀚、范其光为获得高等文凭，自愿留俄继续攻读学位。[②] 需要指出的是，就在张庆桐等人留学俄国期间，留俄教育开始了从“住馆肄业”式留俄教育到正规化留俄教育的转变，他们躬逢其时，成为近代中国留俄教育历史性转变的亲历者与见证人。

---

① 北京市档案馆编：《那桐日记》（下），新华出版社，2006，第 593 页。

②《近代史资料》编辑部编：《近代史资料》（总 92 号），中国社会科学出版社，1997，第 163 页。

第三章

确立与演进：近代中国留俄教育的正规发展

至20世纪初期，在历经“游历求知”与“住馆肄业”阶段后，近代中国留俄教育终于完成了历史性转型，成为完全意义上的正式留学教育，其教育目的、任务、过程均实现了正规化，且逐步构建起留俄教育管理体系。自是，留俄教育与留美、留日、留欧等留学其他国家或地区的教育活动共同组成了清末中国人留学教育大潮，并对近代中国的历史发展走向产生特定影响。

第一节　中央政府主导下的留俄教育

在清末留俄教育中，受清中央政府主导产生的官费、自费留俄活动是重要组成部分之一。所谓“受清中央政府主导”，是指属于此类型的官费、自费留俄教育的形成与发展，主要由清政府制定的对俄外交策略及相关留学政策所主导。

一、留俄教育发展的直接原因

这一时期的留俄教育能够从“住馆肄业”式转型为清中央政府主导下的正规官费、自费留学，其主要的直接原因不外下述四点：

其一，19 世纪末 20 世纪初中俄关系的剧烈变化，导致清王朝对外语、外交人才的需求量进一步增加，且对其质量的要求更胜往昔。有鉴于此，一些官员积极向清廷建言献策，请求考虑加大培养精通俄文俄语的外交、翻译人才的力度。接替杨儒出任驻俄公使的胡惟德便曾上奏《拟请东三省广储人才疏》，提出为栽培后进之才，“计俄文学堂，亟须多设。招选学徒……三五年后，择优送俄肄业。学成旋国，即派入地方官署，学习办公，且准其递保授职”[①]。而有留学俄国经历的张庆桐对加强留俄教育以培养外交人才的认识更为深入。在归国后撰写的《俄游述感》中，张庆桐在中国缺乏对俄外交人才与外交策略的问题上颇有感触。他还以泰国派遣亲王贵胄赴俄留学为例，明确指出中国派遣留俄学生在对俄文化外交上的作用，以及对于培养外交人才的意义，因而极力呼吁清廷必须高度重视发展留俄教育：

余深恐中俄交涉不阴不阳，驯致无策也。今我公使及边疆大吏所依赖者只二三不根之舌人，安怪其交涉无进步哉？东三省沃野数

① 近代史资料编辑部编著：《近代史资料》（总 100 号），中国社会科学出版社，1999，第 235 页。

千里，蒙古、新疆、西藏亦环卫最要之边，儌何以空言保守毫无布置？彼暹罗，豆国尔。其亲王在俄学习武备，遇宫廷大礼，拖俄太后长裙，俄人荣之，因此与诸权要皆通往还，其增交涉暗力岂少也哉？然暹罗限于力国，作用虽善，效果极薄。我若效之，其获益盖至大且远，即卑无高论亦当得二三对外人才，奈何至今不思也。即不然亦当广派子弟至俄游学，备储使才、边才。亦奈何至今不思也。[①]

这些清廷官员的建议对于清末留俄教育的发展起到了积极的推动作用。

其二，清末留俄教育尤其是自费留俄的发展，与其时俄国华人社会的逐渐形成密切相关。自19世纪下半叶沙俄侵华行径持续升级起，便有大量华人以各种方式进入俄国，其中既包括因《瑷珲条约》《北京条约》等不平等条约而被迫与领土一同割让给沙俄的人民，也包括俄国为开发远东广大地区招募的大量华工，还包括那些自发赴俄打工谋生的中国民众，他们均为其时俄国经济的发展作出巨大贡献。随着各类赴俄工作的中国人不断增加，在俄国国内尤其是远东地区逐渐形成了旅俄华人社会，为数众多的华人子弟开始在俄国接受教育，这也为其时中国人赴俄留学提供了一条途径，使自费留俄具备了可以实现并发展的条件。

其三，19世纪末20世纪初清廷对留学教育要求的变化，为留俄教育的进一步发展创造了必要契机。自甲午中日战争后，饱尝惨败苦果的清政府对日态度发生显著改变，开始尝试学习日本经验。由是，派遣学生赴日留学成为对外教育交流的重要方式。但是，这也导致其时各省所派出洋学生多以前往日本为主，而送往泰西各国者甚少，且学生素质良莠不齐，所学专业单一且多为速成。为提高留学教育质量，增加留学欧美学生数量，总理各国事务衙门于1899年上呈《奏遵议出洋学生肄业实学章程折》，强调向西洋国家派遣留学生的必要性："向来出洋学生学习水陆武备外，大抵专意语言文字，其余各种学问均未能涉及，即如农工商及矿务等项。"因而，总理衙门制定了《出洋学生分肄农工商矿等学详细章程》，"以备学成回华传授"。在奏折所附六条章程中，总理衙门请求清廷指示各封疆大吏，"宽筹常年经费，续派高

① 张庆桐：《俄游述感》，1912年自刊，第59页。

等学生出洋肄业”[①]，此议获准。于是，光绪皇帝于1899年和1902年先后两次下旨强调：“泰西各国，或以道远费多，资送甚少，亟应广开风气，著各省督抚，选择明通端正之学生，筹给经费，派往西洋各国，讲求专门学业，务期成就真才，以备任使。”[②]这就明确要求中国留学生的求学方向要从专门学习语言文字向其他行业转换，同时应多向西洋国家选派留学生，并诏令各省为留学教育提供经费支持。因此，进入20世纪后，从中央机构到地方各省纷纷遵照清廷旨意加大派遣留学生力度。

其四，俄国高等教育、科学技术的发展水平及教育管控模式，与清政府对留学教育的要求较为相符。在晚清中国人眼中，俄国尽管与英、法、美等同居西方资本主义强国之列，但其科学技术与高等教育的水平难以同英、法、美等相提并论。曾赴俄游历的缪祐孙在谈及俄国科学技术水平时便指出：“俄人于西学已落牛后，且多借重英美诸邦，兼之翻译，于要紧处言语便少，其机括一切名目，本不易通晓。”[③]俄国高等教育也存在“法政不如工艺，文学不如武备”的弊端，较之英、法、美等国稍逊一筹。当然，尽管俄国的科技、教育均存有明显缺陷，但在当时历史环境下，其高等教育与科学技术的发展水平仍然远高于中国，尤其在事关国力的军事、工业技术、农林冶矿等领域的教育水平更是位居世界前列。早在18世纪，俄国便形成了技术教育传统，建立起各类技术学校，比如矿业学校、炮兵学校、航海学校等。其中，俄国开办的第一所技术学校，是由彼得一世钦定在莫斯科成立的数学航海科学学校。高等工业学校的创建历史，则是从1774年6月28日在彼得堡开办矿业学校开始。[④]至20世纪初叶，俄国大学里的学术生活多元化已经可以与西方国家的大学相媲美。[⑤]由是，对其时中国而言，俄国的科技与高等教育发展水平都与清政府着意培养专业技术人才的目的相吻合。此外，沙俄政府对高等院校的教师、学生的管制极为严格，尤其在思想方面更是多加钳制，高等学校

①《约章成案汇览》（乙篇卷32上）。

②[清]朱寿朋编：《光绪朝东华录》，张静庐等校点，中华书局，1958，第4932页。

③顾廷龙校阅：《艺风堂友朋书札》（上），上海古籍出版社，1980，第297页。

④[苏]叶留金：《苏联高等学校》，张天恩、曲程、吴福生译，教育科学出版社，1983，第94页。

⑤[美]尼古拉·梁赞诺夫斯基、马克·斯坦伯格：《俄罗斯史》（第7版），杨烨、卿文辉主译，上海人民出版社，2007，第413页。

活动常常遭受到来自严厉法规的压力与官方的重重监视。这种做法就与清王朝管理留学教育的目标不谋而合，对促使清政府发展留俄教育起到了一定的推动作用。

二、官费留俄教育的发展

在清末十年间，正规化的官费留俄教育在清政府的号召下开始逐步发展。一些热心于留学教育的地方大员率先响应清廷指示，积极从本地选拔优秀人才派赴俄国留学。

（一）湖北对官费留俄学生的选派

最先着手选派留俄学生工作的地方官吏是署理湖广总督端方。1903 年，端方上奏《选派学生游学折》，以选派学生前赴美、德、俄三国游学的实际行动，积极回应光绪皇帝关于发展留学教育的谕旨。端方在奏折中细致分析了其时中国人留学的形势：

> 泰西则中国肄业者较少，功课亦极认真，臣每接见从前在欧美游学之人，其得有卒业文凭者大半学问精深，心术纯正，颇多可用之材。现在中国力行新政，所求正在此辈，若不广图造就，势必习于近便，继往无人。①

因此，鉴于留学欧美人员较为缺乏的现实情况，端方从湖北各学堂中选派锦铨等 8 人赴德、刘庆云等 10 人赴美的同时，又选拔了萧焕烈、严式超、夏维松、刘文彬前往俄国留学。端方之所以能够迅速完成留学生选派工作，主要得益于其时湖北较高的教育水平及张之洞、端方对留学教育的关注。早在张之洞出任湖广总督之时，便积极兴办新式文教事业，一批各级各类学堂陆续建立，这使湖北教育水平在全国名列前茅。至端方署理湖广总督后，湖北教育得到继续发展，又先后添设一批新式学堂。张之洞、端方在湖北实施的新式教育发展战略获得较大成功，甚至形成了享誉中外的影响力，正如端方在奏折中所言："近日中外教育家，往往因过鄂看视学堂，半皆许为完备，比

①[清]端方：《端忠敏公奏稿》，（台北）文海出版社，1967，第 284 页。

较别省所立，未有逾于此者。”[①] 尤其是湖北自强学堂（方言学堂）的建立，向莘莘学子提供了学习英、法、俄、德、日等国语言的良机，从而为晚清湖北留学教育发展创造了有利条件。如据 1906 年的统计，其时全国各省共有留日学生五千四百余名，而由湖北派遣的即有一千三百六十余名，约占总数的四分之一。[②] 正是基于已有的优良教育基础，端方才可以从容选拔出这批“志趣远大，于各国语言文字及各种西学门径已有基绪”的优秀留学生。端方对这些赴美、德、俄等国游学的湖北学生颇有信心，认为只要“使其尽心讲求”，便“不难储为大用”。由是，在学生出发前，端方不仅以“淬历忠爱之忱、深究国论之要”之言劝勉学生要努力学习，还选派“曾在美国肄业学成而归”的候选同知施肇基偕往经理留学事务。此外，端方亦想方设法为每年高达白银六七万两的留学经费提供保障，要求相关司局“竭力筹画以备应付”，并咨行外务部及出使美国、德国、俄国大臣对湖北留学生随时照料、考察与约束。[③]

1903 年 3 月，湖北留俄学生萧焕烈、严式超、夏维松、刘文彬抵达上海，准备办理乘船赴俄事宜。适逢原湖北留日学生监督钱恂与夫人单士厘从日本回国预备经俄国赴欧洲旅行，此时刚抵上海稍作停留，恰与四名留俄学生同住一家客栈。因萧焕烈等人在湖北自强学堂读书时与学堂俄文科始创者钱恂有师生之谊，于是得知此事的四人便于 4 月 1 日拜谒钱恂与单士厘，表达愿意与钱、单二人同赴俄国的想法。钱恂对此事倒费了一番踌躇，曾与单士厘商量是否“避嚣”。若从钱恂与四名留俄学生的情谊，以及钱恂曾担任湖北留日学生监督的经历出发，应允同行之请合情合理。但是，因早先与张之洞在政见上发生矛盾，思想较为进步的钱恂已于 1901 年自动请辞湖北留学监督一职[④]，“不欲再闻鄂事”。然而，考虑到“四生初离乡井，即沪上已不免生疏，何况异国”，且萧焕烈等人“其情恳切”，所以钱恂经再三考量，要求四名留俄学生“自行电询湖北请进止”，并告知“月之廿二日方有‘伊势丸’自长崎向海参崴，必于月之十四日由上海行乃合宜”的消息。后经湖北方面同

①[清]朱寿朋编：《光绪朝东华录》，张静庐等校点，中华书局，1958，第 5165 页。
② 陈青之：《中国教育史》，商务印书馆，1936，第 634 页。
③[清]端方：《端忠敏公奏稿》，（台北）文海出版社，1967，第 284—285 页。
④ 范铁权：《钱恂生平史事述论》，《河北大学学报（哲学社会科学版）》2010 年第 6 期，第 83 页。

意，钱恂在上海代为萧焕烈等留俄学生处理留学相关事宜。[①]4月8日，钱恂便为四名留俄学生办理汇款事务，“分析公私，划算数目”，但此事极为琐碎。其时中国国内使用的货币较为混乱，

所用或不一之生银块，或不一之外国银货，或不一之本国银元，此次湖北交到之款为盐库平银。盐库平者，湖北盐道衙门所用银块之轻重名也。全国所谓平者以百数，而以库平为最重。曰库平，表其重于他平；曰盐库平，又表其轻于库平。究值几何？任市侩之判断而已。各生所携零碎私款，半为湖北自造之银元，此银元又非上海所通用。种种歧异，一经换算，层层折蚀。更欲备日本币、俄币两种为旅用，宜其烦矣[②]。

所幸钱恂与四名学生“情谊相关”，且有出任留学生监督的经验，所以顺利完成汇款工作。4月11日，钱恂与单士厘携四名留俄学生乘坐“弘济丸”号轮船启程日本赴长崎，送行者有数十人。至海参崴后，钱恂与单士厘在办理入境手续时先由驻俄中国公使给凭，后由驻日俄国公使签字，四名留俄学生则由湖广总督给凭，另有俄国驻汉口领事签字，且须支付例费。5月6日，钱恂一行从海参崴乘坐火车向圣彼得堡出发。其间旅途甚为辛劳，有时甚至没有火车铺位，夏维松便有在餐车过夜的经历，直至抵达克拉斯诺亚尔斯克后各人方均有位置。5月23日，钱恂等人到达莫斯科，驻俄公使胡惟德委托陆征祥迎接招待。5月26日，钱恂一行抵达圣彼得堡。[③]到俄后，萧焕烈、严式超、夏维松、刘文彬由驻俄公使胡惟德妥善安排。胡惟德在1903年6月15日致外务部的电文中报告：“现鄂省端中丞派来俄文学生四名，业于上月由钱参赞恂携带同来，已为分别代觅教习，寄寓其家，以收庄岳之效。俟彼语言驯熟，再为分派学堂。”[④]四名湖北留学生就此开始了在俄学习的历程。

（二）黑龙江官费留俄学生的派遣

在支持留学教育的地方大员中，除端方外，黑龙江将军程德全出于对黑

---

① 钱单士厘：《癸卯旅行记·归潜记》，杨坚校点，湖南人民出版社，1981，第35页。
② 钱单士厘：《癸卯旅行记·归潜记》，杨坚校点，湖南人民出版社，1981，第37页。
③ 钱单士厘：《癸卯旅行记·归潜记》，杨坚校点，湖南人民出版社，1981，第96—97页。
④ 近代史资料编辑部编：《近代史资料》（总95号），中国社会科学出版社，1998，第25页。

龙江教育发展水平及所处地理环境等因素的周全考虑，对派遣留俄学生同样极为重视。

就教育发展水平而言，清代黑龙江因地处边陲，天寒人稀，重武备轻文化，加之长期施行“封禁政策”，所以教育长期处于低水平状态。1695 年（康熙三十四年），黑龙江墨尔根（今嫩江市）两翼始设立满官学，但学生只学习满文与骑射。至乾隆年间，黑龙江方有私塾开办。到 1796 年（嘉庆元年），在齐齐哈尔开始有学习汉文的汉官学出现。[①] 至 19 世纪末期，黑龙江的俄语教育获得一定发展，前文曾详述的珲春俄文翻译书院与黑龙江俄文学堂为黑龙江本地培养了一定数量的俄语人才。总体而论，程德全主政前的黑龙江近代教育，既远逊于内省，又落后于辽吉。1905 年，程德全因在政治、军事及对俄外交等方面屡有功绩而获清廷重用，被委任为署理黑龙江将军，全权处理黑龙江省军政事务。上任伊始，程德全便高度关注黑龙江教育，想方设法推动当地教育发展。1901 年 1 月 4 日，程德全上奏《黑龙江省筹办学堂大概情形折》，在向清廷汇报黑龙江教育状况的同时亦提出发展建议：

> （黑龙江的学生）既不习国语清书，又不谙中外诸学，其聪强者略能辨识文字，入署当差，视为已足自余，颛蒙无识，比比皆是，坐令聪颖子（第）[弟]废弃于冥之中[此句疑有脱误]，深为可惜。其所属蒙古各部，尤为荒陋，此旗籍学程幼稚之实在情形也。

为提高教育水平，程德全提出了具体办法：“各处兴学，总须士民程度稍有基础，方可借以推展扩张”，因此“先就省会暨各属一律赶设小学堂”，然后“考选学生出洋学习师范”，“俟小学堂教育稍有可观，再将高等学堂、中学堂推广、增设”。[②] 由是可见，当清廷下达谕旨号召派员赴泰西留学之时，重视教育的程德全必然会借此良机选送留俄学生。

此外，黑龙江所处的特殊地理位置及由此引发的对俄外交事务，亦是促使程德全派遣留俄学生的重要因素。正如他本人在 1906 年 6 月 17 日上奏的《学

① 齐齐哈尔市政协文史资料委员会编：《龙沙教育史料》（齐齐哈尔文史资料第 23 辑），1995 年印行，第 244 页。

② 李兴盛、马秀娟主编：《程德全守江奏稿》（外十九种）（上），黑龙江人民出版社，1999，第 283 页。

生赴俄游学》中所言：

> 朝廷广开风气，锐意振兴，上年特旨，考试出洋学生优予官职，意在选柬俊髦，以维新政。海内有志之士，闻风兴起，朝欧西而暮东亚，寰球万国，视若户庭。查各省咨送外洋肄业学生，若日若美，若英法德，为数约以万计，独于俄则寥寥无几。亦以内地离俄较远，交际无闻，固不必视为急务。江省界连壤接，密迩周旋，将来两国铁轨大通，界务、商务以及一切交涉事宜，接踵而起。若于彼都政事俗尚不加深究，何以收安内辑外之效？[①]

正是基于为东北边疆培养对俄外交人才的考虑，程德全于1906年和1907年先后派遣王忠相、车席珍、朱绍阳、王佐文、车仁恭、刘雯、朱世昌、唐宝书、李毓华、钟镐等十人，前往俄国圣彼得堡学习勘探、矿物、理化、法政、商务、军事等专业。程德全对于留俄学生寄予厚望，“所愿诸生博通中外，条贯古今，为日后折冲樽俎之选”。值得注意的是，其时“派赴外洋留学例须中学堂毕业之生”，但由于黑龙江教育水平较低，“省城中学堂及优级师范选科均尚未至毕业之期，此外亦无娴习外国语言堪以直接听讲之人，无可通融派遣”，所以在这十位符合留俄条件的学生中有相当一部分为外省籍人士。[②]

然而，程德全对黑龙江留俄学生的派遣并非一帆风顺。1907年9月9日，《盛京时报》刊登了一篇题为《追缴游俄学生咨文》的新闻，内称：“黑龙江省派赴游俄学生钟镐等曾经领咨赴俄，虽经该省巡抚咨明学部立案，惟复查该生游俄于定章有大相违背之处，请仍咨驻俄公使，将该生咨文追缴，勒令从速回国。”[③]导致出现此情况的根本原因是，学部于1906年4月颁行《限制出洋学生办法》，要求“嗣后出洋留学各学生，无论私费公费均须先由学部或各省学务处考试合格再行咨送出洋，不能听其自便，以定限制而觇程度”[④]。这就对黑龙江选送留俄学生活动构成一定阻碍，所幸最终仍得以解决。王忠相等黑龙江留俄学生抵达俄国后，首先“在校外豫备年余”，然后“始入普

---

① 李兴盛、马秀娟主编：《程德全守江奏稿》（外十九种）（上），黑龙江人民出版社，1999，第384页。

② 李毓澍主编：《东三省政略》卷九“学务”，（台北）文海出版社，1965，第5791—5792页。

③《追缴游俄学生咨文》，《盛京时报》1907年9月9日。

④《限制出洋学生办法》，《申报》1906年4月30日。

通学校”，再经过三年的普通课程学习后“始入专门学校”。此外，黑龙江留俄学生均享有每人每月165卢布的官费待遇。[①]

（三）其他渠道选送的官费留俄学生

就在湖北、黑龙江积极派遣留俄学生的同时，为响应清廷关于多派学生留学泰西的号召，又有部分省份及清中央管理、教育机构陆续选送了一定数量的官费留俄学生。

1903年12月21日，管学大臣张百熙上呈《奏派学生前赴东西洋各国游学折》，其中指出：

> 造就人才，为当今急务。前据江南、湖北、四川等省选派学生出洋游学，用意甚善……仰见朝廷育才兴学因时制宜之至意，莫名钦服。上年臣百熙于召对时，曾蒙懿训，深以教习乏才为念。当经奏陈京师大学堂宜派学生出洋，分习专门，以备教习之选……亟应多派学生，分赴东西洋各国，学习专门，以备将来学成回国，可充大学教习。

有鉴于此，张百熙从速成科学生中挑选出余棨昌等31名学生拟派赴日本留学，又选拔出何育杰、林行规等16人拟派往西洋各国游学。张百熙称赞所选学生“志趣纯正，于中学均有根柢，外国语言文字，及各种普通科学，亦能通晓。大凡置之庄岳，假以岁时，决其必有成就”。此奏折获光绪皇帝钦准，并指示：“师范学生，最关紧要，着管学大臣，择其心术纯正学问优长者，详细考察，分班派往游学。”[②]在京师大学堂派赴西洋的16名留学生中，柏山、魏渤及刘光谦前往俄国学习。1904年4月，魏渤与柏山先后获得了清廷的批准及俄国驻华公使雷萨尔颁发的签证，继而启程赴俄。他们于1904年6月抵达俄国，进入圣彼得堡皇家大学堂攻读法政专业。[③]刘光谦的情况则较为特殊，

---

①谢岚、李作桓主编：《黑龙江省教育史资料选编》（上编），黑龙江教育出版社，1988，第473页。另据《东三省政略》载，黑龙江留俄学生每人每月享有的官费金额为120卢布。

②王学珍、张万仓编：《北京高等教育文献资料选编（1861~1948）》，首都师范大学出版社，2004，第131—132页。

③刘真主编，王焕琛编著：《留学教育——中国留学教育史料》，（台北）“国立”编译馆，1980，第659页。另据《学务处为译学馆学生出洋游学请给护照事致外务部咨呈（附粘单）》（1904年4月8日）载，柏山所学专业为铁路学（详见北京大学、中国第一历史档案馆编：《京师大学堂档案选编》，北京大学出版社，2001，第239页）。录此待考。

他原本为学堂的体操教习，并无任何外语基础，到俄后难以适应留学生活，只好另觅他途。曾赴法国留学的京师大学堂师范馆学生潘敬，在巴黎时与刘光谦偶遇，据刘光谦介绍："在圣彼得堡年余尚未将俄文习好，不能入学校听讲，于是申请公使馆设法改派来此邦。公使为之转请北京，果得批准。"[①]

在中央机构中，成立于1906年的邮传部在派遣留学生方面亦不甘居后。1907年5月30日，邮传部上奏《请饬各国驻使考察四科留学生送部差遣片》，其中提出：

> 臣部创办伊始，所辖四政或为科学之专门，或有管理之新法，自非出洋留学多年深造有得之士断难胜任快愉。查外务部奏定储才馆章程，以游学毕业生为上选，各部调用人员亦多取材于外洋学生。臣部需才孔亟，自应仿照办理。拟请饬下外务部行咨各国驻使悉心考察，如留学生所习科学与臣部四政相关，确有心得，足备器使者，由该使臣查验毕业文凭，出具切实考语咨送回国，归臣部差遣，以资臂助。如果试验得力，再当分别程度高下，或留部补用，或酌派差使，冀收集思广益之效。如蒙俞允，即由臣部咨行外务部遵照办理。[②]

基于这一政策，邮传部一方面奏调已毕业的留学生充任本部职员，另一方面也在仍处海外的留学生中寻觅考察适当人选筹给官费。其时尚在俄国圣彼得堡铁道学院学习铁路建设专业的江苏自费生李宝堂，由此转为邮传部官费生。

除清中央机构外，江苏、吉林等省亦效仿湖北、黑龙江的做法选派留俄学生。1906年，自费留俄的江苏学生魏立功因表现优异，获得了正在俄国访问的考察政治大臣户部侍郎戴鸿慈、湖南巡抚端方的肯定。戴鸿慈与端方以电报方式将其情况告知江苏巡抚陈夔龙，内称："学生魏立功，海门人，学行均好，惟困于资，拟恳改给官费，以成其材。"陈夔龙迅即电复照办，并通报学务处遵照办理。[③]由是，魏立功转为江苏官费留学生，并于1908年入圣彼得堡商学院学习商务专业。1907年，肄业于京师同文馆的李垣经吉林将军达桂选送入圣彼得堡大学，成为吉林官费留俄学生，每年获得1000卢布资

① 全国政协文史资料委员会编：《文史资料存稿选编·教育》，中国文史出版社，2002，第765页。
② 邮传部编：《邮传部奏议类编·续编》，（台北）文海出版社，1967，第39页。
③《留俄学生改给官费》，《申报》1906年7月16日。

助。[①]

（四）官费留俄学生情况汇总

鉴于官费留俄学生的选送渠道多样，且抵俄与归国时间、自身情况及攻读专业各异，因此为了便于人们进一步了解清末官费留俄生的大致情形，现将其中资料较全者汇总列表（见表3.1）示下：

表3.1　晚清部分官费留俄生情况一览表

姓名	籍贯	到俄时间	何处咨送	到学年月	所在院校	专业	毕业时间	毕业去向
柏山	广州驻防镶白旗满州	光绪三十年五月	京师大学堂译学馆	光绪三十年八月	森堡大学堂	法政科	宣统二年	回国
魏渤	江苏海门厅	光绪三十年五月	京师大学堂译学馆	光绪三十年八月	森堡大学堂	法政科	宣统二年	回国
萧焕烈	湖南衡州府清泉县	光绪二十九年五月	湖北	光绪三十年七月	森堡大学堂	法政科	预计宣统三年	回国
严式超	湖北黄州府黄冈县	光绪二十九年五月	湖北	光绪三十年七月	森堡大学堂	政法专科	拟于宣统元年	光绪三十三、三十四年暑假护送病重同学夏维松回国
魏立功	江苏海门厅	光绪三十年四月	江苏	光绪三十一年八月	森堡中等实业学堂	—	宣统二年	商务学堂毕业后入军医大学堂
				光绪三十四年八月	森堡商务学堂	商务普通科		
朱世昌	安徽桐城县	光绪三十二年闰四月	黑龙江	光绪三十三年八月	森堡矿务学堂	勘苗科	民国初年	—
车席珍	黑龙江省海伦厅	光绪三十二年闰四月	黑龙江	光绪三十三年八月	森堡矿务学堂	矿务专科	民国初年	回国
唐宝书	广东香山县	光绪三十二年闰四月	黑龙江	光绪三十三年八月	森堡大学堂	格致科	民国初年	—
车仁恭	黑龙江省巴彦州	光绪三十二年闰四月	黑龙江	光绪三十三年八月	森堡大学堂	法政科	民国初年	—
王佐文	黑龙江省呼兰府	光绪三十二年闰四月	黑龙江	光绪三十三年八月	森堡大学堂	法政科	民国初年	—

① 李毓澍主编：《东三省政略》卷九“学务”，（台北）文海出版社，1965，第5772页。

续表

姓名	籍贯	到俄时间	何处咨送	到学年月	所在院校	专业	毕业时间	毕业去向
王忠相	黑龙江省海伦厅	光绪三十二年闰四月	黑龙江	光绪三十三年八月	森堡实业学堂	商务法律	民国初年	回国
朱绍阳	湖北武昌府兴国州	光绪三十二年闰四月	黑龙江	光绪三十三年八月	森堡商业学堂	商务专科	民国初年	—
李毓华	吉林省吉林府	光绪三十三年六月	黑龙江	光绪三十三年八月	森堡大学堂	法政科	民国初年	回国
刘雯	吉林省吉林府	光绪三十二年闰四月	黑龙江	光绪三十四年八月	森堡矿务学堂	矿务专科	民国初年	回国
钟镐	吉林满洲镶黄旗	光绪三十三年六月	黑龙江	—	陆军马队学堂	—	照章四年毕业	回国
李宝堂	江苏上海县	宣统元年三月	邮传部	光绪三十三年八月	森堡铁路大学堂	铁路专门科	民国初年	回国
陈瀚	江苏江宁府江浦县	光绪二十五年十一月	外务部	光绪二十八年	俄京道路学堂	道路工程	—	光绪三十一年商部札调，三十二年伊犁将军奏调
范其光	江苏江宁府上元县	光绪二十五年五月	外务部	光绪二十八年九月	俄京道路学堂	桥工、铁路等	—	光绪三十一年商部札调，三十二年分通艺司行走
李垣	顺天府大兴县	光绪三十三年十二月	吉林	光绪三十四年	森堡大学堂	—	照章四年毕业	回吉林省

[资料来源]刘真主编，王焕琛编著：《留学教育——中国留学教育史料》，（台北）“国立”编译馆，1980，第659—668页。

上表所列官费留俄学生共计19名，由1909年出任留俄学生监督的章祖申统计。此外，由于晚清驻俄使馆管理留学生的能力有限，难以全面调查掌握其时全部中国留俄学生的准确情况，所以尚有部分官费留俄学生因资料不全等原因无法列入表内，现对其情形概述如次：

湖北选送的夏维松因病于1907年由同学严式超护送提前回国。病愈后，夏维松受到时任湖广总督赵尔巽的召见与考核。赵尔巽对夏维松“颇深嘉许”，下达谕令“随往川省酌量委用”。[①] 此后，夏维松再度赴圣彼得堡大学完成法学专业学习。严式超与刘文彬先后转入欧洲其他国家就学。[②]

1903 年 9 月 28 日，自费留俄生陈颇抵达俄国，后于 1904 年 6 月 23 日转为外务部官费生。[③]1904 年 7 月，陈颇自愿选择入俄国“户部所设之学堂内”学习商务实业，经驻俄公使胡惟德与俄方商洽，该生志愿得以实现，并在胡惟德帮助下顺利入住学堂宿舍。[④] 同在 1903 年，京师大学堂译学馆选拔优等学生吴庆嵩等 15 人分赴英、俄、德、法四国留学。[⑤] 其中，俄文科甲级学生陈大岩、陈浦受派赴俄。[⑥]

另外，尚有到俄具体时间不详的留俄学生。譬如 1905 年“清末五大臣”出洋考察之时，陪同端方、戴鸿慈访问的随从人员中便有一位名为岳昭燏的官费留俄学生。[⑦] 访俄期间，岳昭燏的表现极为优异，先后获得戴鸿慈、陆征祥等官员的褒奖。1906 年，时年 27 岁的岳昭燏由考察政治大臣戴鸿慈等保荐升阶同知。1908 年，岳昭燏又获出使荷兰大臣陆征祥保荐，升为“免选同知本班，以知府尽先即选并加三品衔”。[⑧]

就在上述官费留俄学生攻读法政、商务、勘探、矿物、军事等专业的同时，亦有资料显示，清中央政府于 19 世纪末秘密选派少量官费留学生赴俄国学习军事。据 1899 年 12 月日本大阪《每日新闻》报道，清廷派遣了 6 名海军军官乘坐“俄国义勇舰”前往圣彼得堡，“入夸络痕司他之托海军学校中肄习行军之法”，并称“华官之赴俄习武事者此为嚆矢”。为保密起见，这些中国海军军官均穿着“西洋装束”，“乍见之，几疑为日本人”。[⑨] 鉴于此新闻发布的时间距甲午中日战争结束相距不过数年，其时中、日、俄三方关系错

---

①《留俄学生回鄂》，《申报》1908 年 4 月 27 日。

② 杨树人：《俄国事务专家夏维松先生的回忆》，《传记文学》第 1 卷（1962 年）第 3 期，第 24 页。

③ 出使大臣胡惟德：“奏为赴俄学习期满官学学生陈颇勤苦耐学请奖励事”，光绪三十二年十一月十一日，中国第一历史档案馆馆藏档案：“军机处录副・光绪朝”，全宗号 03，缩微号 538-2587。

④ 近代史资料编辑部编：《近代史资料》（总 95 号），中国社会科学出版社，1998，第 48—49 页。

⑤《各省游学汇志》，《东方杂志》第 2 卷（1905 年）第 11 期，第 294 页。

⑥ 陈初辑：《京师译学馆校友录》，文海出版社，1978，第 32 页。另据译学馆甲级俄文学生蔡璐回忆，留俄学生为陈大岩等三人。[参见全国政协文史资料委员会编：《文史资料选辑》（第 140 辑），中国文史出版社，2000，第 198 页。]

⑦ 敷文社编：《最近官绅履历汇编》，（台北）文海出版社，1970，第 173 页。

⑧《出使大臣陆征祥奏请将随使人员岳昭燏改奖片》，《政治官报》1908 年第 117 期，第 5 页。

⑨《留学俄都》，《申报》1899 年 12 月 23 日。

综复杂，加之信息在传递过程中存有失真可能，故其真实性尚待考证。若内容属实，确如报道所言，这批留学生便可谓开中国人赴俄学习军事的先河。

官费留俄教育的出现，对晚清留俄教育具有重要促进作用，直接推动其时留俄教育迅速发展。由是，在 20 世纪之初的很多俄国高校都有中国学生的身影出现。除前述若干大学外，招收中国学生的高校还包括军医学院、交通学院、叶卡捷琳娜女皇矿业学院、彼得大帝工学院、伊尔库茨克矿业学校、尼古拉耶夫轻骑兵学校等。这些俄国高校根据中国外交使团的请求，并经大臣乃至沙皇批准，将中国学生列为旁听生。[①]

三、自费留俄教育的形成

相对于官费留俄学生的有迹可循，自费留俄学生由于情况复杂、来源多样显得形态各异，且因资料匮乏更难以做到精细统计其具体人数及探究他们的留俄经历。

自费留俄学生出现的时间实际上要早于官费留俄学生，且在发展初期多为少数民族学子。导致这种情况出现的主要原因在于，其时因中俄关系演变而致东北、西北边疆地区对俄教育交流方式产生变化。

自费留俄学生最先出现在新疆。1866 年，新疆锡伯族人福善随父母前往俄国，1880 年回国后，他一直在塔城从事汉、满、维、俄等多种语言文字的翻译工作。[②]1871 年至 1881 年间沙俄悍然侵占伊犁后，使中俄两国原有边界遭到破坏，这是 19 世纪末沙皇俄国侵华的重要一环，受此影响，其时新疆地区的许多青年开始前往俄国，甚至是到土耳其、阿拉伯地区、埃及和欧洲国家经商或学习科学知识及语言。[③]1883 年，在新疆阿图什县伊克莎克乡出现了一所既授宗教课程又讲科学知识的新式教育机构。至 1885 年时，为提高授课

①А. Г. Ларин. Китайские мигранты в России. История и современность. -М.: Восточная книга, 2009, с.64.

② 中国人民政治协商会议伊犁哈萨克自治州委员会文史资料和教文卫体委员会编：《伊犁文史资料》（第 18 辑），2002，第 74 页。

③ 中国人民政治协商会议伊犁哈萨克自治州委员会文史资料研究委员会编：《伊犁文史资料》（第 7 辑），1990，第 75 页。

教师的文化知识水平，该校创办人胡赛英·木沙巴耶夫与巴吾东·木沙巴耶夫即派出克里木阿洪等 7 名学子赴俄国喀山师范学校留学。这些留学生在俄学习三年，于 1888 年回国，继续在伊克莎克乡的新式学校任教。到 1892 年，该地派往国外求学者人数有所增长。巴吾东·木沙巴耶夫亲自主抓派遣学生赴俄留学事务，他选派了一批富有才华的青年，并为这些留俄学生提供所需的全部费用。自是而后，在晚清时期该校又陆续派出 50 余名学子分往俄国、土耳其等国留学。[①] 进入 20 世纪后，新疆自费留俄学生常常借助与俄为邻的地理优势，前往"较为近便"的"与伊交界之俄国地方就学"。[②] 如在 1913 年，锡伯营三牛录的阿昌阿、觉洛、德全、文合尔图自费到俄国阿拉木图上中学。[③] 塔塔尔族也曾派出留俄学生。1910 年，塔塔尔族的吾玛尔阿杰在塔城地区建立了第一所新式学校。为解决师资问题，吾玛尔阿杰派其子阿不都热合曼等一批学生到俄国喀山留学。这批学生学成归来后，充实到学校教学第一线，极大推动了这所新式学校的发展。[④]

就在新疆自费留俄教育发展的同时，来自东北地区、蒙古地区及其他地方的自费留俄学生亦不乏其人，且情况各异。蒙古地区的自费留俄教育同样起步较早，如程德全主政黑龙江时期，其麾下便有一位名为阜海的哈喇沁蒙古族人早年曾赴俄国"学习语言文字"，后于 1900 年投入程德全帐下。程德全称赞此人"于彼都政教风尚颇能识其大略"，经累次考验查明其"深资得力"，因而向清廷申请将阜海列入巴尔虎旗当差。[⑤]

东北地区的自费留俄情况更为复杂，其原因主要在于受俄国企图吞并中国东北的野心及远东地区旅俄华人数量增加等复杂因素影响。一方面，1858 年和 1860 年沙俄先后通过不平等的《瑷珲条约》《北京条约》割占了中国外

① 中国人民政治协商会议新疆维吾尔自治区委员会文史资料研究委员会编：《新疆文史资料选辑》（第 13 辑），新疆人民出版社，1986，第 80—81 页。

② 中国社会科学院近代史研究所近代史资料编辑部编：《近代史资料》（总 95 号），中国社会科学出版社，1998，第 36 页。

③ 中国人民政治协商会议伊犁哈萨克自治州委员会文史资料和教文卫体委员会编：《伊犁文史资料》（第 18 辑），2002，第 75 页。

④ 中国人民政治协商会议伊犁哈萨克自治州委员会文史资料研究委员会编：《伊犁文史资料》（第 3 辑），1987，第 22 页。

⑤ 署理黑龙江将军程德全："奏为查明哈喇沁蒙古人阜海能识俄国语言文字请准列入巴尔虎旗当差事"，光绪三十二年四月二十九日，中国第一历史档案馆馆藏档案："朱批奏折"，宫中全宗号 04，档号 04-01-12-0649-091。

兴安岭以南、黑龙江以北和乌苏里江以东一百多万平方千米的土地，在黑龙江与俄国远东地区之间便有着长达 64 年（1858—1922）的“开交通”时期。在此期间，黑龙江沿岸的两国人民不用证件，可以自由往来。[①] 由是，黑龙江地区前赴俄国者日增。据 1909 年的统计，黑龙江省前往外国者以赴俄为最多，具体情况如表 3.2 所示：

表 3.2　1909 年黑龙江省赴俄及定居人数表

	前赴俄国人数	寄居俄国人数
龙江府	2644	75
呼兰府	2	—
兰西县	8	18
瑷珲县	19	18
呼伦厅	242	—
合计	2915	111

［资料来源］柳成栋整理：《清代黑龙江孤本方志四种》，黑龙江人民出版社，1989，第 168 页。

在此形势下，该地自费留俄人数日趋增多。据《黑龙江志稿·学校志》载：“出洋留学之人数，亦逐渐增加。最近留学俄、日之学生，其数超过晋、豫各省。”[②] 另据《呼兰府志·学务略》载，20 世纪初呼兰府有 4 名留学生在俄国圣彼得堡留学，其中“呼兰三人，巴彦一人”。[③]

另一方面，自 1896 年中俄签订《中俄密约》与《合办东省铁路公司合同章程》后，沙皇俄国便攫取了东省铁路的占地、筑路、经营等项特权。由是，沙俄侵华的罪恶行径持续升级，中国东北进一步沦为沙俄势力范围。其间，在 1904 年爆发的日俄战争中沙皇俄国遭受惨重失败。为恢复在远东的原有地位，沙俄政府采取一系列措施加强在远东地区的殖民经营，这对远东地区旅

① 中国人民政治协商会议黑龙江省黑河市委员会文史资料研究工作委员会编：《旅俄华侨史料选》（《黑河文史资料》第 8 辑），1991，第 72 页。

② 万福麟监修，张伯英总纂，崔重庆等整理：《黑龙江志稿》卷二十五 “学校志”，黑龙江人民出版社，1992，第 1104 页。

③ 黄维翰编：《呼兰府志》卷七 “学务略”，（台北）成文出版社，1974，第 536 页。

俄华人数量及其自费留俄教育产生了影响。根据1897年统计，其时在俄国有57459名中国人，其中41112名在远东和西伯利亚。到1910年，在俄国远东地区有111466名中国人。[①]另有数据指出，1906年至1910年间，仅从直隶、山东经大连、营口北上进入俄国的中国人就有35万，另有近20万人乘坐轮船经海参崴进入俄国。[②]旅俄华人的职业分布相当广泛，计有农工、仆役和日杂工、船舶和铁路工等。[③]他们对19世纪末至20世纪初俄国远东地区经济发展具有重大作用，尤其是在建筑、维修、铁路等与基础建设密切相关的领域。[④]随着在俄中国人数量的增多，华人社会亦开始逐步形成，并因政治、经济等因素而分成不同阶层。[⑤]其中，经济状况较优的商人占有重要地位。据1908年的不完全统计，在当时的海参崴，拥有20万元以上资本的华商有十六号，2万元以上资本的约有一百余号，千元、百元以上资本的约四五百号。黑河对岸的布拉戈维申斯克市亦有华商五百余家。[⑥]这些掌握资本并获得一定社会地位的中国商人，开始陆续将子弟送入当地俄国学校就读。[⑦]

此外，还有部分在俄国远东地区及中国东北地区经营边贸生意的商人，也将子女送往圣彼得堡等地留学。如在1904年8月17日，驻俄公使胡惟德在致外务部的电报中报告：

> 崴埠粤商关、旅顺粤商冯，各遣子弟一人来森留学，已历三年。近因战事，信阻资绝。学堂中向使馆商办。德思出洋留学系遵旨事件，自备资斧尤宜加奖劝设。因资绝废学，功辍丰（半）途，诚非国家本意，可否暂由部拨官款支给，每年每人以千金为限，不过一年，战定信通，

①А. Г. Ларин. Китайские мигранты в России. История и современность. -М.: Восточная книга, 2009, с.23.

② 复旦大学历史系《沙俄侵华史》编写组：《沙俄侵华史》，上海人民出版社，1986，第355页。

③ 赵俊亚：《旅俄华人研究》，吉林大学博士学位论文，2007，第47页。

④Г.Н. Романова. Китайские рабочие в экономике Дальнего Востока России и проблема национальной безопасности на рубеже XIX-XX вв. Россия и АТР. 2011. № 3.

⑤А.И.Петров. Изучение китайцев в России. 1858-1884 гг. Россия и АТР. 2005. № 3；В.В.Мерк. Китайская община восточной Сибири в1920-е годы. Вестник Новосибирского государственного университета. Серия: История, филология. 2007. Т. 6. № 4.

⑥ 中国人民政治协商会议黑龙江省黑河市委员会文史资料研究工作委员会编：《旅俄华侨史料选》（《黑河文史资料》第8辑），1991，第15—16页。

⑦А. Г. Ларин： Китайские мигранты в России. История и современность. -М.: Восточная книга, 2009, с.61.

仍由该商本家续给，在国家所费不多，而可得劝商奖学之效。[①]

此封电报既表达了胡惟德对自费留俄生的关爱，亦透露出其时部分自费留俄生的求学艰辛。然而，胡惟德请求资助自费留俄生的建议最终未被采纳，外务部在回电中称："自费游学甚多，开端恐难为继，未便拨款。"[②]不久之后，这两名中国学子便因学费断绝被遣回国。当然，也有自费生因学业成绩优良、综合素质突出而获得驻俄使馆的肯定与聘用。如在1904年9月12日，胡惟德在致外务部的电报中提出："自资学生吴文泰、舒英材极可造，亟应起给薪水，留襄公事，以资造就。"[③]字里行间充分表明了他对自费留俄生才华的高度评价与认可。

除上述自费留俄者外，其时比较典型的自费留俄个案还有如下几例：曾长期从事外交及外语教育工作的李家鏊，于1886年自费出洋学习。其先后至英、俄两国学习语言，并于1887年11月担任驻俄使馆翻译。1903年，自费留俄生吴文璐、陈渤于8月间先后抵达俄国。[④]曾作为张作霖部下充任东北辽吉黑热四省经略公署交际处长的杨卓，少年时期亦曾赴俄国接受良好教育，对俄文俄语颇为精通，在东北与苏俄交往过程中发挥了关键作用。参加过共产国际第一次代表大会并受到列宁接见的张永奎，少年时因被俄国医生收养而寄居俄国，后于1906年和1915年分别考入彼得洛夫斯克第一中学、彼得堡大学法律系学习。[⑤]著名的同盟会会员、进步的社会活动家张西曼，则于1911年前往俄属海参崴留学，以京师大学堂肄业生身份转入俄帝国东方语文专科学校（后改为东方大学）研究政治经济。[⑥]另据1903年9月27日驻俄公使胡惟德致外务部的信函显示，还有一位名为孟锡绶的自费留学生于其时到俄。后经胡惟德查证，此人实为俄国官员璞科第聘任的汉文文案，"月薪甚优，

① 中国社会科学院近代史研究所近代史资料编辑部编：《近代史资料》（总92号），中国社会科学出版社，1997，第122—123页。

② 中国社会科学院近代史研究所近代史资料编辑部编：《近代史资料》（总92号），中国社会科学出版社，1997，第136页。

③ 中国社会科学院近代史研究所近代史资料编辑部编：《近代史资料》（总95号），中国社会科学出版社，1998，第51页。

④ 中国社会科学院近代史研究所近代史资料编辑部编：《近代史资料》（总95号），中国社会科学出版社，1998，第32页。

⑤ 参见张福山编著：《哈尔滨文史人物录》，中国人民政治协商会议黑龙江省哈尔滨市委员会文史资料委员会，1997，第94、97、127页。关于杨卓的生平考证，详见张福山、欣然：《杨卓生前身后事》，《世纪桥》2005年第4期。

⑥ 张西曼：《辛亥招募革命骑兵记》，《文史杂志》第4卷（1944年）第1、2期，第28页。

并无来请送入学堂之说”。[①]

因有关其时自费留俄学生的材料有限，现仅将资料较详细者列表3.3以示：

表3.3 晚清部分自费留俄生情况一览表

姓名	籍贯	到俄时间	何处咨送	到学年月	所在院校	专业	毕业时间	毕业去向
程世模	四川夔州府云阳县	光绪三十二年闰四月	黑龙江	光绪三十三年八月	森堡实业学堂	商务法政科	民国初年	回国
牛文炳	山西汾州府汾阳县	光绪三十三年六月	学部	宣统元年八月	森堡大学堂	物理专科	民国初年	回国
胡世泽	浙江归安县	光绪二十六年	—	光绪三十一年	森堡中学堂	普通科	民国初年	毕业后入专门大学堂
乌铭浚	镶黄旗蒙古霍隆武佐领	光绪三十三年	—	宣统元年三月	森堡商务高等学堂	商务专科	—	—
乌益泰	镶黄旗蒙古霍隆武佐领	光绪三十三年	—	宣统元年三月	森堡商务高等学堂	物理科	—	—
刘泽荣	广东肇庆府高要县	—	—	光绪三十一年	俄南省白通府城中学堂	普通科	预计宣统三年	毕业后入森堡大学堂
毕文彝	汉军镶蓝旗春奎佐领	光绪三十三年四月	—	—	俄国普通中学毕业并兼习俄、法文	—	赴比利时留学	—
毕文鼎	汉军镶蓝旗春奎佐领	光绪三十三年四月	—	—	俄国普通中学毕业并兼习俄、法文	—	赴比利时留学	—
关鹤朋	广东广州府南海县（今佛山市南海区）	光绪三十三年十月	—	光绪三十三年	森堡实业学堂	—	—	回国

［资料来源］刘真主编，王焕琛编著：《留学教育——中国留学教育史料》，（台北）“国立”编译馆，1980，第659—668页。

需要说明的是，列入表3.3的胡世泽、乌铭浚、乌益泰、毕文彝、毕文鼎、程世模虽名为自费，但均有明确的官方背景，在其时自费留俄学生中身份可谓特殊。其中，胡世泽是出使俄国大臣胡惟德之子，自幼随父至俄就读，后赴法国巴黎大学取得法律博士学位。[②]乌铭浚、乌益泰、毕文彝、毕文鼎均

① 中国社会科学院近代史研究所近代史资料编辑部编：《近代史资料》（总95号），中国社会科学出版社，1998，第32页。

② 樊荫南编纂：《当代中国名人录》，上海良友图书印刷公司，1931，第167页。

为清政府官员下属，程世模是黑龙江将军程德全长子，留俄前已“略通俄国语言文字”。程德全借派遣黑龙江官费留俄学生之机，令程世模“自备资斧，偕同游学，以资历练”。[①] 同样积极派遣留俄学生的伊犁将军马亮，“因边地明师较少”，于1903年也将时年22岁的长子、分省试用通判广荣从伊犁派往俄国自费留学，“俾能造就有成，俟归来领有凭照”，再行咨送清廷，“赏差使以图报效”。[②]

由于缺乏更为详细的资料记载，故而难以准确计算其时自费留俄学生的具体人数，只能大致估量。据1921年9月的《申报》载：中俄交通最早，十七八世纪时，华侨已成都成邑，至今莫斯科皇宫附近有中国城……相传为华人古建筑物。前清季年，外交官、留学生、工人、商人、旅俄者号称万人。[③] 尽管此篇报道并未直接阐明晚清自费留俄学生的具体人数，但就其内容推断，其时留俄学生能与数量极为庞大的“工人、商人、旅俄者”相提并论，在留俄学生中占据相对多数的自费生人数定然不菲。

四、中国留学生在俄国的学习生活

海外求学生活是留学生学习生涯的重心所在。其时中国学生在俄国的分布较为广泛，欧洲、中亚及远东地区都有他们活动的身影。鉴于此时俄国首都圣彼得堡为中国学生的主要留学目的地，且其经济、文化、教育等均居于首位，领俄国风气之先，而有关记述中国学生学习生活的资料也多以反映在圣彼得堡的学生为主。由是，在研究阐释晚清留俄生的学习生活时，亦主要围绕中国学生在圣彼得堡的经历展开，借以管窥并还原其时留俄教育的具体情景。

---

① 黑龙江将军程德全：“奏为黑龙江省选派学生赴俄游学以储人才事”，光绪三十二年闰四月二十六日，中国第一历史档案馆馆藏档案：“朱批奏折”，宫中全宗号04，档号04-01-38-0204-039。

② 伊犁将军马亮：“奏为遣长子广荣自费赴俄游学请俟学有成就考验差委事”，光绪二十九年八月二十三日，中国第一历史档案馆馆藏档案：“录副·光绪朝”，军机处全宗号03，档号03-7224-015。

③《国外要闻·游俄通信》，《申报》1921年9月26日。

（一）学习生活

自 1861 年沙皇亚历山大二世推行农奴制改革后，俄国国内积累了大量资金与自由劳动力，沙俄就此走上资本主义发展道路，且发展速度极为迅猛。正如列宁所言：“1861 年以后，俄国资本主义的发展是这样的迅速，只用数十年的工夫就完成了欧洲某些旧国家整整几个世纪才能完成的转变。”[①] 俄国资本主义的发展不仅使其国力增强，也带动了高等教育事业的迅速进步：在改革时期，所有高等学校的活动，特别是综合大学的活动都显著地活跃起来了……形成了许多新的学派，产生了一大批有才能的学者，提高了教师的文化知识，也提高了大学教授和学生们的社会政治积极性。[②]

但在发展进程中，俄国高等教育也出现了众多问题。比如，沙俄政府对学校的严厉管制、高等教育特权化、各地区高等教育发展水平不平衡等。至 19 世纪末 20 世纪初，俄国高等院校等优质教育资源几乎全部集中在该国的西部，又尤以首都圣彼得堡为最。

据 1910 年留俄学生监督章祖申呈交的《留俄学生学务报告》指出，其时在圣彼得堡的俄国高等学校有：隶属于教育部的皇家大学堂、法政学堂、美术学堂、电气学堂，隶属于交通部的铁路学堂，隶属于工商部的矿务学堂、工程学堂、博艺学堂和艺术学堂，隶属于农业部的林业学堂，以及隶属于国防部的尼古拉参谋学堂、米哈伊洛夫炮队大学堂、尼古拉工程队大学堂、亚历山大军事裁判高等学堂、高等军医大学堂。还有隶属于教育部的 24 所官立中学堂、3 所高等女学堂、26 所女子中学堂，以及隶属于国防部的 6 所武备中学堂。此外，尚有大量的民间私立普通小学。圣彼得堡的教育在门类、层次上的齐全由此可见一斑。

由于其时俄国学校对学生资格的限定，以及清廷在不同时期对留学生的差异化要求，故而留俄学子就读的学校有所不同。在“住馆肄业”时期，首批学生邵恒浚、桂芳、陈嘉驹、李鸿谟因在俄学习时间只有 3 年，且须花费大量时间用于“襄助馆务”，所以只能进入中等学校学习。第二批学生张庆桐、

① 中共中央马克思恩格斯列宁斯大林著作编译局编译：《列宁全集》（第 17 卷），人民出版社，1959，第 104 页。

②[苏]叶留金：《苏联高等学校》，张天恩、曲程、吴福生译，教育科学出版社，1983，第 40 页。

范其光、陈瀚、郝树基，因在俄学习时间已经延长至 6 年，所以他们在完成中等教育后可以选择继续进入高等专门学堂攻读。至正规化留俄教育确立时期，接收中国学生的俄国高等学校有所增加，具体情况如表 3.4 所示：

表 3.4　接收中国留学生的主要俄国高等院校情况一览表

学校名称	入学资格	专业	学习期限	学费	俄国学生毕业去向
皇家大学堂	中等学校毕业	历史博物科、格致算学科、法政科、东方语言科	4 年	每生每年 100 卢布，分春秋两季呈缴，另缴教习费每生每年 3 卢布	毕业后由国家派员考试，按成绩发给头等或二等文凭。至出仕时，得有头等文凭者赏给第七级文官，得有二等文凭者赏给第五级文官
铁路学堂	中等学校毕业，并通过格致、算学、俄文、外语、绘图考试	铁路学	6 年	每生每年 100 卢布，分春秋两季呈缴	—
矿务学堂	中等学校毕业，并通过算学、格致学、外语考试	矿务学	—	每生每年 100 卢布，分春秋两季呈缴	毕业后由国家派员考试，至出仕时赏给第七级或第五级文官
博艺学堂	中等学校毕业	经济科、电学科、造船科、采金科	4 年	每生每年 100 卢布，分春秋两季呈缴	毕业后由国家派员考试发给文凭
高等军医大学堂	中等学校毕业并通过格致、算学、化学、拉丁文考试	医学专科	5 年	—	—

[资料来源]刘真主编，王焕琛编著:《留学教育——中国留学教育史料》，(台北)“国立”编译馆，1980，第 655—658 页。需要说明的是，由于各历史时期对学校名称的翻译有所不同，所以表内部分学校名称与本书其他表格存有某些差异。

至于接收中国留学生的普通中学堂，主要教授历史、地理、算学、化学、格致、俄文、法文、德文等普通科，学习期限为 8 年，入学年龄为 8 至 10 岁，毕业年龄以 18 岁为限。中学堂毕业后，学生可获得俄国政府发给的文凭，并拥有进入高等学校就读的资格。

对于中国留俄学生而言，在俄读书期间他们所要克服的第一个难题便是

"语言关"。俄文的词汇、语法结构与汉语完全迥异，且极为复杂，不易掌握。从前述刘光谦被迫改派法国的例子中即可发现，留学生如若俄文基础较差则难以继续求学生涯。所以，自第二批"住馆肄业"学生起，尽管各方派遣的留俄学生大部分均在国内受过多年俄语教育，但他们到圣彼得堡后仍须先参加一段时期的俄语强化学习，在熟练掌握俄语后方可入高等院校进行专业学习。如张庆桐等"住馆肄业"学生先入"艺文学堂"学习 3 年，再进入专门学堂学习。又如湖北选送的萧焕烈、严式超、夏维松、刘文彬，到俄后即由驻俄公使胡惟德安排入住俄国教习家中，以便熟悉在俄生活及提高俄文俄语水平。[①] 而在进入圣彼得堡师范大学预科班读书时，校方又委派了 4 名俄国学生以"一对一"方式辅导萧焕烈等人学习俄语与文化基础课。[②] 至于专业学习方面，大部分中国留学生都较为刻苦努力，取得了不错成绩，有少量学生还因此获得驻俄公使的表扬及清廷给予的褒奖。

除在校学习外，很多中国留俄学生还通过其他方式提高学业水平与综合素质。例如铁路专业留学生陈瀚积极向驻俄公使胡惟德申请，称"现学铁路工程，渐有心得，如能赴路工地方，亲历目验，以证所学，获益实多，现悉毕利干路兴筑方竣，今夏学堂暑假期内可否准其亲历此路，俾得目验工程，以资考究"。胡惟德经考虑认为，"查身路工固足资印证"，且正值暑假期间，"于学堂功课尚无损碍"，所以资助陈瀚路费 200 金，并要求"务于学堂开课期前驰回森堡，俾免旷功"。[③] 又如有部分留俄学生参加了胡惟德组织的邮寄译报工作，每月为两次，由留俄生自译自缮。胡惟德认为，此项工作"一以鼓励译材，一以考察勤惰"，因此"与培植学生之道不无裨益"，对于培养留俄生的翻译能力与综合素质具有重要作用。但后因译报均由英、法邮船寄京，需时一个多月，传回速度较慢，所以不久之后"暂将学生按期译报一事停止，

① 中国社会科学院近代史研究所近代史资料编辑部编：《近代史资料》（总 95 号），中国社会科学出版社，1998，第 25 页。

②《游学俄国学生萧焕烈、刘文彬、严式超、夏维松致端方函》，中国第一历史档案馆馆藏档案："端方档·函件类"，案卷号 28。转引自张泽宇：《留学与革命——20 世纪 20 年代留学苏联热潮研究》，人民出版社，2009，第 81—82 页。

③ 中国社会科学院近代史研究所近代史资料编辑部编：《近代史资料》（总 95 号），中国社会科学出版社，1998，第 22—23 页。

而专令译紧要长件，仍随时寄京”。[①]

（二）日常生活

清末留俄学子的求学生涯不仅仅有繁重的学习任务，还享有丰富多样的日常生活，并对中国留学生起到一定锻炼作用。

在留学生涯中，中国留俄学生最初要面对的就是衣食住行等日常生活问题。在出行方面，其时中国学生赴俄途径大致有四条：一是从上海乘船经日本至海参崴，然后换乘火车至圣彼得堡；二是从东北乘火车出境，在俄国境内换乘直达圣彼得堡的列车；三是从上海乘船至欧洲，再乘火车至圣彼得堡；四是从新疆至俄国中亚地区，再至圣彼得堡。无论上述哪条途径，路程均漫长艰辛。对留俄学子而言，在正式进入学习生活前便经历了一番如此艰苦的考验，殊为不易。在忍受舟车劳顿后，中国留学生在衣食等方面同样要经受一段较为困难的适应时期。圣彼得堡距海较近，属温带大陆性气候，冬季寒冷且漫长，即便是来自北方的留俄学子适应起来也尚需时日，何况来自长江以南地区的中国学生。加之俄国以面包、牛奶、牛肉及土豆等为主要食物，饮食习惯、烹调方法、菜式口味等与中国大相径庭，常常使初至俄国的中国学生难以适应。“住馆肄业”学生张庆桐初到俄国时就曾对饮食条件大加抱怨，指出“学堂中饭食异常清苦，初到时颇不习”[②]。至于住宿方面，自留俄教育步入正规化后，所有留俄学生均不在使馆住宿，而是依照自身情况不同，在驻俄公使的安排下或租住俄人家庭，或入住学校的学生宿舍。[③]

正是由于在俄的生活条件较为艰苦，所以一些官员和学生先后患病。如陆征祥因在俄期间身体健康受到影响，到荷兰担任钦使时几乎不支，以致“每年须去瑞士休息一月，洗澡看医生”。[④]驻俄公使胡惟德亦身染重症，在致外务部函中谈道：“弟八年旅俄，积受水土苦寒苦泾之气，咯血旧恙时发时止，

---

① 中国社会科学院近代史研究所近代史资料编辑部编：《近代史资料》（总 95 号），中国社会科学出版社，1998，第 36、42 页。

② 张庆桐：《俄游述感》，1912 年自刊，第 3 页。

③ 在其时留欧学生群体中，来自湖北、江苏、湖南的留英、法、俄学生均分散居住，以促进学生外语能力的提高。而留学德、比的学生经再三争取，最终也获准可以分居 [详见《出国游学生等致端方函札》，中国第一历史档案馆编：《清代档案史料丛编》（第 14 辑），中华书局，1990]。

④ 罗光：《访问陆征祥神父日记——六十述往之一章》（二），《传记文学》第 19 卷（1971 年）第 4 期。

眷口亦疾病纠缠，故今夏自备资斧，赁居离使署一小时火车之乡间地方，暂住数月，借养病躯。”[①]湖北留俄学生夏维松曾因病重被迫休学，由同学严式超护送回国治疗。根据清政府颁行的《学部咨各省饬属遵照游学生请假规则文附规则》规定，学生请假分为两种，因学堂假期请假回国为通常请假，因病重请假回国则为特别请假。清廷对留学生的特别请假管理有极严的规定："凡特别请假回国，于限满之日起十日以内不到东者，本处即为退学并开除官费。"[②]由是可见，夏维松的病情确实严重，不得不以特别请假方式回国。由黑龙江将军程德全选送的留俄学生钟镐更是学业未竟却客死他乡，后由一名赴欧游历的亲友于同年携柩归籍。[③]

总体而言，晚清留俄学生的生活条件确实艰苦，对学业造成了一定影响。这种情形亦为清廷觉察。1905 年，端方以"出使各国考察政治大臣"的身份向清政府呈上"奏请量予体恤中国游学生事"折，恳请清廷能够效仿日本政府的做法，给予包括留俄生在内的中国留学生必要体恤：

> 自上年奉奏定约束章程，咸知懔遵，遂无人不专心致志，切实求学，查该学生等远离乡井，或资斧缺乏，或疾病偶侵，备受种种困难而艰苦向学，始终不渝其志行，尤为难得。日本派遣游学之初，其学生皆经国家优礼体恤，无微不至，故能各求专长，以备器使，此日富强之效，皆昔日奖励游学生之所致也……饬下出使各国大臣随时考察，认真爱护，设有资斧不济或染患疾病者，无论官费、自费，概由出使大臣酌量情形，资其费用，既益发其爱国之精神，兼以坚其勤学之志力。[④]

除艰苦的求学条件外，还有一些难以预计的意外对留俄学生的求学生涯构成威胁。如在 1905 年，俄国爆发革命，其时局势极为混乱，中国留学生的人身安全受到直接影响。驻俄公使胡惟德在 10 月 27 日致外务部的电文中提

---

① 中国社会科学院近代史研究所近代史资料编辑部编：《近代史资料》（总 95 号），中国社会科学出版社，1998，第 48 页。

②《学部咨各省饬属遵照游学生请假规则文附规则》（光绪三十三年八月初九），《大清法规大全》，（台北）考正出版社，1972，第 1593—1594 页。

③ 谢岚、李作桓主编：《黑龙江省教育史资料选编》（上编），黑龙江教育出版社，1988，第 472 页。

④ 出使各国考察政治大臣端方："奏请量予体恤中国游学生事"，光绪三十一年，中国第一历史档案馆馆藏档案：军机处全宗号 03，档号 03-7224-057。

到："森都闹工罢市，火车、电灯全停，邮递不通，电局兵守。俄主谕总督守城重兵镇压，如民众滋事立即枪毙。现几通国响应。外省某处枪毙累百，拘禁学生、工人两千，情形吃紧，远过去腊。"当时俄国的混乱状况可见一斑。为保护学生，胡惟德"已劝令留学各生移寓使署旁"，"领到出境护照即遵海暂避"。[①]湖广总督张之洞对留俄学生的安全问题也颇为关心，"自闻俄京工人罢工滋事之信，恐我中国留俄学生或有遭意外，特电致驻俄胡星使询问学生是否无恙"，"旋得复电，俄京乱平，各生均安"。[②]

当然，在中国留俄学生的求学道路上并非只有亟须克服的重重困难与波折，还有其他一些对中国留学生具有历练作用的课余活动。其时，驻俄使馆负有管理留俄学生职能，经常安排一些官费、自费留俄生承担一定工作任务。例如，考察政治大臣戴鸿慈、端方访俄时期，留俄学生柏山、魏渤、严式超、魏立功与驻俄使馆官员及俄国外交官同来迎接。[③]夏维松和严式超还曾陪同使团官员、湖北候选知府蔡琦先后赴圣彼得堡的劝工场和矿质博物馆参观游览。[④]此外，因晚清政府在考察团出洋前已作出决议，命令各考察政治大臣在访问各国的同时还应做到："必须留意延揽人才，所有现在西洋之留学生可择其品学兼优者酌带回国，以备将来襄办一切新政之用。"[⑤]由是，考察团结束在俄国的访问后，随带留俄学生柏山一同前往荷兰考察。[⑥]另有邵恒浚、桂芳等留俄学生曾担任过圣彼得堡大学东方语言系的汉语教师，为俄罗斯汉学与中国语教学传统的形成及发展作出了突出贡献。[⑦]

还有部分留俄学生在留学期间因国内需要被奏调归国。如范其光于1905年由商部札调，后于1906年分通艺司行走。又如商部于1905年6月通知出使各国大臣，"咨查现在派往留学生有无堪充铁路工程司及矿师之人，请详

① 中国社会科学院近代史研究所近代史资料编辑部编：《近代史资料》（总92号），中国社会科学出版社，1997，第161页。

②《鄂督电询留俄学生》，《申报》1905年2月26日。

③ 戴鸿慈：《出使九国日记》，陈四益校点，湖南人民出版社，1982，第221页。

④ 蔡琦：《随使随笔》，铅印本（未著年版），第35页。

⑤《政府注意西洋留学生》，《申报》1905年12月9日。

⑥ 戴鸿慈：《出使九国日记》，陈四益校点，湖南人民出版社，1982，第228页。

⑦ 参见 В. Г. Дацышен. Изучение китайского языка в России (XVIII – начало XX в.). Новосибирск: НГУ，2011；中国社会科学院文献情报中心编：《俄苏中国学手册》（上册），中国社会科学出版社，1986，第107页；阎国栋：《俄国汉学史（迄于1917年）》，人民出版社，2006，第519—526页。

细查明，即日达报以凭咨调回华办理路矿各工事宜”[①]，于是学习铁路专业的留俄学生陈瀚于同年由商部札调回国，后于1906年由伊犁将军奏调赴新疆工作。1907年3月21日，伊犁将军长庚致电驻俄公使胡惟德，内称：“江浦人陈瀚，前经敝处奏调，已蒙谕允。但伊现在俄国大学堂，须秋开毕业，而伊此季功课并照甚重，拟恳代为暂请短假数月，事竣仍回俄都补课。”[②]而学习矿务专业的留俄学生郝树基，亦于1905年被农工商部奏调回国以资差遣。[③]

除上述活动外，留俄学生还积极向清廷建言献策。如在1906年11月，部分中国留学生向清政府上万言书：

> 大旨谓自黑龙江、东北两部起，由吉林省迤逦至外蒙古恰克图、库伦、乌里雅苏台及科布多、葛什喀尔、嘉峪关延长一万余里，其商务大宗皆为俄人所有，中国若毫无闻见也者。请饬沿境各将军、都统设法振兴商业，以期缓缓收回利权。[④]

其拳拳爱国之情由是可见。

第二节　边疆地方政府自行开展的留俄教育

就在清中央政府主导下的官费、自费留俄教育蓬勃发展之际，其时东北、西北边疆地方政府亦自行选派了一批留俄学生。这种由地方政府组织开展的留俄教育，与前述官费、自费留俄教育有截然不同之处，既与其所处地理环境密切相关而具有鲜明的自身特色，又反映出其时中俄外交关系与留俄教育的复杂性。

---

①《商部咨查留学各国路矿学生》，《申报》1905年6月7日。

② 中国社会科学院近代史研究所近代史资料编辑部编：《近代史资料》（总99号），中国社会科学出版社，1999，第85页。

③《出使英、俄、义、德、法国大臣等为查选矿务留学生李顺义、郝树基等人速调回华办矿及其经费川资等事与农工商部的来往文书》，《致出使各国大臣函稿》，中国第一历史档案馆馆藏档案：“农工商部档·工务司·学堂”，案卷号249。转引自刘晓琴：《中国近代留英教育史》，南开大学出版社，2005，第66页。

④《留俄学生请收回利权》，《申报》1906年11月25日。

一、东北地区的留俄教育

在清末留俄教育活动中，东三省派遣学生的方式最为独特，即由地方政府选派学生赴俄国控制下的中国城市学习。对 20 世纪初期的中国人留学教育而言，这种派遣留学生的方式亦“只此一家，别无分号”，在特征上可谓“独树一帜”。

（一）中东铁路与东北教育的发展

若要分析东三省派遣学生赴哈尔滨学习的活动，则必先厘清中东铁路与东北教育发展之间的关系，这是东三省总督赵尔巽选派学生赴哈尔滨“留学”活动得以实现的前提条件。

作为极度重视殖民扩张的国家，沙俄自 16 世纪起便在亚洲疯狂扩展领土，西伯利亚地区尽入其彀中。第二次鸦片战争期间，沙俄又逼迫清政府签订《瑷珲条约》和《北京条约》，侵占了中国外兴安岭以南、黑龙江以北和乌苏里江以东一百多万平方千米的领土。自此，俄国在远东地区拥有了广袤领土。至 19 世纪末期，步入工业化时期的俄国为发展国内经济，开始将关注的目光投向远东地区的广大土地，决意用修筑铁路的方式更加牢固地控制这片富于价值的地区。于是，从 1891 年起俄国开始修筑一条贯通整个西伯利亚的铁路。这项工程极为庞大，沙俄几乎倾尽全国之力支撑工程开展，至 1904 年实现通车，而相关收尾工作则延续至 1916 年。

就在修筑西伯利亚大铁路的进程中，俄国为节省建设开支及方便进一步侵略和掠夺中国，决定在修建西伯利亚大铁路东段路线时，采用从赤塔穿过中国东北然后直抵符拉迪沃斯托克（海参崴）的方案。[①] 对于这条铁路在政治、战略上的作用，俄国财政大臣维特认为：

> 这条铁路在政治方面和战略方面的重要作用在于它将为俄国提供这样的机会，即：随时可以以最短的路程将俄国军队运送到符拉迪沃斯托克；集中到满洲；集中到黄海沿岸；集中到离中国首都非

① 吴文衔、张秀兰：《霍尔瓦特与中东铁路》（长白丛书研究系列之十七），吉林文史出版社，1993，第 14 页。

常近的地方。即使是相当大的俄国部队出现在上述各地的可能性，也会大大加强俄国不仅在中国而且在整个远东的威信和影响，也会对俄国同中国各附属民族之间的更亲密关系作出贡献。[①]

字里行间明显显露出沙俄的侵华野心。由是，借“三国干涉还辽”的政治影响，沙俄诱使清政府于1896年6月3日签订了《御敌互相援助条约》（即《中俄密约》），其中第四款规定：

今俄国为将来转运俄兵御敌并接济军火、粮食，以期妥速起见，中国国家允于中国黑龙江、吉林地方接造铁路，以达海参崴。惟此项接造铁路之事，不得借端侵占中国土地，亦不得有碍大清国大皇帝应有权利，其事可由中国国家交华俄银行承办经理。至合同条款，由中国驻俄使臣与银行就近商订。

第五款规定：

俄国于第一款御敌时，可用第四款所开之铁路运兵、运粮、运军械。平常无事，俄国亦可在此铁路运过境之兵、粮，除因转运暂停外，不得借他故停留。[②]

根据上述条款，沙俄获得了梦寐以求的在中国东北境内修建中东铁路[③]干线的特权。此后，沙俄又胁迫清政府相继签订了《中俄合办东省铁路合同章程》《旅大租地条约》《旅大租地续约》《中俄续订东省铁路支线合同》等。通过上述合约与合同，俄国还获得了修筑中东铁路支线以及经营全部铁路的特权。

中东铁路的修建与通车，为沙俄侵略中国东北创造了便利条件，同时在客观上刺激了东北尤其是黑龙江地区经济的发展。就在中东铁路修建过程中，大批来自俄国的管理人员、工程技术人员、护路军、工人，以及各类从事投资经营生意的商人纷纷涌入中国东北，在中东铁路沿线附近的各个城镇聚集，其中又尤以哈尔滨为多，且人数呈逐年上升趋势。1902年，哈尔滨有俄国侨

①[美]安德鲁·马洛泽莫夫：《俄国的远东政策（1881—1904年）》，本馆翻译组译，商务印书馆，1977，第84页。

②王铁崖编：《中外旧约章汇编》（第1册），生活·读书·新知三联书店，1957，第650—651页。

③又有“东省铁路”“东清铁路”等中文名称。

民 1.2 万人。1906 年，俄侨增长到 6 万余人。至 1911 年时，在整个中东铁路附属地界内俄侨人数为 73635 人。[①] 俄侨数量的激增，以及沙俄拥有的中东铁路用人权、附属地建立权等项特权，阻碍了清政府对哈尔滨的管辖，“一切要政商务均归俄人把握，自东三省交涉局总办以及其余中国官商皆俯首帖耳毫无主见”，以至时人讽曰：“黑龙江省有一俄人独立地在名曰哈尔滨，盖至言矣。”[②]

为解决各类俄国侨民子女的就学问题，中东铁路管理局陆续在哈尔滨等地开办了大批各级各类学校，攫取了当地的教育权。据《东省特别区民国十九年度教育年鉴》记载：

> 自满清光绪二十二年华俄道胜银行合同及中俄东省铁路公司合同先后订结，而俄人以铁路为前驱之东进政策完全实现，于是俄人乃挟其帝国主义之凶威积极侵略，蜿蜒三千余里之长路线视同第二领土之铁道用地日趋完备，权利亟图扩张。在路线之内南至长春，北至满洲里，东至绥芬河，沿站设立男女大小学校多至四百余所。学校俄制也，课程俄文也，教师俄人也，专以教育俄人子弟，储备侵略满蒙之急先锋，华人子弟则根本上无插足之余地。中东路局复于局内特设学务处，专司其事，所需常年经费完全由路局拨付，年约一百二十余万元，其文化侵略之猛进正方兴未艾时也。[③]

与此同时，俄国人在哈尔滨及中东铁路沿线地区开办的学校，在服务俄侨子弟的同时也接纳部分中国学生就读，客观上对提高当地教育水平有一定作用，亦为东三省总督赵尔巽选派官费学生赴哈尔滨学习准备了条件。哈尔滨的特殊政治地位与教育形态，也令这一选派活动无形中具有了“留学”的性质。

（二）奉天官派学生赴哈尔滨学习

地方政府选送中国学生赴俄国控制下的边境地区学习锻炼，早在 19 世纪末已有先例。自俄国吞并乌苏里江以东地区后，隶属吉林将军管辖的宁古塔、三姓、珲春等三个边防要塞便与俄国交界，史称“吉林三边”。由是，当地中

---

① 石方、刘爽、高凌：《哈尔滨俄侨史》，黑龙江人民出版社，2003，第 51 页。
②《哈尔滨中俄近状》，《盛京时报》1906 年 9 月 10 日。
③ 谢岚、李作桓主编：《黑龙江省教育史资料选编》（上编），黑龙江教育出版社，1988，第 996 页。

俄外交活动日益频繁。为办理交涉事务，吉林将军长顺除委任珲春俄文翻译书院的教习庆丞全“兼办交涉承办处事务”外，又于1893年命令珲春副都统恩泽从俄文书院选拔12名品学兼优的肄业生，派赴中俄交界的俄国关卡学习俄语，每名学生每月发给津贴银2两。该选派学生活动持续多年，至1897年时仍在进行。[①]当然，由于学生学习的地点较为特殊，属于具有军事用途性质的检查站，且所学内容仅为俄语，未涉其他，所以究其实质而言，该活动更趋近于学堂毕业生在正式入职前的实习，留学的意味则极为淡薄。因此，珲春副都统恩泽在相关呈文中均将此活动称为“学习”，而非“游历”或“游学”。

至20世纪初期，在奉天又出现了与吉林选送学生赴俄国关卡学习相类似的案例。1910年9月，东三省总督锡良以“东三省近来推广铁路，需用此项人员甚夥”为由，向清廷申请酌派优秀学生赴东北任职。不久，东省铁路俄文学堂毕业生文炳、张裕恒、吉敦、彬魁、俞绍武等人抵达奉天报到，被安排进入奉天交涉司担任练习员。[②]经过近一年时间的历练与考察，奉天交涉司司使许鼎霖认为“该生等俄文尚属生疏，惟中文颇为可取”，于是在1911年10月将俞绍武、吉敦和张裕恒“咨送哈埠滨江道署实地练习俄文”。许鼎霖强调“该地俄人众多，时相接洽必能日见进步”，待俞绍武等人熟谙俄文俄语之后“即咨行回奉大用”。[③]

与上述在近代中俄教育交流史上较为少见的个案相比，东三省总督赵尔巽与中东铁路管理局合作组织的奉天官派学生赴哈尔滨求学活动，在形式与性质既有相近之处，又有明显区别。说其相近，是指此类活动均是由官方主导派遣人员赴俄国控制的边境地区学习，其相异之处则在于奉天官派学生赴哈求学具有鲜明的“留学”性质。基于其时俄人在哈尔滨的地位与作用，以及选送学生的教育目的，故而《远东报》《盛京时报》等均将此选送学生活动称为“留学”“留俄”或“留哈”。

对留学教育颇为重视的东三省总督赵尔巽选派奉天学生赴哈尔滨学习的

① 吉林省档案馆、吉林师范学院古籍研究所编：《珲春副都统衙门档案选编》（中册），吉林文史出版社，1991，第644页；《珲春副都统衙门档案选编》（下册），第500页。

②《咨送俄文铁路毕业生》，《盛京时报》1910年9月15日。

③《咨送俄文毕业生赴哈练习》，《盛京时报》1911年10月12日。

活动始于1911年。为发展中俄商务关系，促进商贸活动的开展，赵尔巽与中东铁路管理局局长霍尔瓦特商定，由哈尔滨男子、女子商务学堂[①]致函奉天提学司请求选送学生，再由提学使从奉天选派一定数量的男女学生分别送入两所学校就读，一切费用均由官方承担。哈尔滨男子、女子商务学堂是黑龙江地区最早出现的商业学校，由中东铁路管理局建立。1905年上半年，男子商务学堂于秦家岗成立。同年9月18日，女子商务学堂建立。这两所商业学校均以招收俄国侨民子弟为主，兼收中国学生。学校成立之初曾开设中文科，又于1910年裁撤,此后一律采用俄语授课。能进入这两所学校学习的中国学生，并非普通家庭子弟，毕业生均入商界出任高层。[②]

奉天选送学生赴哈尔滨学习的消息一经披露，立即在社会各界引发巨大反响，奉天当地的学生“自顾投考者甚多”。为保证所选学生质量，奉天提学使卢木斋设定标准严加遴选。[③]《申报》亦关注到此事，并迅即发布报道：

> 俄国东清公司在哈尔滨创设俄文商务学堂，当由该国领事函请交涉司遴派学生前往。兹闻赵督拟派官费生二十名入该堂肄业，以备将来任用，已饬提学司遴定合格学生若干人，不日送往该校。[④]

经过一段时间的选拔，赵尔巽最终确定先行选派20名中国男学生赴哈尔滨男子商务学堂学习。1911年9月初，奉天提学使卢木斋委派提学司科长汪翔等人护送学生前往哈尔滨。[⑤]临行前，东三省总督赵尔巽将选送的学生召入总督府进行了一个多小时的训勉，并以《尚书》中的“协和万邦”之语劝勉学生应与俄国同学和平相处。继而，提学使卢木斋为选送学生召开欢送会，以八条规范训诫赴哈学生。[⑥]据《远东报》报道，“卢司使训诫赴哈学生规条八则”具体内容如下：

---

① 该校中文名称又作“商业学堂”“商业学校”。英文译名分别为：Chinese Eastern Railway’s Commercial School for Boys；Chinese Eastern Railway’s Commercial School for Girls。参见孙修福编:《近代中国华洋机构译名大全》，中国海关出版社，2002，第190页。

② 张霈春：《黑龙江晚清时期商业资料》，《黑龙江商业志资料》1986年第8期。

③《奉省选派留俄学生》，《远东报》1911年7月20日。

④《遴派学生入俄校》，《申报》1911年8月16日。

⑤《派员护送俄文商校学生》，《盛京时报》1911年9月14日。

⑥《本埠要闻·详志本埠中俄欢迎奉天选派学生事》，《远东报》1911年9月10日。

一、立志。人须先立志，志立则有根本，如树木然必根深，然后能成合抱之材。为学之道，或进或不进，或成或不成，皆视其志。所以，帅之者何如。故立志第一。

一、励品。求学以励品为要，少年心性最易纷驰，一经濡染洗濯极难，纵异日学成亦无所用。诸生切宜饬品行，时时儆惕，以养成完全之人格。励品要义，即非礼非义者勿为而已。

一、守章。学校之有校章，犹国家之有法律，人民均遵守法律，则国无不治，学生遵循校章，则学无不成。诸生到校后，一切规则均宜恪守，毋稍逸出范围，致干斥追。

一、喜洁。东西国人皆喜清洁，泥污痰唾视为公共之敌，去之惟恐稍迟。我国人于卫生多不研求，外人每指为诟病。诸生到哈，或居宿舍或寄寓人家，凡起居饮食、衣履容齿切宜正气修洁，勉成良善习惯，不特有裨卫生，且免为人嫌恶。初时纵稍有不惯，久之遂成自然。此最宜切记不可忽者也。

一、勤修。凡事贵有恒，人而无恒不可以作巫医，况乎为学，尤每日不得间断。于学堂正课之暇，宜以时讲求国文，温习旧课不可始勤终怠。曾文正公课子弟，惟以有恒二字为重，每日功课只要精熟，并不必多，诸生宜儆之。

一、爱群。人之生不能无群，群即易之比也。群有大有小，而用爱，则一能爱其小群者必能爱大群。诸子二十人同赴哈，则二十人为一群，到校后则合同学诸子为一群。务宜彼此爱敬，本乐群之心，收观摩之益。惟群而无分，则滥圣人教弟子，汎爱众而亲仁，此即群而有分之意，亦即君子群而不党之意。

一、明耻。行己有耻可以谓士，耻之于人大矣。曩年游学日本者人众品杂，间有不知自爱行事暧昧被警吏拘留者，不特有损个人名誉，且大辱及国体，此岂遣派游学之初意乎？诸生宜时时以丧失人格为耻，毋自取辱贻国家羞。

一、知本。人各有本，本家本族本府县本省本国，至于国而止矣。尝见我国侨居东西洋者，年月即久遂同化于其所居之国，甚至并本国之语言文字懵焉不晓，几忘其为中国人者。无论其学业未必有成，纵属专门名家亦何乐有，此同籍之一外国人乎。诸生皆青年俊秀，性志未坚，久居异地易与性移，宜时念公家所以遣派诸生游学之意，暨诸生所以来此求学之志，纵日与外人相处而不可或忘本国。故最后一言曰知本。[①]

9月8日早上5点30分，赴哈学生一行到达长春，其中除护送委员与官费赴哈学生外，尚有冯姓与吴姓两名自费学生。吉林西南路兵备道道员孟宪彝特派姜姓译员和李姓庶务员在车站妥为安排相关事宜。当日下午3点，赴哈学生乘坐专车抵达哈尔滨。中东铁路管理局副局长阿法纳西耶夫、《远东报》社长史弼臣、商务学堂男女监督以及数十名男女学生前往车站迎接。在车站举行的简短欢迎仪式气氛热烈，“中俄诸员之情欢洽异常，有俄小学生甚至抱而亲学生之额，其亲爱之情有逾常人者”。欢迎仪式结束后，阿法纳西耶夫在车站附设的西餐厅宴请赴哈学生一行。晚上7点，吉林西北路分巡兵备道兼滨江关监督李家鏊召开晚餐会，邀请赴哈学生一同赴会。会上，李家鏊首先以俄语演说，对赴哈学生大加褒奖，认为“此学生为去隔阂之使者”。然后，李家鏊又以中文训勉赴哈学生，要求他们深切领会赴哈学习的意义。其中指出：

中俄交通最久，迄今已历数百年矣。而中俄界线自东徂西绵亘一万九千余里，邦交最久，接壤最长，因须中俄之交情日益加密，而中俄之交涉更觉繁冗。中俄交涉日繁，不能不与之联络，联俄之法非有精通俄文人才不可，尤非培养俄文学生不为功。然我国当日于俄文一科除京师同文馆略事点缀外，别无俄文专门学堂。本道曾于光绪二十一年创设俄文学堂于津沽，嗣以经理非人，前功尽弃。继以湖北、京师相渐创设，亦迄无大效，良可叹也。今自欧亚铁路交通以来，文明日进，注重实业，易兵战而商战而学战，以争存于世界。我国亦以屡受外人激刺，特采取东西学制，议定各等学校，遍设于乡国，法至良意至美也。惟于外国语言文字非置庄岳之间，则楚传齐，咻鲜能获效。是以俄国东方大学毕业生犹须派入我国各处实地练习

①《卢司使训诫赴哈学生规条八则》，《远东报》1911年9月10日。

言语，采风问俗，无所不至。彼亦以与我辅车相依所致乎。我东省督宪赵公有鉴于此，特筹巨款资送诸生来哈投入俄文商务学堂肄业，俾资深造。诸生年未及冠，志趋高尚，殊堪嘉敬。惟冀诸生自重其品，自爱其身，专心求学，以底于成，则幸甚矣。

此外，李家鳌特别强调：

国文为立身之本，各国皆然，况诸生正在志学之年，姿质虽皆聪颖，而国文则不可偏废。现拟于俄历放假期内另聘国文教习，专授国文，诸生务当按期听讲。如有心得录以日记，彼此研究，务使中西并进，今古榕同，由小成以底大成。①

在举办各种欢迎会后，9月10日校方将赴哈学生分派前往各寄宿家庭，这些家庭的主人均为中东铁路管理局工作人员及商务学堂教师，具体安排如表3.5所示：

表3.5　赴哈学生寄宿家庭情况表

学生姓名	寄宿家庭
铁双恒、张国臣	铁路地段总理查哈罗夫家
董天真、关鸿翼	商校教员倭伦才惟次家
崔春煦、王德霖	商校教员维雪而肯家
邹尚友	管理学务处副办赫米罗夫家
王景文、史尚文	商校办事人员司密尔坦可家
佟贵勋、脱万年	铁路民事办事员列密斯家
曲秉诚、富瑞	铁路购地处代办阿林加尔特家
孙炳青、白玉生	铁路材料处办事员瓦密祁诺夫家
张明哲、苏世铎	铁路收捐处总会计员特罗费棉可家
李绍庚、安世英	铁路收捐处办事人员列维特司家
项文清、吴恪（自费生）	商校办事人员李克司家

［资料来源］《本埠要闻·详志中俄欢迎奉派学生三记》，1911年9月14日《远东报》。

①《本埠要闻·详志本埠中俄欢迎奉天选派学生事》，《远东报》1911年9月10日。

上述寄宿家庭是从16家申报者中挑选出来的，主要为赴哈学生提供看护、饮食、洗衣、沐浴等服务，每名学生每月的寄宿费用为30卢布。[①]

20名赴哈学生在入住寄宿家庭之后不久，便开始了在商务学堂的正式学习。1911年9月14日，商务学堂监督对赴哈学生的学习方式与课程内容进行了安排。由于赴哈学生均不懂俄语，所以不能随班听讲，由学堂聘请一名外语教师，每日专职教授俄文俄语课，每星期合计有30小时的课程，待一年后再行分班。[②]就在20名男学生入学后不久，奉天方面又派遣了10名女学生进入哈尔滨女子商务学堂学习“各种商业科学”。[③]但由于部分学生年龄较长，不符合学校的要求，所以被遣回奉天。于是，赵尔巽又选派了几名年轻的学生前往哈尔滨。[④]至此，奉天选送的赴哈男、女学生已全部入学，他们的学习一直持续至民国初年。

二、新疆选派的留俄学子

新疆地区选派留俄学生始于20世纪初。由于其时当地边境贸易逐渐频繁，中俄两国边民互贸往来增加，伊犁将军及部分少数民族官员开始意识到学习俄语的重要性。长庚担任伊犁将军时，由伊犁地方派遣留俄学生之事即被列入议事日程。1902年，索伦营领队大臣志锐在会办“司牙孜”[⑤]事务时，与俄国参议官潘特索福商议拟派学生赴俄留学，俄方亦复文表示同意，但后因长庚卸任而被迫中止办理。

至1903年，伊犁派遣留俄学生的条件逐渐趋于成熟。是年6月6日，伊犁将军马亮上奏《拟设伊犁养正学堂并派学生出洋肄业酌定章程折》，其中指出伊犁与俄邻近，亟需大量交涉人才，但在满营办事人员之中“通晓满汉蒙回文意者固不乏人，然兼通俄国语言文字，熟习交涉事务者究难其选”，

---

① 哈尔滨市人民政府地方志编纂办公室编：《哈尔滨史志丛刊》（增刊5），1983，第15—16页。

②《本埠要闻·华生就学之课程》，《远东报》1911年9月15日。

③《本埠要闻·女生昨日来哈》，《远东报》1911年9月14日。

④ 哈尔滨市人民政府地方志编纂办公室编：《哈尔滨史志丛刊》（增刊5），1983，第21页。

⑤ 清朝后期，中俄两国在新疆施行了一种定期会谳处理双方边民互控积案的特别制度，中文史籍称为“司牙孜制度”，是俄文Съезд（意为会议）的音译。（苗普生：《历史上的新疆》，新疆人民出版社，2006，第298页）

其时伊犁所设“义学”的教学水平较低，学生“仅粗知满汉文义，未能会通中外文学”，根本无法培养与俄交涉所需的人才。由是，鉴于“平时即未备通才，临事更何资肄应”，马亮请求派遣学生前往俄国七河省[①]阿拉木图留学，“取其就近，易于询察，学无上进者随时调回另派，不致糜款旷时”，并规定每次选派10人左右，以3年为学习期限，出洋旅费需“二千数百两”，每年学费、生活费及相关奖励等项费用则约为7500两。此外，马亮还请求在伊犁设立养正学堂，挑选满蒙子弟40人入堂肄业，修业期限为4年，以此为后续派遣留俄学生提供人才储备。奏折所附学堂章程则对选派学生留俄及开办养正学堂等工作进行了详细阐述。其中规定，先期挑选10名“清汉文义通顺者”派往俄国留学，这些学生在3年之中不仅须学习精通俄国语言文字，而且要探访俄国的“风土人情舆地算法”，如学生能兼习“英法德美诸国文字”，则成绩更为优等。学习期满后，学生可选择继续在俄深造或前往他国留学，伊犁也将继续给予官费待遇。另选40名年满15岁且“曾读清汉小学及四子书”的“两满营四爱曼子弟”入养正学堂学习“清汉满回文字”，待学业期满后举行出洋选拔考试，其中成绩名列前十的毕业生组成第二班留俄学生，派往阿拉木图就读。此后亦依此例办理。所有留俄学生毕业回国后，须一律接受考核，如果学业成绩优异、处事干练通达，则可获得伊犁将军的重用，或担任养正学堂教习，或补防、骁等官职，同时兼派中俄局提调、翻译等项职务，而在补缺升迁时亦可因“洋学熟习”获得破格录用，这也是鼓励留俄学生奋发进取、努力成材的一种特别方式。[②]

就在马亮积极筹备选派留俄学生事宜的同时，部分少数民族官员亦积极参与配合此项留学活动的开展。锡伯营领队大臣、副都统色布西贤与索伦营领队大臣志锐、总管富善协商并报请伊犁将军马亮批准，从锡伯、索伦两营

① 七河省是沙俄在中国领土上建立的殖民机构。1864年（同治三年）10月7日，沙俄强迫清政府签订了《中俄勘分西北界约记》，割去中国西北地区巴尔喀什湖以东、以南地区大约44万平方千米的领土。1867年，沙俄政府在该地区成立“七河省”，以加强对该地区的殖民统治，从此“七河省”成了沙俄侵略中国的桥头阵地。1871年，俄军占领中国新疆伊犁地区，沙俄政府下令将该地区也划归“七河省”，由“七河省”省长兼驻军司令科尔帕科夫斯基直接统治，企图长期霸占伊犁。伊犁地区十几万居民遭到沙俄残暴的殖民统治，处于水深火热之中。（陈承镶、姜亦浩、姜键主编：《简明国耻辞典》，长春出版社，1993，第181页）

② 马大正、吴丰培主编：《清代新疆稀见奏牍汇编》（同治、光绪、宣统朝卷　下册），新疆人民出版社，1997，第1282—1284页。

和新老满营中选拔出关清廉、春保、伊力善、殷德善、崇纳等品学兼优的学生作为首批留俄学生。为保证留学教育的质量，色布西贤还委派索伦营的巴图沁、锡伯营的萨拉春随行照料留俄学生的起居。①

图 3.1　伊犁将军府办事大臣富善赴阿拉木图与部分锡伯族留学生合影留念

［资料来源］舒慕同：《清末民初赴俄留学的锡伯青年》，新疆锡伯语言学会网。注：此图拍摄时间为 1908 年。图中前排人物由左至右依次为：伊立春、萨拉春、俄国外交官、富善、富善长子崇恩、伊旦扎布（陪同富善）、中国侨民负责人、巴图沁、博孝昌（伊犁将军锡伦之子）。

1903 年 10 月 11 日，索伦营领队大臣志锐带领 10 名学生前往俄国七河省，后于 10 月 19 日抵达阿拉木图。到俄后，七河省省长伊阿诺夫将所有留俄学生安排进入阿拉木图幼童学校就读。在学业方面，留俄学生首先学习俄国语言文字，待能熟练掌握俄语之后，再按照俄国的教学章程循序渐进地学

① 中国人民政治协商会议伊犁哈萨克自治州委员会文史资料委员会编：《伊犁文史资料》（第6辑），1990，第 169 页。

习其他课程。与此同时，各个留俄学生在学习俄文之余仍要学习满语和汉语，从而保证既能融汇中俄文字，又不会忘记母语，“如能有成，则数年之后自相传教人人皆知俄国情形”。在留学费用方面，根据俄方规定，每名学生每月学费为俄国货币 50 卢布，而房、饭、衣服等生活费用需 18 卢布，10 名学生每年的费用总计为 8160 卢布。此外，志锐由于仍须回国，而“挑选幼童 10 名均在 10 岁以下，资质尚属聪颖，因虑无人照料”，所以他指定通晓俄文的新满营正红旗佐领伊勒噶春担任总管，并携带巴图沁、萨拉春以及一名跟班，共同驻俄照料，每年生活费须 2960 卢布。由于汇率兑换的缘故，上述费用比派遣留俄学生前所估计的数额增加近一倍。为解决这一问题，伊犁将军马亮从“伊犁牧场变价款内”设法匀挪出部分款项以补留学经费上的不足。[①] 需要指出的是，负有照料留俄幼童任务的巴图沁、萨拉春其后也进入俄国学堂读书，因年龄较长而被称为“大学生”。

就在伊犁留学生奔赴俄国阿拉木图时，负有培养后续留俄学生重任的养正学堂也开始了办学活动。1904 年 3 月 18 日，伊犁养正学堂的建设工作均已告竣，是日正式开学，共有 40 名满蒙各营子弟入堂就读。[②] 学堂内设满语、汉语教习各两人，蒙古语、回语教习各一人。至 1905 年时，学堂内先后录取学生 92 人，教习人数亦有所增加。[③] 到 1907 年时，养正学堂在校生的人数达到近百人。由此可见，养正学堂确实为伊犁乃至新疆教育事业的发展发挥了一定作用。此后，受伊犁兴建武备速成学堂等因素影响，养正学堂于 1907 年 1 月更名为兴文学校，其规章制度亦随之修改，按照“癸卯学制”办理，办学费用由哈萨克各部的“报效经费”提供，为每年白银 8000 两。[④]

伊犁留俄学生在七河省阿拉木图的学习极为认真刻苦，成绩优异，志锐就曾称赞“该学生尚能勤奋，易于教习”。1905 年，志锐在赴喀什噶尔办理积案时，顺道赴阿拉木图考查留俄学生的学业进展情况。在 12 名“大小学生”中，

① 马大正、吴丰培主编：《清代新疆稀见奏牍汇编》（同治、光绪、宣统朝卷　下册），新疆人民出版社，1997，第 1315—1316 页。

② 同上书，第 1331 页。

③《伊犁将军马奏出洋学生考选拨学并养正学堂改添教习限定学额片》，《东方杂志》第 2 卷（1905 年）第 6 期。

④《署伊犁将军广福奏养正学堂期满改设兴文学校折》，《政治官报》1908 年第 144 期。

有 6 名“资质聪敏，学业亦有进境”，已按照俄国教育章程升入官学堂就读，生活费等项费用亦照俄国标准继续供给，其余 6 名学生“俟造就有成再行拨学”。[①]1906 年，志锐调任宁夏副都统，负责管理养正学堂及留俄学生的“总理堂职官”一职由锡伯营领队大臣西贤接任。[②]同年，留俄学生于暑假期间回国，“考其个人功课，均有心得”，马亮以“该学生等材堪造就”为由，派索伦营副领队总管富善带领这些留学生继续在阿拉木图学习。1908 年 3 月，署理伊犁将军广福对各留俄学生的学业程度进行考查，其中 6 名幼童在小学毕业后升入“吉木那孜学堂”就学，其余学生仍在原学堂学习。伊犁对留俄学生的派遣，也带动了当地留俄教育的开展，“因俄国学堂教授得法，伊犁风气渐开”，养正学堂的学生“多有请往游学者”。于是，广福增派 2 名大学生同赴阿拉木图留学，并委派富善与俄方谈判，以求节省愈来愈多的留学经费。[③]

当然，伊犁学生的留俄生活并非一帆风顺，其间也受到俄国时局动荡带来的影响。在俄国 1905 年革命时期，七河省亦受革命风潮波及，留俄学生被迫向伊犁发电报请求援助。伊犁方面旋即求助于外务部，外务部命令志锐照会七河省政府派兵保护留俄学生。[④]

这些伊犁留学生在俄学习时间较长，学业较为优异，如关清廉曾获得俄方颁发的金质奖章。[⑤]此后，他们分别于 1909 年与 1914 年回国，或担任驻苏领事，或致力于教育、翻译工作，都为新疆各项事业的发展作出了贡献。[⑥]与此同时，色布西贤还将自己的孙子帕尔塔里送往俄国留学。此外，尚有一批伊犁少数民族学子曾计划赴俄留学，但最终未能成行。1902 年在伊犁惠远城有一所武备学堂成立，曾有数百名锡伯、索伦、达斡尔、蒙古、满等族青年在这所学堂学习文化和军事。色布西贤与富善经商议后决定将该学堂的二十

---

①《伊犁将军马奏出洋学生考选拨学并养正学堂改添教习限定学额片》，《东方杂志》第 2 卷（1905 年）第 6 期。

② 马大正、吴丰培主编：《清代新疆稀见奏牍汇编》（同治、光绪、宣统朝卷　下册），新疆人民出版社，1997，第 1457 页。

③ 广福：“奏为伊犁满蒙幼童赴俄学堂游学期满继续留学学生经费开支等事”，光绪三十四年二月初十，中国第一历史档案馆馆藏档案：“军机处录副・光绪朝”，全宗号 03，缩微号 538—2148。

④《留俄七河省学生电请保护》，《申报》1906 年 7 月 16 日。

⑤ 新疆维吾尔自治区政协、伊犁哈萨克自治州政协、察布查尔锡伯自治县政协文史资料委员会合编：《新疆锡伯族人物录》，2001，第 36 页。

⑥ 中国人民政治协商会议伊犁哈萨克自治州委员会文史资料委员会编：《伊犁文史资料》（第 6 辑），1990，第 169 页。

多名锡伯族毕业生送往俄国留学，但这项动议最终因俄方未予接受而告吹。[①]

第三节 晚清留俄教育管理体制的确立

晚清时期，留俄教育管理体制历经了一个较为复杂的发展过程。受其时留欧教育总体管理体制演变影响，留俄教育管理体制在规章制度、机构设置、管理人员选用及经费数额等方面均发生明显变化，既表明其时留俄教育管理对留欧教育乃至整体留学教育管理的依附性，亦在一定程度上体现出清政府对留俄教育管理缺乏具有针对性的布置，进而说明清廷并未将俄国列为重点关注的留学国家。

一、留学管理制度的演变

自“幼童留美”时期起，清政府即开始着手开展留学教育管理工作，但囿于对西方列强的戒备防范与对“中体西用”等传统观念的维护，清政府在较长一段时期内并未完全熟稔西式留学的内涵，缺乏对留学管理的深入认识，仅是依循既往惯例管理留学生。因此，无论是出国留学的资格、留学所在国的监督管理，抑或回国后的安排任用，清廷基本以皇帝下达的谕旨及各级官吏呈交的相关奏折等作为实施留学管理的依据，而并非依靠前后联系紧密、内容一脉相承、结构科学严谨的系列化规章制度执行留学管理功能。这充分表明，受种种因素所限，发展之初的近代中国留学教育在管理制度方面尚处于不完善阶段。至 19 世纪末 20 世纪初，留学教育在时局变化影响下呈迅速发展态势，作用亦大为突显。由是，清政府不得不着手通过建章立制完善选拔、日常管理、归国任用等留学教育管理制度，加强对中国人留学活动的掌控，一批留学管理章程就此出台。尽管在发布形式上仍为谕旨、奏折等，但在连

① 克力、博雅、奇车山编：《锡伯族研究》，新疆人民出版社，1990，第 277 页。

续性、严谨性等方面较之以往均有明显改观，使其时留学教育管理渐趋完善。

在晚清留学教育发展进程中，自始至终都未曾出现过专项针对留俄学生的管理制度。这一方面是受留学国别、留学人数、攻读专业及重视程度等因素制约，留俄教育相对于留美、留日及留学欧洲其他国家更为冷门，绝无单独建立管理制度的可能；另一方面，留俄教育被清政府归入留欧教育中，作为其组成部分之一，以方便统一管理。所以，这一时期颁行的各项留学教育管理制度中，留俄教育管理所能依仗的基本上是清廷为留欧教育制定的制度。而其中较具代表性的规章制度主要包括以下几种：

1904 年 9 月，《外务部、学务大臣奏准游学西洋简明章程》[①] 对赴欧美留学者的资格、所学专业、各项经费开支、奖惩措施等作出详细规定。章程要求边疆及内陆省份在派遣留学生时应“先择熟谙某文一员”作为“帮教习”，在租赁住所、聘请教师、翻译课程、日常管理等方面为学生提供帮助，并特别强调在俄国的“帮教习”最好是能“通其国文者”，如果乏人则“俄以法文亦可勉强通用”。

1906 年，学部上奏《学部通行京外议定游学欧美学费数目文》[②]，对留学英、法、德、俄、比、美等国的学费数额作出规定，并强调在此项经费外不再另外发放着装、医疗及在外旅行费用，“亦不得别立名目增给费用”。在该文件中，清政府对每名官费留学生的每年学费作出明确规定，这在近代中国人留学史上尚属首次。

1907 年，学部上呈《学部奏派欧洲游学生监督并陈开办要端折》[③]，提出仿效管理留日学生的方式设立欧洲游学生监督一职，以加强对留欧学生在国外的日常管理。凡各省旅欧学生，均归属于游学生监督一并负责。自此起，留俄教育的管理开始有专人负责，驻俄公使再无须兼差。

1909 年，学部上呈《学部奏欧洲游学监督改归使署办理并遴派各监督折》，对留欧教育管理体制进行改革，将原本由一人担任的欧洲游学生监督职务裁

---

①《外务部、学务大臣奏准游学西洋简明章程》，《大清法规大全》，（台北）考正出版社，1972，第 1590 页。

②《学部通行京外议定游学欧美学费数目文》（光绪三十二年十月），《大清法规大全》，（台北）考正出版社，1972，第 1592 页。

③《学部奏派欧洲游学生监督并陈开办要端折》，《政治官报》1907 年第 54 期。

撤，转而在法国、德国、俄国、比利时、英国的使署中分别设立游学监督处作为管理留欧学生的机构，并从国内选拔官员派赴各国充任游学生监督，在俄国的中国人留学事务从此由在驻俄使馆独立设置的官员管理，并每年可获得一定数额的管理经费。①

1910年，学部再上呈《学部奏酌拟管理欧洲游学生监督处章程折》②，共包括总纲、权限、责任、管理条规、经费等五项内容，对派往各驻欧使署的留学生监督在管理方面应负职责均予以详细规定，管理范围涵盖英、德、法、俄、比等五国的全部官费、自费学生。其中规定，留学欧洲的期限为3至7年，超过7年则取消公费资格，已大学毕业再加特别研究者则不受此限。这项制度的出台，改变了留欧教育管理缺乏正式规制的局面，使之开始步入规范化、系统化、合理化的轨道，留俄教育管理也从此有章可循、有规可依。

除上述规章制度外，中国留俄学生还须遵守一些奖励、委任、请销假等管理规定，而这些由清廷颁行的规章具有东西洋留学通用的性质，亦无单独针对留俄教育的专项管理章程。

二、留学主管人员的更迭

受其时中国留学教育发展态势与留欧教育管理制度演变的影响，晚清时期负责管理留俄教育的官员屡次更迭，历经了从无到有、从兼职到专职、从无规可依到管理有序的变化过程。

在近代中国留俄教育始轫阶段，囿于缺乏既定管理章程与相关经验，清政府对留俄生的选派与管理最初并无既定方针与常设机构、人员。故而，清政府其时对留俄学生的日常管理主要依托于驻俄使馆这个平台。从“随使游历”和“住馆肄业”开始，出使俄国的外交官员以及曾纪泽、许景澄等驻俄公使均曾负起指导、管理留俄学生的职责。由于其时留俄学生极少，因此在处理日常繁忙的外事公务外，这些外交官员尚有余暇管理留学生的经费、生

①《学部奏欧洲游学监督改归使署办理并遴派各监督折》，《政治官报》1909年第733期。

②《学部奏酌拟管理欧洲游学生监督处章程折》，《政治官报》1910年第895期。

活、课业、奖惩等事项。至胡惟德出任驻俄使臣，随着来自国内的各类官费、自费留俄学生数量不断增长，出使大臣在处理种种公务之余，显然已无暇负起全面管理留学生事务的职责，这就迫使清政府必须改变单凭外交使节统管留俄教育事务的状况，设立专人承担留俄学生管理工作。由是，清廷开始着手设置专门的留学管理职位，以承担包括留俄生在内的全部留欧教育管理事务。

最早提议并设置留欧游学监督的是一些积极派遣留学生的地方大员。早在1896年派遣赴英、法、德等国的留欧学生时，署理两江总督张之洞便选派昔年曾充任出洋委员的江苏候补知县沈翊清担任“照料委员”，配合出使法国大臣庆常管理留学生诸项事宜。[①]1903年，署理湖广总督端方鉴于江鄂两省留德学生逐渐增多的情况，选派曾为出使大臣随员的户部候补员外郎阎海明担任留德学生监督。[②]几乎与此同时，四川总督锡良与两江总督周馥也均派遣留学监督负责管理本省留欧学生。然而仅经过一年时间，阎海明等人便因留学管理事务千头万绪、常遇扞格，且言语不通、并无译员，而产生力不从心之感。1904年5月15日，阎海明致信端方，请辞留学监督一职。在信中，阎海明首先表达了对端方委以重任的由衷感谢，继而在阐明自己的种种难处后，向端方表示出请辞的强烈意愿：

> 然此次弟之赴欧，殊非昔比，于水上颇形不服，此亦系一紧要者也。在昔年供使署之差事简，当今日司监督之任事烦。弟本才具平庸，无能之辈，于一切公事，如咨文、申文、报销册件等项，尤为门外汉也。……惟有恳乞知己，推行恩便，怜恤无才，又不致有迷前途，以谋日后生计也。务请阁下遴选干员，以接斯任，饬令迅速束装西渡。一俟该员抵洋，即将经手事件逐件交清，当速返华，再图报效于辕下也。[③]

就在阎海明申请辞职的同时，川苏两省的留学生监督亦相继卸任回国，

---

① 苑书义、孙华锋、李秉新主编：《张之洞全集》（第2册），河北人民出版社，1998，第1141—1142页。

② 端方：《端忠敏公奏稿》，（台北）文海出版社，1967，第345—346页。

③ 中国第一历史档案馆编：《清代档案史料丛编》（第14辑），中华书局，1990，第340—341页。

相关留学管理事务均由出使比利时钦差大臣杨兆鋆暂时接办。不久，杨兆鋆因身染疾病而无法继续负担起留学管理事宜，后经四川总督锡良、湖广总督张之洞与两江总督周馥商议，决定委派候选道员吴宗濂全面接管留欧教育管理事务。[①] 吴宗濂原籍江苏嘉定县，少年时曾入上海广方言馆、京师同文馆肄业。1885 年，吴宗濂在驻英使馆充法文学生，继而在 1887 年至 1903 年间先后出任驻法使馆三等翻译官、驻英使馆二等翻译官、驻法使馆二等参赞、驻西班牙代办等职，后被杨兆鋆电招至比利时协助处理留学事务，他在办理外交、留学事务方面的经验可谓十分丰富。[②] 吴宗濂充任留欧学生监督后，“凡在英法德比四国学生悉归该员管理”[③]。

地方官员设立留欧游学监督职位，开创了晚清留欧教育管理的先河，亦对清中央政府委任统管留欧教育事宜的官吏具有重要推动作用。至 1907 年，由于吴宗濂获清廷重用，“由比国参赞奉命兼权使”，所以他原本担任的留学监督职位亟需遴选人员接替。是年 5 月 15 日，湖广总督张之洞与两江总督端方合奏清廷，请求由江苏淮扬海道蒯光典接充江鄂两省留学生监督，此议获准。[④] 蒯光典，字理卿，安徽合肥人，自幼“博综典籍，精研六书”，后于 1883 年考取进士，张之洞对他的评价是“学兼今古，殊当之无愧，而政事非所长”。[⑤] 蒯光典的家世亦非寻常，他出身于官宦之家，其父蒯德模与李鸿章、李瀚章为生平至交，曾官至四川夔州知府兼夔、渝关监督，蒯光典本人还是李鸿章六弟李昭庆的次婿，蒯李两家关系之深可见一斑。[⑥] 并不擅长政务的蒯光典能出任留学生监督，与此似不无关系。

1907 年 6 月蒯光典赴鄂面见张之洞，后于 7 月携带家眷、职员、仆役等数人前赴伦敦。[⑦] 同年 12 月 9 日，学部上呈《学部奏请派欧洲游学生监督并陈开办要端折》，提出鉴于江鄂及直隶等省的留欧学生人数渐增，为能切实

① 吴宗濂：《自述》，《人文》第 2 卷（1931 年）第 2 期。
② 秦国经主编：《中国第一历史档案馆藏清代官员履历档案全编》（8），华东师范大学出版社，1997，第 291 页。
③ 端方：《端忠敏公奏稿》，（台北）文海出版社，1967，第 971—972 页。
④ 张之洞、端方：“奏请蒯光典接充欧洲留学生监督事”，光绪三十三年四月初四，中国第一历史档案馆馆藏档案：“军机处录副・光绪朝”，全宗号 03，缩微号 414-1230。
⑤ 费行简：《近代名人小传》，（台北）文海出版社，1967，第 188 页。
⑥ 宋路霞：《李鸿章家族》，重庆出版社，2005，第 263—265 页。
⑦《留学生监督将次出洋》，《申报》1907 年 7 月 28 日。

考查学生的学业等情况、严格约束学生的行为，请求由蒯光典充任欧洲游学生监督，负责全国各省留欧学生之事务，此议再获批准。[①] 由是，蒯光典转而负担起统管晚清留欧教育事务的重任。到任后，清政府向他授予了一颗满汉合篆文的木质关防作为监督所行文牍之用。[②] 上任之初，蒯光典即着手对留欧学生事务进行整顿，并以书面形式向学部汇报。其后，根据蒯光典的汇报，学部电令各省务须切实严格管理留欧学生，"官费生不准为旁听生，校外预备与各项预备科均不准给全费，留学生不许改国、改校、改科，学费不许预支"。自费生除学习农、工、医、格致四科外，"为各大学旁听生及各项预备科者均不得补官费"。[③] 担任留欧学生监督期间，蒯光典确实起到一定作用。他在整顿学务、管理学生等方面作出的努力，使晚清留欧教育管理得以加强。然而好景不长，在任期间，蒯光典与留欧学生产生诸多矛盾。主要是因为留欧学生对清政府控制留学教育的行径较为反感，所以对蒯光典表现出强烈抵触情绪。[④]

蒯光典与学生之间的矛盾愈演愈烈，一名福建官费留法生的跳楼自尽成为"压垮骆驼的最后一根稻草"，最终引发风潮。[⑤] 留学欧洲各国的中国学子联名呈请学部查办留欧教育管理事务，学部不得不电饬上任未满一年的蒯光典回国述职，其留学监督职责由驻各国使节代为行使。[⑥] 为安抚蒯光典，清政府于 1909 年 10 月批准端方为其请奖的奏折，将蒯光典由淮扬海道擢升为四品京堂候补，以示嘉奖。[⑦] 与此同时，在驻各国使臣代行一段时间的管理后，学部又委任刁作谦暂时代办留欧学务事宜。[⑧] 刁作谦，广东兴宁人，其时在英国留学，并担任欧洲留学生总监督处通译官员。[⑨] 刁作谦代理留欧学生监督的时间较短，其间曾向国内催收欧洲留学费用。[⑩] 此后不久，清政府以蒯光典独

---

①《学部奏请派欧洲游学生监督并陈开办要端折》，《政治官报》1907 年第 54 期。

②《又奏刊发欧洲游学生监督木质关防片》，《政治官报》1909 年第 136 期。

③《学部咨送各省留欧学生现应整顿各事文》，《大清法规大全》，（台北）考正出版社，1972，第 1613—1615 页。

④ 刘晓琴：《中国近代留英教育史》，南开大学出版社，2005，第 201 页。

⑤ 吴宗濂：《自述》，《人文》第 2 卷（1931 年）第 2 期。

⑥《欧洲留学总监督将裁撤》，《教育杂志》1909 年第 1 卷第 6 期。

⑦《直隶总督端方奏欧洲游学监督蒯光典卓著劳勚恳优加擢用折》，《政治官报》1909 年第 719 期。

⑧《商汇欧洲留学经费》，《申报》1909 年 8 月 17 日。

⑨ 樊荫南编纂：《当代中国名人录》，上海良友图书印刷公司，1931，第 3 页。

⑩《电催欧洲留学费》，《申报》1909 年 9 月 4 日。

自管理留欧学生事务力有不逮，且游学“监督不归使臣节制，体制权限均未分明，遇有交涉事宜亦不免有所扞格”为由，决定撤销游学监督一职，改在驻欧各国使署中设立游学监督处，翰林院庶吉士章祖申由此出任留俄学生监督，主要负责管理留学生的各类具体事项。[①]章祖申，祖籍浙江吴兴，字茝生，号无可，是光绪庚子、辛丑年间的并科举人，甲辰年间的进士。[②]他能担任留俄学生监督，与驻俄公使胡惟德的奏调申请密切相关。1905年10月20日，胡惟德在致外务部的电报中提出，因中俄“交涉正繁”，“需员襄理”，所以申请奏调“留学日本进士章祖申来洋相助”，并要求“请速商明学务处，饬令来俄”。[③]由是，章祖申赴俄使馆出任二等参赞，后又获得担任留学生监督的机遇。至此，晚清留俄教育拥有了专门管理人员，再无须驻俄公使掌控。当然，留俄学生监督仍要受出使俄国大臣辖制，在申领学费、对俄交涉、安排留学生等诸多事务上尚需出使大臣的支持乃至亲力亲为。

除由清廷委任的留欧与留俄学生监督外，黑龙江亦曾尝试向学部申请委派专门负责留俄教育管理的人员。1906年，黑龙江省交涉总局向学部呈称：“窃查俄游学生王忠相等五名系年少，识力未能坚定，此次出洋游学必须有人妥为照料，庶不致误入歧趋。”为此，黑龙江方面“谨就留学俄京各员中详加考验”，其中“查有知县用候选府经历朱其昌、候选府经历刘雯，老成端谨，拟请派为照料委员”，并在每月应支学费外各加给薪水俄银100卢布，“以示重视游学之意”。接此咨案后，学部经商议回复道：

> 查江省所派留俄学生迭据咨报到部者共只八人，人数无多，本可不必特派管理员，且朱其昌、刘雯二员即在八人之列，是与王忠相等同为学生，更不宜为此二人另给薪水添支费用。至所称王忠相等五人多系年少，识力未能坚定，必须有人照料方免误入歧趋，查本部前奏准遣派游学，无论官费自费皆应切实考验性行纯谨始予给咨会通，咨各省在案，王忠相等如果识力不坚，易入歧趋，即不应

① 《学部奏欧洲游学监督改归使署经理并遴员分充监督折》，《政治官报》1909年第733期。

② 卞孝萱、唐文权编：《辛亥人物碑传集》，团结出版社，1991，第419页。

③ 中国社会科学院近代史研究所近代史资料编辑部编：《近代史资料》（总92号），中国社会科学出版社，1997，第160页。

遣派出洋，亦断非同学之人所可管束，所有朱刘二生每月加给之百卢布，应请饬令停止，其王忠相等五人应咨行驻俄出使大臣随时察看，如或误入歧趋，即予撤回，庶免虚糜经费。相应咨复查照办理可也。[①]

黑龙江委派专任留俄管理人员的请求就此被学部驳回，一切留学事务仍归驻俄使署管理。

三、留学俄国经费的变化

对晚清留学教育而言，清政府提供的经费支持是保证自身顺利发展的必备条件。甚至清廷对留学教育的管理，都在一定程度上须依赖控制留学经费方能实现。由是可见留学经费在晚清留学教育管理体制中的重要性。一般而论，清政府拨给的留学经费主要包括官费留学生的学费、生活费、往来川资，对部分优等自费生的补助，以及留学管理所需各项开支。留俄教育的经费种类亦大致如此。

在给付留学生的费用上，留俄教育开展之初尚无专门规程对留学生应领经费的项目、数额等予以框定，清政府通常只是按照出使大臣的随员标准等既往成例及派出国的具体情况发给留俄生一定数额费用。如在“住馆肄业”萌生时，随许景澄在驻俄使馆学习的陆征祥，因并无官方赋予的留学生身份，故只按使馆办事人员标准享有每月 120 卢布的薪俸。由于在俄生活开销较大，陆征祥常有费用不济之感。[②] 至 1896 年总理各国事务衙门派遣邵恒浚、桂芳、陈嘉驹、李鸿谟赴俄时，临行前拨给每人整装银 150 两。到俄后，这四名留学生均按清廷要求寓居于使馆，并可每月领取薪水银 50 两。[③]20 世纪初，各方选送的官费留俄学生纷至沓来，各自享有的待遇亦有所不同。京师大学堂选送的柏山、魏渤，出发前获清廷发给的 150 元治装费和 750 元路费，在俄每年学费、住宿费及生活费计 3240 卢布。湖北选送的夏维松等四名留俄学生，

---

①《咨复黑龙江将军留俄学生朱其昌刘雯毋庸派充照料员文》（光绪三十二年十一月十七日），《学部官报》1907 年第 12 期。

② 罗光：《访问陆征祥神父日记——六十述往之一章》（二），（台北）《传记文学》第 19 卷（1971 年）第 4 期。

③ 朱有瓛主编：《中国近代学制史料》（第 1 辑　上册），华东师范大学出版社，1983，第 144 页。

每年各项费用计 6000 卢布。[①]

1904 年，清廷颁行“游学西洋简明章程”，其中规定留学西洋学生的费用项目主要包括学费、生活费、安家费等，所需经费数额参照出使大臣所带学生及湖北官费留欧学生的标准，具体情形如下：安家费按湖北省的标准为每月白银 10 两。在学堂住宿的学生，每月学费及餐费由使馆代缴，另可获得白银 30 两用于生活中的其他项开支；不在学堂住宿的学生，每月学费由使馆代缴，另可得白银 80 两用于租赁房屋、餐费及零用。初次出洋尚需补习外语的学生，如果进入普通学校就读，每月亦享有正式学生的待遇，如果寄寓于补习教师家中则可另获白银 100 两，其中 80 两作为餐费及零用，20 两用于支付补习费。帮助学生适应留学生活的“帮教习”，因住在使馆无须提供住宿费，所以每月只领取零用费 10 两，学费、餐费为七八十两左右。此外，为使留学生能够更为深入地领略、学习欧洲的工艺、艺术等内容，清廷亦为每名毕业生提供白银四五百两作为卒业游历的费用。[②]

1906 年颁行的《学部通行京外议定游学欧美学费数目文》，对留俄学生的学费首次作出明确规定，即每月发给 135 卢布，每年总计 1620 卢布，在预科学习者则每月学费被削减五分之一。[③]设立专员负责留欧学生事务后，清政府于 1910 年 4 月 24 日颁布《管理欧洲游学生监督处章程》，对留学经费予以明确框定。其中，留俄学生从国内启程时能得到治装费 300 银圆，川资 500 银圆，毕业回国时亦可获得川资 500 银圆；留俄官费生在留学期间每月有 135 卢布的学费补贴，自费生如果能够考入大学学习农、工、格致、医科等专业，并经管理游学生监督处查明确实勤奋好学、成绩优异，也可获得部分学费补助。[④]总体而言，留学俄国乃至留学欧洲所需的学费、生活费等项经费确实数额较巨。譬如在 1901 年京师大学堂选派学生出洋活动中，派往日本者共 31 人，需学费九万余两，而派往欧洲者共 16 人，所需学费则为十万余两。两相对照，

① 张泽宇：《留学与革命——20 世纪 20 年代留学苏联热潮研究》，人民出版社，2009，第 78 页。

②《外务部、学务大臣奏准游学西洋简明章程》，《大清法规大全》，（台北）考正出版社，1972，第 1591—1592 页。

③《学部通行京外议定游学欧美学费数目文》（光绪三十二年十月），《大清法规大全》，（台北）考正出版社，1972，第 1592 页。

④《学部奏拟管理欧洲游学生监督处章程折》，《教育杂志》1910 年第 5 期。

每名留学欧洲学生的平均花费较之留学日本约以倍计。[①] 至1904年，留俄学杂等费用每年总体需白银6000两，主要由京师大学堂及湖北、伊犁等地汇寄至俄国圣彼得堡，但由于国内需费时筹措等因素影响，汇款的速度往往较为迟缓，常须驻俄使馆从办公经费中代为垫支，以免影响留俄学生的学习生活。[②] 另据学部对1907至1910年间汇寄至英、法、德、俄、美、比、日等七国的留学学费统计，此四年的留俄教育费用总额为10277.68两白银，具体如表3.6所示：

表3.6　1907至1910年间学部汇寄海外七国留学生学费情况一览表

（货币：白银　单位：两）

国别	年份				合计
	1907	1908	1909	1910	
英国	24208.46	27437.06	23820.2	16915.39	92381.11
法国	15864.63	18416.6	15736.89	14472.09	64490.21
德国	6061.84	2367.93	4657.06	4512.26	17599.09
俄国	2514.01	2821.25	2866.05	2076.37	10277.68
美国	4313.9	8148.15	8946.46	8704.01	30112.52
比利时	1863	3944.42	4721.04	3823.15	14351.61
日本	53546.79	21526.52	23780.89	15190.225	114044.425
总计	108372.63	84661.93	84528.59	65693.495	343256.645

[资料来源]《学部奏核明三十三年分本部收支各款折（并单）》，《政治官报》1908年第416期；《学部奏核明光绪三十四年分收支各款折（并单）》，《政治官报》1909年第923期；《学部奏核明宣统元年分本部收支各款开报折（并单）》，《政治官报》1910年第1109期；《学部奏宣统二年分收支各款数目折（并单）》，《政治官报》1911年第1267期。表格格式与数据来源参考了张亚群撰《论清末留学教育的发展》[《华侨大学学报（哲学社会科学版）》2000年第4期]。

---

① 北京大学、中国第一历史档案馆编：《京师大学堂档案选编》，北京大学出版社，2001，第207页。

② 中国社会科学院近代史研究所近代史资料编辑部编：《近代史资料》（总95号），中国社会科学出版社，1998，第45页。

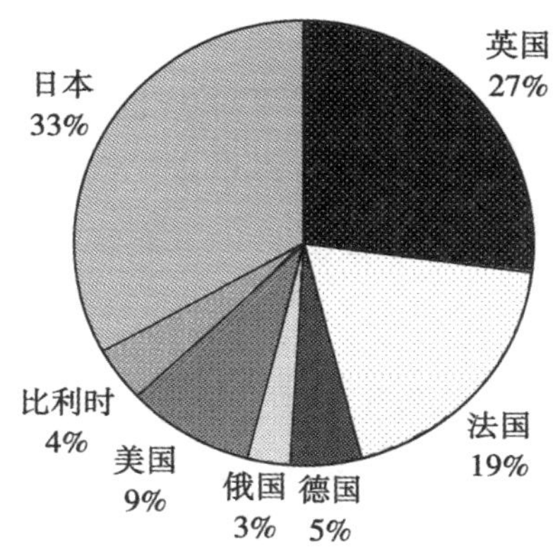

图 3.2 1907 至 1910 年间学部汇寄海外七国留学生学费数额比例分布图

由上述图表可知，学部拨给留俄教育的学费总额在七国之中排名最末，在比例上仅占 3%，甚至不及留学比利时学生的学费数额。这也在一定程度上表明其时留俄教育在晚清总体留学教育中所处地位与发展状况。

除上述留学生在学习期间所需的学费、生活费及各项杂费外，清政府每年还要拨出一定经费用于日常留学教育管理。如蒯光典担任留欧监督期间，由江苏负责提供白银 10000 两作为每年所需管理经费。[①] 至章祖申出任留俄学生监督之时，清廷每年拨给留俄学生监督处白银 7600 两，专门用于日常管理经费开支。[②]

四、留学管理职能的施行

在晚清留俄教育管理体制中，留学管理职能的施行亦是重要内容之一，并历经了由简单至复杂、从局部到全面的发展过程。这不仅体现出清政府掌控留俄教育程度的逐步深入，亦从一个侧面证明其时留俄教育的发展水平。

清政府对留俄教育的管理最初从“随使游历”阶段起步，具体管理由外交官员负责实施，对随使出洋的同文馆学生进行课业考核、评定成绩，以督促他们努力学习。[③] 自“住馆肄业”时期起，由于陆续有国内选派的留学生至俄国学习，

①《饬解欧洲留学监督经费》，《申报》1908 年 4 月 20 日。
②《学部奏欧洲游学监督改归使署经理并遴员分充监督折》，《政治官报》1909 年第 733 期。
③ 曾纪泽：《出使英法俄国日记》，岳麓书社，1985，第 357—399 页。

所以许景澄、杨儒等驻俄使臣负有的管理职责开始逐渐扩展，从单一的课业考核发展为多元化的管理内容。譬如许景澄对陆征祥的单独指导，以及杨儒对邵恒浚、张庆桐等两批“住馆肄业”学生在学业、生活上的安排。胡惟德充任驻俄公使后，鉴于留俄教育步入正规化阶段，他承担起较之既往更为复杂的留学管理任务：其一，为中国留俄学生与俄方接洽入学就读事宜；其二，安排留学生的食宿等生活事务；其三，为学业成绩优秀的留俄学生向清政府申请嘉奖；其四，为中国留学生在俄期间的人身安全提供保护；其五，批准留俄学生的实习、游历等项申请及请销假；其六，管理国内汇寄的留学经费；其七，选拔留俄学生襄助处理使馆内外各项事务，以培育外交人才。由是可见，胡惟德对官费、自费留俄生的学业、生活等有关事项的管理可谓面面俱到、关护有加。

当然，其时留俄教育管理日趋复杂的原因不仅在于晚清留学教育的发展，也与清政府对整体留学教育管理的要求有所变更密切相关。如在 1905 年，出使各国考察政治大臣端方向清廷上呈“奏请量予体恤中国游学生事”一折，从提高留学教育质量的角度出发，提出：

> 各种专门之学，如政治、法律、财政、外交、军事、教育、格致、农商、工艺、路矿诸科，尚为中国所未备，并请旨饬令出使各国大臣督饬学生，各视其性之所近，择一专门苦心研究，学成归国，庶足分任振兴之务，而应缓急之需，切不宜爱博不专，浅尝则辄止。如此则成材日众，冀可以弭外侮而济时艰。[①]

又如在 1907 年，御史徐定超上奏《消弭邪说以安大计折》，后清廷经议复，决定责成出使各国大臣暨外务部留心细察各留学生举动，以防留学生中出现威胁清王朝统治的过激言行。[②] 此类建议都促使晚清留学教育管理体制发生一定变化，使管理内容越发多样。

1909 年，章祖申出任留俄学生监督后，他不仅承接了原由驻俄公使胡惟德所负的留学教育管理职责，还在原有基础上有所扩展，譬如须撰写《留俄学生学务报告》，向学部、外务部汇报俄国的教育制度、学校设置、擅长的

---

① 出使各国考察政治大臣端方：“奏请量予体恤中国游学生事”，光绪三十一年，中国第一历史档案馆馆藏档案：军机处全宗号 03，档号 03-7224-057。

②《责成使臣外部细察留学生举动》，《申报》1907 年 10 月 12 日。

学科领域及中国留学生的个人资料与学习生活情况。值得注意的是，章祖申呈交的《留俄学生学务报告》，基本上只包括在圣彼得堡留学的中国学生情况，在俄国远东及中亚地区的留俄教育情形则一概欠奉。这一方面说明，其时留俄教育管理所能管辖的范围其实极为有限，仅能顾及在圣彼得堡及其周边部分地区的官费、自费留俄学生；另一方面，这也是因为在圣彼得堡集中了俄国大部分最为优秀的学校，代表当时俄国教育的最高水平，所以是各类中国留学生的首选地。

就在驻俄使馆官员代表清政府实行留俄教育管理职能的同时，由于晚清总体留学教育管理中还存在着地方分权现象，因此部分派遣留俄学生的地方官员亦握有一定的留学教育管理权。所谓“地方分权”，是指晚清时期一些地方大员除参与中央政府的留学管理事务外，也掌握着地方派遣留学生、拨付留学经费的权力，可自行决定选派留学生的各项事宜。[①]在晚清留俄教育管理中，“地方分权”现象体现最为明显的省份是湖北。张之洞、端方任湖广总督时期，不仅积极从湖北地方选送留俄学子，推动留欧教育监督职位的设置，还通过管控留学经费、派遣督学官员等方式插手留欧教育管理事务，行使管理职能。如自派遣东西洋留学生始，湖北便按月向这些留洋学子提供安家费，“盖当时因风气初开，人每以远涉重洋为苦，故权行优给银两以示体恤”。至1909年，湖北方面率先停止向留学日本学生付给安家费。1910年5月，湖北以留学德、法、比、英、俄等国官费学生与留学日本学生事同一律，未便稍予区别为由，决定于8月将留学西洋学生的安家费一律永久停发，并通知驻各国使臣告知留学生。[②]又如湖北曾派遣候补知府金峙生等官吏赴东西洋各国考查各留学生的学业成绩、道德品行，还要求留欧学生监督每月通信一次报告留学教育的发展状况。[③]此外，如前所述，黑龙江也曾试图在俄国设立本省的留学管理人员行使管理权，后被清廷直接否决。[④]

---

① 冉春：《留学教育管理的嬗变》，山东教育出版社，2010，第24—27页。

②《鄂省议停西洋留学生安家费》，《申报》1910年5月30日。

③《派员考查留学生》，《申报》1905年6月10日；《鄂督注意西洋留学生》，《申报》1905年6月22日。

④《咨复黑龙江将军留俄学生朱其昌刘雯毋庸派充照料员文》(光绪三十二年十一月十七日)，《学部官报》 1907年第12期。

第四章

终结与影响：近代中国留俄教育的历史转向

历史的车轮滚滚向前，从未停歇。在世界不断发展变化的进程中，政权更替、民族兴衰、国家治乱迭次上演，深刻改变了人类社会的面貌。受此影响，世界各国、各地区间开展的文化教育交流活动也发生着演化，随时代更易而发轫、中止、接续，其主旨、内容、方式等亦日新月异。作为与国家外交关系最为密切相关的一种文化教育交流形式，留学教育通常会随国家命运而起伏不定，近代中国留俄教育亦然。在20世纪最初的20年，中国人留学俄国活动发生了重大变化，留俄教育走向终结，留苏教育继而萌生，鲜明地反映出中俄关系演变对留俄教育的巨大影响，体现出文化外交在此进程中具有的独特作用。

第一节　近代中国留俄教育的终结与转向

就国际关系史而言，一国政权的更迭常常意味着该国与别国关系的重新确立与发展，对于迈入20世纪的中俄两国来说亦是如此。中国和俄罗斯的国内政治格局在20世纪之初都发生了巨大变化，这种历史性巨变既改变了两国的发展走向，也使近代中国留俄教育最终宣告结束，成为中国人留学教育史中的一段记忆。

一、中俄关系巨变与留俄教育性质更易

20世纪初，中俄两国都处于激烈的动荡状态之中，即将面临历史性巨变。在俄国，日俄战争中遭受的惨败与1905年资产阶级民主革命的爆发，均使沙俄政府受到极大冲击，曾经盛极一时的罗曼诺夫王朝开始步入衰落期，其统治地位在日益加深的种种危机下显得愈发摇摇欲坠，几近崩溃边缘。而在中国，自甲午中日战争与庚子国变后，尽管晚清政府试图通过维新变法等多种手段挽救自身命运，从危机四伏的局面中摆脱出来，将威胁其封建统治的各种因素消弭于无形，但最终仍归于失败。由是，中国与俄罗斯的帝制在不过6年的时间内相继在日渐高涨的革命浪潮中崩塌覆灭，两国以不同的国家性质进入到新的历史发展阶段。

1911年10月10日，辛亥革命爆发。在孙中山、黄兴、宋教仁等革命者的领导下，这场席卷全国的资产阶级民主革命不仅结束了清王朝自统一全国起268年的统治，更终结了在中国延续两千多年的封建君主制度，开启了民主共和的新纪元。1912年1月1日，孙中山在南京宣誓就任临时大总统，中华民国临时政府成立。

就此时的中俄关系而言，中国国内政权的更迭及由此引起的暂时混乱局面，给予其时尚能维持统治地位的沙俄政府梦寐以求的可乘之机。作为

一个以扩张领土为主要对外战略目的，且与中国有着长逾千里边界的军事帝国，沙皇俄国绝无可能任凭此等大好时机擦肩而过。为抓住机会进一步蚕食中国领土、扩大在远东的各项权力，沙俄与日本分别于1912年7月和1916年7月签订第三次、第四次日俄密约，不仅划定在中国东三省西部与内蒙古地区的势力范围，而且结成同盟关系，试图以包括武力在内的各种方式竭力阻止其他列强染指其侵华利益。与此同时，沙俄还伙同英、法、德、美、日等国，以提供善后借款等条件为诱饵，向袁世凯提出更多利益要求。

依仗上述种种手段，在1911至1917年间，沙俄继续对中国边疆等地区实施多种侵略活动，谋求攫取政治、经济等方面的核心利益。在外蒙古方面，沙俄试图将其从中国分裂出去的野心由来已久，基于该地区“物富土厚”的优越条件及地理上对俄国的重大战略意义，自18世纪起沙皇俄国便向外蒙古开展势力渗透。至20世纪初，沙俄与当地亲俄的上层贵族相勾结，在俄国操控下，外蒙古分裂势力不断挑起、制造事端，秘密策动外蒙古“独立”，并拟定了详细的实施计划。辛亥革命爆发后，沙俄政府意识到这是将外蒙古分裂出来的最佳契机。俄国代理外交大臣尼拉托夫在1911年11月致沙皇尼古拉二世的奏折中指出：

> 我敢表示，由我国利益的观点看来，现在的中华帝国的解体在各方面都是合意的。在中国各部分之间，即令它们彼此不是完全独立的关系，无疑会有竞争，足以将它们削弱。我们可以利用情况以便完成我国移民事实及巩固我国的边疆，我们在这些地方的自由行动可能比现在大得多，因为中国人的注意力目下都集中在使长城以北的省份和中国内地团结起来，于是会被省政府间互不信任及竞争等内部问题所吸引。[①]

基于这一指导思想，沙俄一边力图造成外蒙古自治的既成事实，一边向中国政府施压。最终，迫使袁世凯执政的北洋政府派代表于1913年11月与俄国

---

①《代理外交大臣上沙皇奏》，引自张蓉初译：《红档杂志有关中国交涉史料选译》，生活·读书·新知三联书店，1957，第351页。

签署了《中俄声明文件》与《声明另件》，中国被迫承认外蒙古的自治权，并承诺不在外蒙古境内驻军、派置文武官员等。1915 年 6 月，中、俄、蒙三方再度缔结协约，外蒙古的“自治”地位被确认，从此，外蒙古彻底为沙俄控制。对此结果，沙俄一方自然欢欣鼓舞，对自身所起作用亦不加避讳，外交大臣沙查诺夫公然表示：“大多数的国家不愿分裂中国，亦不愿建立一自治的蒙古，蒙古之所以能自主全靠俄国一国之努力。”[①] 不仅如此，沙俄政府还于 1915 年 11 月迫使中国政府签订《中俄关于呼伦贝尔之协定》，呼伦贝尔被划定为“特别区域”，至 1920 年中国才恢复了在呼伦贝尔的完全主权。

在新疆方面，辛亥革命爆发后，迪化、伊犁、喀什噶尔等地的革命党人纷纷起而举事响应，并建立了新政权。沙俄政府也借此时机插手其中，借口保护俄国领事馆及侨民，将大批军队派驻于新疆各地。由是，1912 年 5 月至 7 月间，俄国军队先后侵入伊犁、喀什噶尔、阿勒泰等地区，强占中国领土，并乘机扩大在新疆的商业、采矿等项特权。沙皇俄国的侵略行径激起中国人民的强烈愤慨，也令北洋政府不得不一再向俄国方面提出严正交涉，强调沙俄军队必须撤出新疆地区，沙俄方面则屡次三番以各种借口拒绝撤兵。后因第一次世界大战爆发，沙皇俄国为集中一切力量投入欧洲战场的争斗中，只能暂缓侵华的步伐，从 1913 年 10 月起陆续撤出各路侵华军队，至 1917 年十月革命后全部撤回。

此外，在辛亥革命至十月革命的这段时期内，沙俄政府还继续强化其在中国东北地区的殖民势力，依靠中东铁路公司加强铁路沿线地区的“自治”，侵占唐努乌梁海地区。

沙皇俄国借中国政权更迭之机大肆侵略的美梦并未延续很久，1914 年第一次世界大战的爆发延缓了其侵华步伐，1917 年的二月革命则彻底推翻了统治俄国长达三百多年的罗曼诺夫王朝，资产阶级临时政府建立。不久之后，十月革命的胜利促使人类历史上第一个社会主义国家诞生，苏维埃政权在俄国正式建立，中俄关系由此再度发生重大变化。

二月革命后，北洋政府承认以克伦斯基为首的临时政府，中俄之间仍维

① 蒋廷黻选：《帝俄与蒙古》，张禄译，《国闻周报》第 10 卷（1933 年）第 50 期。

系既有外交关系。而在十月革命胜利后，尽管以列宁为首的布尔什维克党取得了领导权，俄国对外政策亦发生根本性变化。为保卫新生革命政权，并争取中国的承认与支持，确立睦邻关系，苏俄政府多次明确表达对华友好态度。但在苏维埃政府建立之初，北洋政府一方面受制于协约国对苏政策，另一方面也担心十月革命对中国的影响，并未与苏俄建立正常外交关系。直到1924年5月31日，中国外交总长顾维钧与苏俄政府特命全权代表加拉罕在北京签订《中俄解决悬案大纲协定》（又称《中苏协定》）、《暂定管理中东铁路协定》及其附件，中断多时的中苏外交关系正式恢复。

20世纪最初的20年间中俄关系发生的巨变，对两国间政治、经济、军事、文化等领域交流产生了重大影响，深刻地改变了其时留俄教育的面貌与发展走向。就留学渠道而言，清王朝的消亡使中国人赴俄求学活动暂时中断，在两国国内及彼此间关系实现相对稳定后，才再度开启。就留学性质而论，随着民国初年俄国的国家性质由沙俄转变为苏俄，中国人留俄教育的性质亦随之发生改变，求学目的、学习内容等均产生差异，这反映了不同性质政府对于文化外交以及两国关系的不同认识，体现出国家关系对留学教育产生的直接而巨大的影响。

二、民国初期留俄教育的落幕

辛亥革命爆发后，政权更迭的状况致使中国人留学教育活动受到严重影响，原本由清政府主导的留学派遣、留学生管理等项事务陷于困顿状态，尤其是官费留学生的求学生涯变得异常艰难，在缺乏政府经费支持的情况下难以维系。譬如，其时大量官费、自费留日学生因费用告绌、进退维谷，不得不各寻出路。大部分中国留学生被迫退学回国，剩余学生则一再向中国驻日使馆祈请支援。①

晚清时期极为发达的留日教育已沦落如斯，而原本即非显耀的留俄教育更是如此。其时，留俄教育的学生管理、经费保障、后续学生选送等项事务

---

① 林子勋：《中国留学教育史》（1847—1975），（台北）华冈出版有限公司，1976，第220—221页。

均受极大冲击，亦无来自俄国社会各界的援手，所以日渐式微也就不足为奇了。但由于中国留俄学生人数远逊于留日学生，且派遣渠道复杂多样，故而波及范围与程度均较为有限，并未在中国国内产生重大影响，舆论报道较少。其原因主要有：

第一，在原有的留学生方面，由于晚清时期中国留俄学生到俄的时间基本为 1899 至 1906 年间，且在俄修业期限一般为 3 至 6 年，因而在民国初年大批留俄生已陆续学成归国，在俄中国留学生人数逐渐减少，只有少量学生因所学专业、休假、清廷奏调等特殊原因，而致在俄学习时间较长。根据民国元年六月统计，当时仍在俄国的官费留学生中，有名可查者有魏立功、刘雯、朱世昌、唐宝书、车席珍、车仁恭、王佐文、王忠相、朱绍阳、李毓华、李宝堂等 11 人，具体情形如表 4.1 所示：

表 4.1　民国元年留俄学生情况一览表

姓　名	入校年月	科　目	现在班次	在学年岁
魏立功	宣统二年九月毕业于商务学堂，并获得文凭。同年，改入皇家军医专门大学	医学专科	第三班	六年
刘　雯	光绪三十四年八月入矿务大学堂	矿务专科	第三班	三年
朱世昌	光绪三十三年八月入矿务大学堂	矿务专科	第五班	四年
唐宝书	光绪三十三年八月入皇家大学堂	化学科	第二班	四年
车席珍	光绪三十三年八月入矿务大学堂	矿务专科	第三班	四年
车仁恭	光绪三十三年八月入皇家大学堂	法政科	第三班	四年
王佐文	光绪三十三年八月入皇家大学堂	法政科	第三班	四年
王忠相	光绪三十三年八月入实业学堂	商务法政	第四班	四年
朱绍阳	光绪三十三年八月入商务学堂	商务专科	—	四年
李毓华	光绪三十三年八月入皇家大学堂	法政科	第四班	四年
李宝堂	宣统元年八月入铁路大学堂	铁路专门科	第二班	二年

[资料来源]刘真主编，王焕琛编著：《留学教育——中国留学教育史料》，（台北）“国立”编译馆，1980，第 1536—1540 页。

由上表可知，其时尚在俄留学的中国学生大部分为黑龙江省派遣，这也在一定程度上体现出黑龙江地区在晚清留俄教育中具有的独特地缘优势。另外需要指出的是，享有江苏官费待遇的医学专业学生魏立功于1914年毕业后，在俄国实习四年，并曾有赴战争前线工作的特殊经历，最终获得博士学位，于1919年4月回国。在晚清留俄学生群体中，魏立功也是目前有据可查的唯一一位取得俄国大学博士学位的中国留学生。[①]

第二，在后续留俄学生派遣方面，辛亥革命后至十月革命前的这段时期内，随着民国初年政治局面的逐步稳定，北洋政府亦曾选派学生前赴俄国学习深造，从而使晚清留俄教育在一定程度上得以赓续，但也逐渐式微。北洋政府派遣的留俄学子，一部分进入俄国圣彼得大学等普通高等院校就读，另一部分则进入炮兵学校等军事院校学习。[②]这批学生中的一部分人即由原晚清留俄学子转变而来。如刘泽荣入圣彼得堡综合大学物理数学系学习[③]，朱绍阳于1914年改学军事[④]。无论原有抑或新派至俄国留学的中国学生，均依照民国初年颁布的留学新规享受相应待遇。例如，1912年12月参谋本部颁行的《派遣陆军测量留学生章程》，即对学习测量专业的军事留学生应具备资格、选拔方式、享有待遇、经费支持等项内容作出详细规定，为中国军事留学生的求学生涯提供了必要保障。在经费方面，“分学费、月费、书籍费、川资、治装费、医药费”；而在待遇方面，如果学生成绩优异，“由部奖叙，准以应升之阶尽先提升记名”。[⑤]然而，其时学习军事专业的中国留学生在俄国的经历却远非一帆风顺，对中国人留俄教育漠不关心的部分俄国官员，出于警惕中国可能变强的防备思想，对中国学子攻读军事专业表现出高度戒备心理。譬如，陆军大臣苏克霍姆利诺夫就曾极力反对毕业于圣彼得堡大学法律系的中国军官李友华（Ли-Ю-хуа）进入亚历山大军事法律学院继续深造。[⑥]诸如此

①《江苏历年留法德俄之官费生》，《申报》1928年9月18日。

②刘真主编，王焕琛编著：《留学教育——中国留学教育史料》，（台北）“国立”编译馆，1980，第1683页。

③刘泽荣：《十月革命前后我在苏联的一段经历》，引自中国人民政治协商会议全国委员会文史资料研究委员会编：《文史资料选辑（合订本）》（第21卷），中国文史出版社，1986，第195页。

④林传甲：《黑龙江教育日记》（三），“1913年10月24日”“1914年2月1日”，张研、孙燕京主编：《民国史料丛刊》（1059），大象出版社，2009，第106、211页。

⑤中国第二历史档案馆编：《中华民国史档案资料汇编》第3辑“军事”1（下），江苏古籍出版社，1991，第1035—1039页。

⑥А. Г. Ларин. Китайские мигранты в России. История и современность.-М.: Восточная книга, 2009, с.62.

类的干涉行为，无疑使中国留学生的求学之路平添很多意想不到的障碍。到1917年时，仍留在圣彼得堡的中国学子仅有刘雯、张永奎、伊里春、殷德善、朱绍阳、李宝堂、刘泽荣、刘娟等8人，魏立功此时已赴前线实习。[①] 至于北洋政府方面，虽使留俄教育不至中断，但受中俄国家关系、俄国文教水准及既往官费留俄活动历史等因素影响，亦无意扩大中国人留俄教育的规模，故而在俄国爆发十月革命前再无派遣留俄学子的明确意向与具体活动。据1917年9月由寰球中国学生会发行的《环球》杂志载，其时江苏、浙江、安徽、山西、山东、湖北、云南等7省共同选派了20名学子负笈海外，其中17名至美国，剩余3名分至英、法、日，俄国则不在其列，这亦可从一个侧面印证当时留俄教育之不振。[②]

此外需要指出的是，由地方政府主导的留俄教育活动在这一时期仍在继续，并基本实现了既定留学目标。其如新疆派往俄国七河省当地学堂学习的留学生，首批于1909年回国，第二批延至1914年方才归国，其间，虽历经国内社会巨变，但在地方政权支持下他们仍能善始善终，完成学业。再如由赵尔巽派至哈尔滨商业学校学习的东北官费学生，同样因情况特殊而在民国初年并未中断，依旧得以延续。这些赴哈尔滨的学生依然享有地方政府提供的优待政策，如假满返校时会有教育部门职员沿途护送。[③] 只是在1915年，因受地方行政经费缩减影响，赴哈学子的津贴与杂项费用遭到官方大幅削减。[④] 奉天赴哈学子的学业成绩极为优秀，在1913年6月举行的合班考试中，5名男生和3名女生被评为最优等，并获书籍等奖品，其余诸人成绩亦为优异，均可进入高级班与俄国学生一同学习。[⑤] 这些学生毕业后多从事外交与商业工作，服务于东北地方，如曾任中东铁路理事会俄文秘书、《哈尔滨公报》社长、哈尔滨副市长的关鸿翼，就是其代表人物之一。[⑥]

---

① 刘泽荣：《十月革命前后我在苏联的一段经历》，引自中国人民政治协商会议全国委员会文史资料研究委员会编：《文史资料选辑（合订本）》（第21卷），中国文史出版社，1986，第198—199页。

②《选派留学生定期放洋》，《环球》第2卷（1917年）第3期。

③《留哈商业生假满返校》，《盛京时报》1916年8月26日。

④《核减留俄学生之津贴》，《盛京时报》1915年2月13日。

⑤《留哈俄商务学堂学生之进步》，《盛京时报》1913年6月20日。

⑥ 张福山编著：《哈尔滨文史人物录》，中国人民政治协商会议黑龙江省哈尔滨市委员会文史资料委员会，1997，第71页。

俄国十月革命以后，中俄关系再度发生剧烈变化，对中国人留俄教育活动产生重大影响。当时的北洋政府仇视新生苏维埃政权，采取多种手段极力防止所谓“革命过激党”渗透至中国国内，选派中国留俄学生一事自然无从谈起。苏俄政权为维护自身安全，集中全部力量抗击来自帝国主义的干涉及平定内部战乱，亦暂时无暇顾及留学教育等文化外交政策与活动的制定实施。由是，赴俄留学条件已不具备，产生于晚清并延续至民国初年的近代官费留俄教育因此宣告彻底终止。

第三，在留学生管理方面，由于国内政权更迭及由此引发的中俄关系巨变，导致中国留俄教育管理较之既往有了显著改变。在留学政策层面，原本晚清留学教育依据的一切相关章程制度均因民国初立而废止，主要依附于留欧教育管理体制的留俄教育亦受此波及，暂时处于无序状态，只能依靠驻俄使馆维系。至 1913 年，北洋政府重新设置留欧教育管理体制，将原有欧洲留学生监督裁撤，改为由部委派留学经理一人，经理留学各国学生费用事宜，即“各国留学学费一律归经理发给”，并划定留学英、法、德、比等国经费的具体数额，但留俄学费“仍由使署兼管”。同时，经理须负责“调查学生成绩、学校情形及学术事项以报告于教育部”，“学生抵国及离国均由经理员于教育部所发证书上批明进出年月以资考核”，而留俄学生只是任其自为。[①]1914 年，教育部颁行《留欧官费学生规约》，对享有官费待遇的留欧学生各类管理事宜作出明确规定，但并未涉及官费留俄学生。[②]1915 年，教育部向全国各省发布通告，为更加便捷地执行留欧教育管理规章制度，决定将留欧经理员一并裁撤，其留学管理职能被分割，发放留学经费由伦敦华比银行代办，其余各类事项则由留学生本人通过邮寄方式直接与教育部接洽办理。该通告的内容仍未涉及留俄教育。由是可见，其时北洋政府似乎对留俄教育的管理作另类看待，故未将其与留学欧洲其他国家等同视之。[③]

在具体留学教育管理职能的执行上，虽然北洋政府将留俄教育管理的职

---

①《留学欧洲之经理员》，《申报》1913 年 9 月 2 日。
②《留欧官费学生规约》，《中华教育界》1914 年第 16 期。
③《教育部咨各省民政长知照裁撤留学经理员各该省留欧学费径汇本部并钞寄留欧官费学生规约请查照办理文》，《政府公报分类汇编》1915 年第 14 期。

能赋予中国驻俄使馆，先后由陆征祥、刘镜人全权负责，但实际上其时留俄教育管理已是一分为二，除由驻外使节负责留学生在俄国的管理外，因在俄学子主要由黑龙江选派，所以国内一切管理事务皆归属于黑龙江当地，具体而言，由黑龙江近代教育的奠基人林传甲[①]全面承担。林传甲于1913年负起留俄教育管理之责，主要为官费留俄学生筹措学费及与教育部、驻俄使馆沟通各项留学事宜。在其所著《黑龙江教育日记》中，涉及留俄教育管理事务的记载屡见不鲜。例如，为留俄学子车席珍、王佐文、朱绍阳、唐宝书、朱世昌等人汇兑留学经费，与归国休假的留俄学生座谈俄国教育状况、留学经历、游历欧洲诸国经验，查阅留学俄国学生表等。此外，在《黑龙江教育日记》中，林传甲亦多次描述其时留俄教育经费捉襟见肘的窘困状况，如驻俄公使刘镜人及留俄生车席珍、王佐文等人曾多次来电来函催求留学费，教育部则有过不准留俄学生经费的批示。由于此时黑龙江每年的留学经费仅为14040元，且其中泰半须支付已蓬勃开展的留日教育，所以林传甲对留俄教育经费的不足常表现出无奈。[②]上述这些内容亦可印证其时留俄教育日渐衰败的凄凉境遇。至俄国十月革命后，尽管北洋政府驻俄使馆仍然存在，但在留学监理方面已是无能为力，故而原来“留俄学生事务仍由驻俄使馆经理”的规定，已成为一句空话。

值得注意的是，尽管此时的留俄教育管理已显现松散之态，且留学经费日绌，但北洋政府教育部对留俄学生所支学费的管控仍未放松。除前述有不批准留俄生学费的决定外，教育部对违反申领留学经费规定的留俄学生亦不忘追讨其多领的数额。譬如，由原黑龙江将军程德全选送的广东香山县籍留学生唐宝书，在申领官费时已声明：

> 恪遵游学章程，受驻俄出使大臣管束，倘借生事端或无故辍业逃逸及有过黜革等情，应将所领官款全数缴还，并请照章惩处。如

① 林传甲：福建闽侯人，生于1877年，一生致力于教育事业与著书立说，还曾赴日本考察政治、教育。他在黑龙江地区从事教育工作近十年，对民国初年黑龙江教育事业的发展作出了突出贡献。

② 参见林传甲：《黑龙江教育日记》（一），张研、孙燕京主编：《民国史料丛刊》（1057），大象出版社，2009，第63页；《黑龙江教育日记》（二），《民国史料丛刊》（1058），大象出版社，第259页；《黑龙江教育日记》（三），《民国史料丛刊》（1059），大象出版社，第38、81、91、95、106、111、112、192、195、201、204、211、243、250页。

> 已经毕业领到文凭，即回江听候差遣，决不投往别处另图事业，以尽报效而符定章。

并于1906年（光绪三十二年）至1913年（中华民国二年）间共支领俄币13500卢布。然而，唐宝书却于1912年夏即因其父去世而请假回国，且假满之后并未回俄继续学业，连续旷课达一年之久，在此期间，留学经费却依然照领不误。教育部外交特派员查知，唐宝书嘱托俄亚银行总行将其留学经费汇寄至上海，至查明时已多领11个月的学费。教育部对此事大为震怒，在致广东巡按使的公函中指出：

> 江省兴学以来经费奇窘，然不惜年支巨金遣送游学者，原欲养成人材，蔚为国用。该生唐宝书以广东之学生领江省之官费，更应勤奋修业，珍重前途，即或中道停辍，其有不得已之情形亦应详晰禀请核示，并将应支学费立时停止。乃回国年余，竟暗在上海汇收学费，似此暴弃自甘贪鄙无耻，洵为学界败类。应请大部转咨广东巡按使转饬香山县，勒令该家属迅将该生历年所领江省官款13500卢布予限如数缴还，并请大部通行各省不得录用该生，以重国帑而正学风。[①]

由是，唐宝书所领的留学经费被一并追返，缴还给黑龙江。

三、由留俄而留苏的“俄乡之路”

“物有本末，事有始终”。晚清留俄教育至1917年俄国十月革命爆发后终告结束，然而这仅代表近代中国人留俄（苏）活动暂时告一段落。随着苏俄政权的逐步稳固以及十月革命对中国国内逐渐产生巨大影响，中国人留学俄国的新阶段由此开启，由留学沙俄到留学苏俄，其性质也发生了根本性转变，为20世纪20—30年代留苏热潮的来临奠定了基础。

辛亥革命爆发后，中国国内虽推翻了封建帝制，建立起共和体制，但好

---

①《教育部咨广东巡按使江省官费留俄学生唐宝书历年所领官费请饬香山县勒令该家属如数缴还文》，《政府公报分类汇编》1915年第14期。

景不长，专制独裁势力窃取了革命果实，举国陷入军阀割据纷争的混乱泥潭。此情此景令一批先进知识分子意识到，欲挽国家于危亡，完成国强民富的历史使命，必须选择一条正确道路继续奋斗。就在中国知识分子处于迷茫苦闷之际，俄国十月革命的胜利对当时的中国产生了巨大影响，这股自北方吹来的“革命之风”使部分中国知识分子的精神为之一振，发现了一条可令中国实现新生的必由之路。正如毛泽东所言：“十月革命帮助了全世界的也帮助了中国的先进分子，用无产阶级的宇宙观作为观察国家命运的工具，重新考虑自己的问题。走俄国人的路——这就是结论。”[①] 以陈独秀、李大钊等为代表的先驱者纷纷著书立说，欢呼十月革命的成功，传播马克思主义。在北京、天津、上海、武汉、长沙、四川等地，相继出现了研究马克思主义和苏俄革命的团体，如李大钊等人在北京大学创立的马克思学说研究会、毛泽东与何叔衡在长沙组织的俄罗斯研究会等。这些团体均高度赞扬俄国“庶民的革命”，深入研讨引导俄国革命取得胜利的马克思主义。此外，部分在日本、法国等国留学的中国学子也接触到马克思主义，并深受影响。以瞿秋白、俞颂华、李宗武等为代表的部分革命者和知识分子，还亲赴俄国实地考察其时苏俄社会的真实状况。这些活动为中国人重启“俄乡之路”奔赴苏联留学奠定了必要的基础。

与此同时，新生的苏俄政权在稳定国内外局势后，亦从为本国及其他国家培养大批革命者，以推动共产主义与民族解放事业发展的角度出发，开始考虑并着手筹办相应的教育机构及培养相应的师资力量。早在 1918 年，苏俄便建立了斯维尔德洛夫共产主义大学（Коммунистический Университет им.Я.М.Свердлова），以培养本国的乌克兰、哈萨克斯坦等少数民族地区的干部。[②]1920 年 9 月，共产国际在阿塞拜疆首府巴库举行东方各民族代表大会，此次会议产生了 48 名委员组成的东方各民族宣传和行动委员会。该委员会的一项重要使命就是“将为东方的革命分子开办一所社会科学大学”[③]。

---

① 毛泽东：《毛泽东选集》（第 4 卷），人民出版社，1991，第 1471 页。

②Н.Н.Тимофеева：Коммунистический университет трудящихся Востока（КУТВ）1921-1925гг. Народы Азии и Африки，1976，№ 2.

③ 牛寅生：《东方各民族代表大会》，《当代世界与社会主义》1985 年第 3 期。

1921 年 2 月 10 日，俄共（布）中央委员会作出决议，为培养苏俄东部地区及中国、朝鲜、蒙古、伊朗等东方国家共产党的政工干部而建立东方劳动者大学（Университет Трудящихся Востока），后正式定名为东方劳动者共产主义大学（Коммунистический Университет Трудящихся Востока，缩写是 КУТВ），简称东方大学。斯维尔德洛夫共产主义大学与东方大学，及 1919—1921 年间苏共在全苏建立起的其他共产主义大学，共同组成了苏俄共产主义大学体系。[①] 除建立与完善相关高等院校外，鉴于部分中国知识分子及革命者“把俄国革命看作是效仿的榜样，把布尔什维克看作是自己在争取民族独立和社会主义的斗争中的天然盟友”，苏俄政府还积极与这些人士取得联系，在探讨援助中国革命事业之余，探讨派遣留苏学生的可能性。[②] 如在 1920 年 5 月，中华全国学生联合会代表姚作宾从上海来到海参崴，讨论苏俄对中国革命运动的援助问题、通过创办报纸加强苏俄在中国的影响问题，以及为向往苏俄的中国学生提供帮助问题。[③]

正是上述因素加之北洋政府与苏俄达成协议，恢复中断多时的两国外交关系，为这一时期留学苏俄活动创造了内外部有利条件。由是，随着俄国十月革命影响的日益加深与中苏关系的切实改善，众多中国热血青年对苏俄的向往开始与日俱增，在苏俄政府对此表示出欢迎态度并提供实际帮助的情况下，中国人留学苏俄活动开始由理想变为现实，留学教育领域的“俄乡之路”由是得以重启。

从 1920 年起，即有少数中国青年通过各种渠道自行前往苏俄。如在 1920 年年末，有 3 名北京大学学生抱着求学目的，先后途经哈尔滨、绥芬河、双城子、黑河等地，历尽千辛万苦抵达苏俄。[④] 又如曾参加过辛亥革命的王维舟，其时受十月革命影响立志前往苏俄学习，后于 1920 年 5 月在上海加入朝鲜共产党，

---

①Ю.В.Ергин：Башкирский Коммунистический Университет. Педагогический журнал Башкортостана，2008，№ 5.

② 中共中央党史研究室第一研究部译：《联共（布）、共产国际与中国国民革命运动：1920—1925》，北京图书馆出版社，1997，第 1 页。

③ 中共中央党史研究室第一研究部译：《联共（布）、共产国际与中国国民革命运动：1920—1925》，北京图书馆出版社，1997，第 50 页。

④ 瞿秋白：《北大三青年赴俄之旅况——愿赴俄者注意》（1920 年 12 月），《瞿秋白文集》（政治理论编　第 1 卷），人民出版社，1987，第 146—148 页。

并被送至苏俄留学。当时，与王维舟同行者共有4人，他们从上海启程，经牛庄、安东、哈尔滨、满洲里、赤塔等地，于1920年年底抵达伊尔库茨克。到苏后，王维舟等人与来自广东、浙江、上海等地的10余名中国人一道，在当地学习俄语和马列主义理论，并负责教授参加过十月革命的华工红军战士学习中国文化。此外，他们还到莫斯科参观了一个星期，并受邀参加十月革命四周年庆祝会，亲耳聆听了列宁的讲话。1921年年底，这批中国留学生由苏回国。据王维舟回忆："在苏联的时间虽然不长，但学习的收获很大，进一步提高了马列主义理论水平。"①

就在此时，中国共产党早期组织也在苏俄帮助下筹备派遣留苏学生事宜。在北京，李大钊领导的北京社会主义青年团于1921年2月召开筹集川资会议，为刘仲容、华清、刘稀、孟知眠等赴俄学生提供资助。②在长沙，毛泽东与彭璜于1920年8月组织发起"留俄勤工俭学团"，积极推动留苏教育的产生和发展。③随后不久，毛泽东、何叔衡等人创立俄罗斯研究会，将研究俄罗斯的一切事务作为宗旨，并在研究会简章中明确规定"提倡留俄勤工俭学"为会务之一。④1920年8月，参加俄罗斯研究会的萧劲光、任弼时等一行6人从长沙启程，经岳阳转乘江轮前往上海，一所专为留苏青年建立的外国语学校正在那里等待他们的到来，这就是上海外国语学社⑤。这所教育机构是中国共产党早期组织最先创办的培养革命干部的学校，由上海共产主义小组于1920年9月在霞飞路新渔阳里6号建立。该校由杨明斋总负责，俞秀松为秘书，教师包括俄文教员杨明斋、库兹涅佐娃、王元龄，日文教员李达，法文教员李汉俊和英文教员袁振英。外国语学社表面上公开招生，上海《民国日报》便曾刊登过学社的招生广告。⑥当然，所谓公开招生广告只是掩护手段，实际上外国语学社学生基本由上海共产主义小组成员及其他相关革命团体和个人介绍

① 王维舟：《我的回忆》，中共中央党史资料征集委员会编：《中共党史资料》（第1辑），中共党史资料出版社，1984，第85—86页。

② 王效挺、黄文一主编：《战斗的足迹——北大地下党有关史料选编》，北京大学出版社，2001，第97—98页。

③ 中国革命博物馆、湖南省博物馆编：《新民学会资料》，人民出版社，1980，第351—352页。

④ 同上书，第354—355页。

⑤ 关于上海外国语学社的详细情况，参见《党史资料丛刊》1980年第1辑，上海人民出版社，1980。

⑥ 参见1920年9月28日至10月2日的《民国日报》。

入学。除萧劲光、任弼时等6人外，还包括刘少奇、罗觉（罗亦农）、卜士奇、曹靖华、韦素园、蒋侠僧（蒋光慈）、柯庆施、华林等，其中很多人后来成为中国共产党的骨干和领导者。

1921年2月，外国语学社学生秦抱朴等10人离沪赴苏。同年3月，上海共产主义小组和外国语学社派遣陈为人先行留苏以试探路线，并获成功。上海共产主义青年团书记俞秀松因要参加在莫斯科召开的少共国际代表大会，也于其时单独前往苏联，并在会议结束后入东方大学学习。4月，乔装为“新闻记者”“商人”“裁缝”“理发工人”的刘少奇、任弼时、萧劲光等数十人，从上海启程前往苏联，[①]并于1921年7月到达莫斯科。这些学生于1921年8月1日在东方大学登记注册，领取学生证，正式成为东方大学学生。[②]到当年12月，东方大学学生已达622人，来自44个民族，其中有中国学生36人。[③]这些中国留学生在苏俄的生活待遇与红军战士等同，虽较为艰苦，但仍比一般劳动者好得多。[④]在学业方面，第一学年因为未精熟语言之故，中国留学生尚不能直接听讲，除3个小时的俄文课外，还有2个小时的正式功课。[⑤]此后，随着俄语水平逐渐提高，中国留学生可以将更多时间投入到专业学习上。

北洋政府对这些早期留苏学生颇为忌惮。为防止留苏生回国传播革命思想，北洋政府严令东北、西北边疆各地官吏必须高度戒备留苏归国学生。譬如，新疆督军杨增新在1920年10月致外交部等部门的电文中便汇报过有关严防俄国革命传入的问题。他指出：

> 现在俄国内部之中国社会党闻有数十华人，皆系投入俄营当兵之人，该俄人择其之粗通文学者，送入社会主义传习所，六个月速成毕业，分往中国，专事传布社会主义等语。查俄新党自实行社会

① 中共一大会址纪念馆、《红旗飘飘》编辑部编：《红旗飘飘》（31集），中国青年出版社，1990，第14页。

②А. В. Панцов. Тайная история советско-китайских отношений：Большевики и китайская революция (1919-1927). -М.: Муравей-Гайд, 2001, с.233.

③В. Н. Усов：Интернациональная помощь СССР в деле подготовки китайских партийных и революционных кадров в 20-30-е годы. Проблемы Дальнего Востока，1987，№ 5.

④ 抱朴：《赤俄游记》（三），《晨报》（副刊）1924年第202期。

⑤ 抱朴：《赤俄游记》（九），《晨报》（副刊）1924年第209期。

主义以后，全国人民失业怨咨为害，已属不堪。兹该党又引诱华民入传习所学习社会主义，以为毕业后遣回中国，分途煽惑之谋。实为吾国大患。据电前情，除饬各属文武严密防范外，应请通行沿边各省。一体防范，以遏乱源。①

北洋政府国务院据此通令奉天省等其他边疆省份对留苏学生一律“亟应严行防弭”②。

然而“青山遮不住，毕竟东流去”，历史的车轮不会因为少数人的主观意志而停滞不前。伴随中国革命力量的不断增强与革命呼声的高涨，简单的行政命令已经无法阻挡20世纪20—30年代中国人留苏热潮的到来。这种从留俄到留苏的根本性转变，不仅标志着近代中国留俄（苏）教育发展到了新的历史阶段，而且深刻体现出国家性质转换及中俄关系变革对近代中国留俄（苏）教育具有的决定性影响。

第二节　近代中国留俄教育的历史影响

晚清时期，中国与俄罗斯基于总体外交而形成的文化外交策略与实施的具体活动，决定了两国文化教育交流的发展走向，对近代中国留俄教育的形成、演化具有决定性意义，贯穿于其发展进程始终。与此相应，这也赋予了近代中国留俄教育独特的历史任务，使它具备了明显有别于同时期留学其他国家的教育功用，有着别具一格的历史影响。在前述章节中即可发现，近代俄国对华文化外交策略与行动具有一脉相承的特质，在承袭17—19世纪初期传统做法的基础上，随着侵华行径逐步升级，俄国对华教育交流的途径、方式、内容均有所扩展，但在核心政策上仍大体维持一以贯之的原则，即注重利用

①《新疆省督军杨增新关于严防俄国革命传入中国致外交部等电》（1920年10月），中国第二历史档案馆编：《中华民国史档案资料汇编》（第三辑　外交），江苏古籍出版社，1991，第725页。

②《奉天省长公署为防范华人在俄学习后分往中国传播社会主义给特派交涉员训令》（1920年10月14日），辽宁省档案馆编：《奉系军阀档案史料汇编》（3），江苏古籍出版社、香港地平线出版社，1990，第549页。

选送留学生、开展汉学研究和中国语教育、派遣考察与实习人员来华等多样化形式窥探中国国情及进行殖民侵略。尤其是沙俄曾屡次试图利用提供资助、独立办学、选派教师等手段直接插手俄语教育等中国对俄教育交流活动，以求潜移默化地影响和控制年轻一代中国学子，使他们能够在精神上、行为上表现出对俄亲善甚至归顺的倾向性，这就明确体现了沙俄谋求通过文化外交为日益升级的侵华战略提供助力的叵测居心。相对于沙俄对华文化外交策略与行动的步步推进，清王朝则显得极为被动，不仅缺乏明确的对俄文化外交政策，即便实施具体活动亦颇为迟缓，在很长一段时期内仅局限于建立俄语教育机构及少量翻译俄文图书，无论是交流途径的种类抑或是所涉及的地域、人群均维持在一定范围内，未曾有更进一步扩展，至于开展派遣人员赴俄实地进行教育考察、选送留学生等具有主动性质的教育交流活动更是无从谈起。至晚清时期，在不可抗拒的时代发展大潮面前，清政府被迫将留学教育作为解时局之困的自救措施之一，开始推动近代中国人留学教育的发展，留俄教育由是方有起步发展之机遇。然而，尽管中俄关系在近代中外关系中居于重要地位，但在中国传统外交理念、俄国对华文化外交策略等因素的共同影响下，晚清留俄教育的发展水平却受到制约，在留学生人数、所习专业、持续时间、取得学位、留学经费、扶持政策等方面，均远逊于同时期蓬勃发展的留美、留日教育，亦难以与留学欧洲其他国家的教育相提并论，并且在留学教育管理方面具有明显依附性，长期从属于其时留欧教育管理体制，到民国初年留俄教育管理甚至已处于放任自流的窘境。上述内容不仅表明晚清留俄教育在本质上是近代中俄两国文化外交政策的共同产物，而且从根本上框定了其时中国人留学俄国的目的、实施步骤、学习内容，进而决定了留俄学子毕业回国后可能发挥的作用。其间，虽然经历了清政府覆灭、民国初兴的历史巨变，但由于留学教育的自身特点，其发挥作用的对象是人，所以晚清留俄教育在具体活动方面尚保有一定惯性，一直持续至民国初期，而其影响力持续的时间则更为久远，涉及的范围更为广泛。由是，这就使近代中国留俄学子群体肩负的历史使命颇为独特，且对这批留俄学子回国后的前途命运产生了重大影响。相对于同时期赴其他国家求学的中国学子，近代中国留俄学生群体已不单是国家间教育交流的代表、沟通中外文化教育的桥梁、学习借鉴与传播先进科学技术文化知识的受众和媒介，还是中俄两国文化外交活动的载体与参与者，体现出极为鲜明的外交特点。因此，深入探讨近代中国留俄教育具有的历史作用，既可发现留俄教育为近代中国培养了何种人才，在其时历史舞台上发挥了何种作用，亦可展现留俄教育在近代中国人留学教育乃至中国近代史上具有的历史地位与意义。

一、留俄学子的考核与任用

考核并决定如何任用留学生，不仅是清政府掌控留学教育的重要手段，对负笈海外的中国学子而言，更是评价其学业水平高低、决定仕途发展的主要途径。因此，留学生的考核与任用，既能反映晚清留学教育的总体质量与影响力，亦体现出对留学生命运具有的决定作用。此外，从对留学生的考核与任用中亦可发现，晚清时期留学不同国家的中国学生群体在专业种类、学业程度、就业领域等方面具有的显著差异性。受近代中国留学教育整体发展趋势与传统科举制度的影响，其时清政府对留俄学子的考核与任用历经了一个发展变化过程。总体而言，这种考核与任用既从属于清廷对全部留学生的安置政策，又具有自身特点。

（一）留学教育考核、任用制度的产生与演变

在近代中国留学教育发展之初，清政府尚未对留学教育管理的各项工作予以细化和规范化，并无明文颁布的留学生考核与任用法规条例。无论是留美幼童抑或是福建船政学堂留欧学生，清廷的考核方式都以奖励为主，即由大臣向朝廷申请对留学生给予官职升迁等项奖赏以示鼓励。例如，李鸿章曾屡次奏请清廷对上述留美、留欧学生进行奖励。至于任用方式，清政府多采取分发就任方式，将归国留学生分派至其时方兴未艾的船政局、机器局、制造局、电报局、铁路局等新式机构工作。在光绪十六年（1890年）以后，出使大臣随带出国的京师同文馆学生亦享有“三年期满，并可保道府”的奖赏待遇，以示朝廷对出国官学生的鼓励，但此类奖赏均属个案性质，主要由出

使大臣呈请清廷下旨表彰，并无统一执行的规章制度。[1]这种“加官进爵”式的奖励方式与分发任职式的任用方式，一方面，表明清政府在近代中国留学教育的早期发展阶段缺乏缜密规划与长远考虑，仅依照既有成规与传统科举思维考核、任用留学生，存有随意性较强的弊病，故在一定程度上未使留学生的能力得到充分发挥，留学教育的成效受到影响；另一方面，这也反映出“学而优则仕”的人才拔擢观念在中国社会深入人心且根深蒂固，凡表彰学有优长者时，政府皆应将官职作为奖励，以致“功名利禄”成为清廷视野中最为合适的奖励留学生的方式，既可用此褒奖游学归来的人才，表示朝廷的重视，从而起到鼓舞留学生群体的作用，也可收“化民成俗”之效，向民众宣示朝廷对培植人才的重视与开展留学活动的决心。

随着19世纪末20世纪初近代中国留学教育步入快速发展期，中国留学生人数呈迅猛增长之势，留学人群不免良莠不齐、龙蛇混杂。在此形势下，清政府为管控留学教育质量，选拔优秀人才，必然会革新原有单一化的奖励方式，制定更为系统的留学生考核、任用制度。由是，为解决“出洋学生流弊甚多”问题，清廷着手筹备与实施“防范之法”。1898年，光绪皇帝下达谕旨，批准总理各国事务衙门代递章京霍翔关于推广游学办法的奏折，“令绅富之家，各选子弟汇送外洋各学堂肄业，俟卒业领有文凭，考验后引见录用，以期选拔真材从之”[2]。1901年，光绪皇帝下达《著各省仿照江南等省选派学生出洋游学谕旨》，责成各省必须提高留学教育的质量：

> 造就人才，实为当今急务。前据江南、湖北、四川等省选派学生出洋游学，用意甚善。著各省督抚一律仿照办理，务择心术端正、文理明通之士前往学习，于一切专门艺学认真肄业，实力讲求。学成领有凭照回华，即由该督抚、学政按其所学，分门考验。如实与凭照相符，即行出具切实考语，咨送外务部复加考验，择尤奏请奖励。其游学经费著各省妥筹发给，准其作正开销。如有自备资斧出洋游学者，著由该省督抚咨明该出使大臣随时照料。如果学成得有

---

① 刘真主编，王焕琛编著：《留学教育——中国留学教育史料》，（台北）“国立”编译馆，1980，第765页。

②《大清德宗景皇帝实录》（卷426），“光绪二十四年八月上”。

优等凭照回华，准照派出学生一体考验奖励，均候旨分别赏给进士、举人各项出身，以备任用，而资鼓舞。[①]

同在1901年，张之洞拟定奖励出洋学生章程，内容主要针对中国留日学生，规定留日学子取得文凭等级并经过清廷大臣考查后即可奏请获得奖励。[②]1903年，张之洞依据清廷嘱托拟定《筹议约束鼓励游学生章程折》，详细规定留学生的入学资格、学业考核、德行考查等项内容，突出强调了奖励优秀留学生以科名的措施，以实现"于安分用功学成回国之学生，予以确实奖励，使各学生有歆羡之心，并使彼国学堂确见中国有劝学求才之实意"[③]。自是，近代中国留学教育始有比较系统的明文颁布的留学生奖励制度，并为其后各类留学生考核任用规定的制定提供了可资借鉴的蓝本。

此后，晚清留学教育管理中有关留学生考核、任用的制度愈发系统，逐渐形成了一整套留学生考选奖励规章体系。在考核留学生程序方面，结合直隶总督袁世凯奏请考验游学日本毕业生的建议基础上，学务大臣张百熙、荣庆、孙家鼐于1904年奏陈《考验出洋毕业生章程八条》，请求在核定毕业文凭后再确认留学生是否具备考试资格，并分门别类加以测试，按照考试分数划分等第及授予相应科名。1906年，学部颁布《奏定考验游学毕业生章程》，共计五条，对归国留学生考试的场次安排、试题数量种类、成绩划分、奖励措施等内容作出详细规定，尤为强调"毕业生准给出身者，并加某学科字样"，譬如"习文科者准称文科进士、文科举人"，其他学科亦如是照办，清廷以这种中西合璧式的科名鼓励归国留学生积极参加考试并取得优异成绩。同时，该章程将留学生的学业考查与授予实际官职截然分开，这也标志着清政府对留学生的考核、任用进入更为严格的阶段，要在核实学生真实水平后再考虑如何安排。此外，学部还颁行了"考验游学毕业生计算分数简章""考验游学毕业生考场规则"以及"游学毕业考试内场办事章程"[④]等项考试规程实施

① 北京大学、中国第一历史档案馆编：《京师大学堂档案选编》，北京大学出版社，2001，第92页。

② 刘真主编，王焕琛编著：《留学教育——中国留学教育史料》，（台北）"国立"编译馆，1980，第765—767页。

③ 苑书义等主编：《张之洞全集》（第3册），河北人民出版社1998年版，第1580页。

④ 刘真主编，王焕琛编著：《留学教育——中国留学教育史料》，（台北）"国立"编译馆，1980，第776—777、783—785页。

细则，增强了留学生考试的可操作性。为保证留学毕业生考试能够公正评价学业水平，评估真实能力，清政府还比较重视留学生考试的阅卷流程与分数评判，要求“当堂悉心校阅，酌定分数”并“严密稽查，详慎将事”①，以求考试成绩的公平、公开、公正。1909 年，学部又颁布新修订的《考试游学毕业生章程》，条目扩充至 8 项，对考生资格、查验文凭、预行甄录、分门命题、考试日期、分等给奖、分别职掌、严密关防均加以规定，使留学生考试制度内容更为丰富，程序更为严密，奖励更为明确。

在任用留学生方面，随着留学生考试在授予科名与聘为实官方面的渐趋分离，清政府制定的留学生任用制度亦日臻完善，形成了较为系统的执行规程。1907 年，北洋大臣、直隶总督袁世凯与南洋大臣、两江总督端方合奏《变通调用留学生章程折》，请求清廷将 1903 年颁行的“官费留学生归国后需回本省当差五年”规定更改为“凡学生毕业回国在五年义务期内他省调用者，应将原派省分所费培植款项如数清退，其各部调用者亦照此例。”②这就令原本较为呆板的调用留学生规定变得更为灵活，使清政府对留学毕业生的任用更加方便。1908 年年初，《宪政编查馆会奏核订游学毕业生廷试录用章程折》颁行，在重申“将学成试验与入官试验分为两事”的同时，为切实保障考核任用留学毕业生工作的质量，并体现原科举制度具有的“量能授官”的优长之处，故制定了 11 条廷试章程，对在廷试中取得优异成绩的留学毕业生“照从前殿试例请旨分别授职”，“以广登进而励真才”。在这 11 条廷试章程内，对廷试资格、考试日期、考试方式、题目内容、题目形式、成绩划分、职官授予、赏给科名等均予以详细说明，这就进一步细化了考核任用留学毕业生的程序。③《宪政编查馆会奏核订游学毕业生廷试录用章程折》颁布后，自 1908 年至 1911 年，清政府共举行 4 届廷试，录用留学毕业生 820 人，涉及法政科、商科、工科、农科、医科、格致科等，授予的官职种类有翰林院编修、翰林院庶吉士、内阁中书、内阁尽先补用中书、七品小京官、知县、

①《阅卷大臣联芳等奏考试阅卷事竣折》，《政治官报》1909 年第 714 期。

②袁世凯、端方：“奏请变通毕业回国留学生留用章程等事”，光绪三十三年四月初四，中国第一历史档案馆馆藏档案：“军机处录副・光绪朝”，全宗号 03，缩微号 538-1564。

③《宪政编查馆会奏核订游学毕业生廷试录用章程折》，《政治官报》1907 年第 92 期。

试用知县、主事、候补主事、分省试用知府、检讨等。这些通过考试的留学毕业生，相继被分发至邮传部、外务部、学部、陆军部、法部、度支部、民政部、农工商部等中央部门以及部分省份。[①]由于录取的毕业留学生人数愈多，清廷不得不进一步改革录用规程，使留学生在中央各部和地方各省的分布更为合理。1909 年，《学部奏游学毕业生廷试录用中书拟准其改就知县小京官折》指出：

> 内阁中书一项额缺无多，而本年廷试各生照章应以中书用者有二十七名之多。该生等到阁以后，非第补缺无期且终年除值宿数次之外别无所事，是虽有录用之名而实置之闲散。

为解决此种人才浪费问题，学部提出，鉴于“今内而各部、外而各省需用新政人才皆苦不足，而本届廷试各生照章应以主事小京官知县用者转不甚多，以之分发各部各省为数尤属无几”的情况，可以将“所有应以中书用之各生，其自愿降就他职者，拟准其呈请吏部改为小京官，分发各部或改为知县分发各省即用”。[②]1911 年，由于通过廷试被授予七品小京官的留学生多达 300 余人，“分配各部拥挤不堪”，于是学部奏请清廷将其中一部分改为即用知县分发各省。[③]

这种按考试成绩决定录用的考核留学生方式，较之以前的直接奖励形式具有一定先进性，在统一留学生考核任用方式的基础上使其有规可循、有章可依，从而避免了既往对留学生的考核仅依赖于官员的主观印象及个人好恶，弥补了随意性较强的缺陷，能够较为全面地考核学生的水平、能力，并授予适当科名与实职，无论是对科学选拔留学毕业生抑或是鼓励留学教育的发展均有相当程度的积极作用。

（二）清政府对留俄学子的考核与任用

清政府对留俄学子的考核与任用，亦遵循上述制度的沿革历程，体现出

---

① 刘真主编，王焕琛编著：《留学教育——中国留学教育史料》，（台北）“国立”编译馆，1980，第 861—954 页。

②《学部奏游学毕业生廷试录用中书拟准其改就知县小京官折》（宣统元年四月十七日），《大清法规大全》，（台北）考正出版社，1972，第 581 页。

③ 刘真主编，王焕琛编著：《留学教育——中国留学教育史料》，（台北）“国立”编译馆，1980，第 954 页。

由无序至有序、由简单到复杂的特点，并深刻反映出清廷对留俄教育功能的定位。

清政府对留俄学生的考核、任用，按时间推移大致可以分为几种方式。

在尚处于游历考察的早期留俄教育阶段，由于此时期清政府通常采用直接授予官职方式奖励留学生，故随斌椿考察团及蒲安臣、崇厚使团赴俄的京师同文馆学生亦应享有此等待遇。但由于张德彝、凤仪、彦慧、塔克什讷、桂荣、联芳、廷俊、庚善、庆常、觉罗福连等随团学生中的大部分在出国前已考取了八品或九品官，且清廷奖励留学生的办法尚处于无序化、非常态化，所以随团赴俄的同文馆学生归国后并未获得直接授予官职的奖励。至于缪祐孙与王之春，因赴俄前已具有官员身份，且游历俄国的目的与同文馆学生有所差异，因而并不适用于一般的奖励留学生办法。

至“住馆肄业”时期，考核与推进留俄同文馆学生的任务由驻俄使臣承担。许景澄等官员不仅须对留俄学生的学业、人品等予以通盘考量乃至培养教育，亦要向清政府提出准确考核意见，作为授予留俄学生官职的重要依据。如邵恒浚、桂芳、陈嘉驹、李鸿谟等首批正式“住馆肄业”的留俄学生，于1898年学习期满回国后，均被授予一定官职。其中，邵恒浚授四品衔分部即补主事并任黑龙江翻译官，桂芳授四品衔候选知州，陈嘉驹与李鸿谟同授五品衔同文馆七品官。①

到19世纪末20世纪初，留俄教育步入正规化的时期，张庆桐、范其光、陈瀚、郝树基等后期“住馆肄业”学生，以及由京师大学堂、邮传部、外务部以及黑龙江、湖北、江苏、吉林等省份派遣的正式留学生和部分自费留学生，不但在留学俄国的时间、专业、途径等方面享有更大的自由度，且清政府对这些留俄学生的考核任用方式也随着相关制度颁行而更为多样化。在考核方面，驻俄使臣胡惟德曾屡次为“住馆肄业”学生张庆桐、范其光、陈瀚、郝树基向清政府请奖，并获批准，张庆桐等人因而获得了官阶升迁。此后，学部于1907年以电报形式通知胡惟德：“本年八月考试游学，请将应考各生

① 朱有瓛主编：《中国近代学制史料》（第1辑　上册），华东师范大学出版社，1983，第70页。

加具考语，照章咨送，于八月初十前到京。并将姓名、学科先电本部。”[①]自此，留俄学生在毕业归国后亦须与留学其他国家的中国学子一道参加清政府举办的“学成试验”与“入官试验”，以求考取科名与实官。当然，驻俄使臣虽因此在留学生考核与任用方面的权力有所削弱，但由于驻俄使臣的评价仍是留学生参加考试的必备条件之一，所以驻俄使臣在留学生考核与任用工作中仍具有相当重要的地位。

受留学生总体人数、留俄教育所居地位、清政府重视程度等因素影响，留俄学生参加考试且有据可查者寥寥无几。享有学部官费的柏山、魏渤于1909年回国后，在清政府举行的归国留学生考试中取得优异成绩。287名同届法政科游学毕业生中，柏山、魏渤与其他45人同名列优等，是年32岁的魏渤位列第13名，已年满30岁的柏山则排在第20位，他们均被清政府授予法政科举人。[②]1910年，由端方选送的湖北留俄学生严式超回国参加游学毕业生考试。本次有500多名留学毕业生参与，其中包括留学英、美毕业生34名，留学法、比毕业生7名，留学德国毕业生3名，留学日本的法律科毕业生221名、政治经济科毕业生135名、文科毕业生9名、格致科毕业生12名、医科毕业生12名、农科毕业生26名、工科毕业生49名、商科毕业生52名，而留学俄国的毕业生仅有严式超1人。[③]在本次考试中，严式超与其他74名考生同名列优等。[④]

而在任用方面，清政府对留俄学生的使用方式更为灵活多样。一是毕业归国后未经考试而被清廷任用担当官职。譬如次批“住馆肄业”学生张庆桐，回国后即相继担任“分省道北洋工务局会办”、海牙和平会议参赞等职，其待遇与首批“住馆肄业”学生邵恒浚、桂芳、陈嘉驹、李鸿谟较为接近。二是根据国内需要随时将尚在求学中的留俄学子调回国内任用。比如，夏维松、陈瀚、范其光、郝树基等人均有被湖北、伊犁及商部奏调的经历，在求学期

① 中国社会科学院近代史研究所近代史资料编辑部编：《近代史资料》（总99号），中国社会科学出版社，1999，第87页。

② “呈学部咨送游学毕业生履历等第请单”，宣统元年九月初六，中国第一历史档案馆馆藏档案：“军机处录副·光绪朝”，全宗号03，缩微号562-3074。

③《学部考取东西洋游学毕业生名单》，《申报》1910年9月8日。

④《游学毕业生等第名单》，《申报》1910年9月25日。

间受命回国接受差遣。三是留俄学子通过清政府举行的留学毕业生考试后进入中央部门工作，如柏山、魏渤、严式超等人。四是部分官费留俄学生及被驻俄使臣看重的少数自费留俄学生，接受清政府委派，直接参与外交工作，典型者如岳昭燏、吴文泰、舒英等。至于由东北、西北地方政府派遣的官费留俄学生及各类自费留俄学生，则由各地方自行考核、任用，并不经过清政府的统一安置。

至民国初年，虽历经政权更迭的历史巨变，但也有部分晚清留俄学生获得了北洋政府任用，留在政府部门工作。如在北洋政府中，郝树基、范其光、柏山、程世模、魏渤等人曾在农商部、蒙藏院、外交部等中央机构任职，且多从事外交方面工作。[①] 朱绍阳、夏维松、关清廉等人，则有出任驻苏俄使馆参赞或领事的经历。[②]

二、留俄学生群体的历史作用

对留俄教育进行全方位研究，不仅为还原此段历史事实，推演出其时留俄教育的发展历程，通盘考量留俄教育在近代中国留学教育史乃至中国近代史上具有的历史地位，客观评价其历史作用，也是题中应有之义。这是判定留俄教育成效的一个主要客观标准，是衡量这一时期留俄教育影响的重要指标，也是深刻认识近代中国留俄教育发展演变过程的基本要素之一，对于展现留俄学生群体的整体风貌亦具有极其重要的作用。而要全面正确评价留俄学生群体的历史作用，则必须深入探讨留俄学生在近代中国历史舞台上究竟扮演了怎样的角色，在哪些领域具有何种价值。

（一）留俄学生与近代中国内政外交

在中国近代史上，留俄学生的历史作用首先表现在与近代中国内政外交的密切关系上，而这又主要取决于其时朝廷对留俄教育的总体定位、设计及对留俄学生的安置。由于清政府在安排、施行留俄教育时，已从外交传统、

---

①《北京东西洋留学会员录》，1916 年 7 月编订。

② 中国人民政治协商会议伊犁哈萨克自治州委员会文史资料委员会编:《伊犁文史资料》(第 6 辑)，1990，第 169 页；郭寿华编著：《苏俄通鉴》，（台北）大亚洲出版社，1971，第 672 页。

中俄关系现状与国家对留学生的实际需求出发，仅将留俄教育主要视作满足对俄外交需要的一种人才培养方式，所以中国留俄学生可选择的专业有限，归国后能从事的行业更是屈指可数。正是基于晚清政府对留俄教育的整体设计，因此，留俄学生回国后步入仕途者为数不少。留俄学生群体中涉足政坛者虽然在具体人数上远逊于留学美、日、欧等国家或地区者，但若单论占各留学生群体总人数的比例而言仍算名列前茅，且留俄学生的作用相对于留学其他国家的学生较为特殊，特别是表现在中俄外交关系及其相关领域。

留俄学生在近代中国内政外交领域的发展，大致可以划分为以下类型：

一是留俄学子登上中国国内政治舞台，成为掌握一定权力的官吏，并体现出服务外交的鲜明特点。

作为与近代中俄关系联系最为紧密的教育交流形式和中俄文化外交策略的直接产物，清廷将独特的历史使命赋予留俄教育，即主要培养精通俄语的外交、翻译人才，兼有培养其他专业人才的任务，且将官费留学生作为留俄教育培养目标的重中之重。这种特殊性，一方面导致留俄群体中借留学之便而获得仕途发展者为数不少（官费、自费生均有，不过较之普通自费生，官费生及具有官方背景的自费生供职于政府部门的人数更多）；另一方面则使留俄学生在近代中国外交领域的作用更为突出，在中外外交尤其是中俄外交领域发挥了重要作用。

早在选派随使游历学生时，清政府便试图通过此种实习方式使京师同文馆学生增长见识、广博见闻，借以培养一批精通外语及外交技巧的官员，解决“彼有使来，我无使往”问题，进而了解西方资本主义列强的真实情况。这种极具应用性的培养目标，为留俄学生日后步入政坛打下了前期基础。张德彝、凤仪、彦慧、塔克什讷、桂荣、联芳、廷俊、庚善、庆常、觉罗福连等随使游历阶段派出的赴俄学子，在出国前或归国后均被清廷授予一定科名及实官。譬如，张德彝任兵部员外郎，庆常任工部主事，桂荣任户部郎中，塔克什讷任工部员外郎。随着时间推移，在技能、经验与功绩不断累积的基础上，这些留俄学生的官职得到继续升迁。如张德彝曾官至出使英、意、比等国大臣及专任驻英大臣，塔克什讷曾先后担任镶红旗蒙古副都统、镶蓝旗满洲副都统等项职务。[①]

至“住馆肄业”时期，清政府与驻俄使馆对邵恒浚、桂芳、陈嘉驹、李鸿谟、张庆桐、范其光、陈瀚、郝树基等前后两批留俄学生的重视与重用程度较之既往有所提高，他们在俄之时即负有“襄办馆务”之责，见习外交事务，辅助驻俄使臣处理对俄事宜，回国后又均被清政府委以一定要职，分派至外交、文化教育等部门及部分省份工作。如邵恒浚曾任总理衙门刑部候补主事、黑龙江铁路交涉总局会办兼总办、直隶知州、学部一等书记官（郎中候补）。[②]桂芳由清廷赏给“递保笔帖式知县加同知衔”，后充任驻俄公使随员。结束随员工作归国后，桂芳曾被清廷授予直隶知州、四品封典、知府加三品衔，以及北洋洋务局随办、东三省议约随员、驻浦盐办理交涉商务委员。1906 年 9 月，桂芳担任驻扎海参崴办理商务交涉委员、保道员。1909 年 3 月后，其改任海参崴交涉商务委员会总领事官，赏加副都统衔。1911 年 7 月，桂芳擢升为科布多办事大臣，充查办库伦事件大臣。[③]陈嘉驹回国后曾任出使法国随员。李鸿谟被授予五品衔、同文馆七品官后，于日俄战争期间赴奉天担任“花翎奉天候补府正堂”。1910 年，李鸿谟接任黑龙江铁路交涉局总办，被授予“驻哈尔滨黑龙江铁路交涉局总办，花翎奉天候补府正堂”的官衔。[④]张庆桐回国后，先任“分省道北洋工务局会办”，后任海牙和平会议参赞。[⑤]郝树基被清廷授予科名后，又曾任农工商部员外郎、借补主事、工务司矿务科科长、外务部俄文翻译官、查办东三省事件大臣随员、专使美国随员、南洋劝业会审察官等职务。[⑥]

到正规化留俄教育确立时期，清廷对留俄学生的作用愈发重视，在考核、任用方面更加正规，留俄学子任职的岗位趋于增多。尽管尚无法与留学美、日的中国学子在所居职位、所起作用等方面相提并论，但能在晚清乃至民国初年政坛上占据一席之地也殊为不易。这一时期的留俄学生，归国后主要从

---

① 邢亦尘编：《清季蒙古实录》（下辑），内蒙古社会科学院蒙古史研究所，1981，第 361、399 页。

②《学部奏请将邵恒浚等分别留部候补行走折》，《政治官报》1908 年第 443 期。

③ 齐齐哈尔市政协文史资料委员会：《军界首脑》（《齐齐哈尔文史资料》 第 21 辑），1992，第 224 页。

④ 黑龙江省档案馆编：《中俄交涉史料汇编·中东铁路（一）》，1986，第 410 页。

⑤ 北京市档案馆编：《那桐日记》（下），新华出版社，2006，第 593 页。

⑥ 北京图书馆编：《地方志人物传记资料丛刊》（华北卷 第 19 册），北京图书馆出版社，2002，第 363 页。

事外交、政务管理、法律等领域工作，且以官费生及部分具有明确官方背景的自费生为主。譬如，湖北选送的夏维松留俄时曾因病归国休养，在此期间受到了赵尔巽的重用。正式学成归国后，夏维松被委派至外交部门工作，积累了丰富经验。[①]京师大学堂选送的柏山、魏渤在通过清政府组织的归国留学生考试并取得优异成绩后，按被授予的法政科举人科名进入清政府中央部门工作。如陈瀚、范其光、严式超等官费留俄学生，或经由中央部门及地方政府奏调，或参加归国留学生考试，均获得了清廷的任用。

当然，总体而言，由于留学起始时间及归国时间基本集中于19世纪末20世纪初，所以其时中国留俄学子的整体影响在晚清时期表现得较为有限。受留俄学生回国时间、北洋政府对晚清官吏留用等因素影响，留俄学子的作用在民国初年以至更长一段时间内仍得以体现。辛亥革命后，在民国政治舞台上崭露头角的留俄学生人数渐趋增多，主要集中于外交、地方管理等领域，其中佼佼者大致如下所述。曾受清廷嘉奖与任用的官费留俄学生及部分自费留俄学生在民国初年仍获得北洋政府留用，继续在中央各部门与地方政府任职。如郝树基、范其光、柏山、程世模、魏渤等人曾在农商部、蒙藏院、外交部等中央政府机构任职，且多从事外交方面工作，具体如下表所示。

表4.2　部分官费、自费留俄学生任职北洋政府情况表（1916年统计）

姓名	号	年龄	籍贯	学科	留学学堂（学位）	职业
郝树基	绪初	42	京兆三河	矿科	圣彼得堡矿务大学堂	农商部佥事
范其光	宾臣	37	江苏江宁	—	—	蒙藏院参事
范旭良	明甫	38	江苏江宁	—	—	外交部佥事
陆征祥	子兴	45	上海	—	—	外交部总长
柏山	仁轩	35	广东番禺	法科	—	司法部佥事
程世模	伯楷	31	四川云阳	经济法政	圣彼得堡大学	公府外交顾问
赵福涛	浚川	37	浙江会稽	—	—	司法部民事司主事
魏　渤	叔虞	—	江苏海门	法政	学士	外交部主事

［资料来源］据《北京东西洋留学会员录》（1916年7月编订）整理。

这些留俄学生的工作成绩颇为优异，曾获民国政府表彰。如郝树基于

① 李国镛：《李国镛自述》，存萃学社：《辛亥革命资料汇辑》（第2册），（台北）大东图书公司，1980，第43页。

1915 年 12 月荣获农商部二等奖章。[①] 除上述八人外，还有一些留俄学生在中央政府机构工作。譬如，曾一度留俄后改派法国的刘光谦在政事堂任职，吉林选送的留俄生李垣也曾在政事堂工作，而陈嘉驹和夏维松都有担任外交部主事的经历。[②]

任职于地方政府及驻外使馆的官费、自费留俄学生亦不在少数。自费留俄的李家鏊，于民国初期历任吉林西北路分巡兵备道兼滨江关监督、吉林西北路观摩使、滨江道尹兼吉林交涉局总办、署理驻海参崴总领事、驻西伯利亚高等外交委员、东省特别区高等审判厅厅长、驻芬兰公使等职，并因在对俄外交上有维护中国利益的功绩获颁二等嘉禾勋章。[③] 接任李家鏊出任第二任滨江道尹的亦是留俄学生李鸿谟，他先任黑龙江铁路交涉局总办，后于 1914 年 10 月 1 日卸任，即接任滨江道尹兼哈尔滨交涉员。[④] 在任期间，李鸿谟借助熟悉对俄外交事务的优势，积极维护中国权益，在收回中东铁路等方面具有重大贡献。邵恒浚毕业回国后曾在外交部任参事，后历任驻海参崴总领事兼铁路监管会及铁路运输部代表、中东铁路董事。1918 年 2 月，外交总长陆征祥因邵恒浚成绩卓著而向北洋政府请奖，后荣获二等嘉禾勋章。[⑤] 刘雯曾任驻俄副领事，他与民国政府驻莫斯科总领事陈广平、随习领事郑炎启程赴俄时，恰逢瞿秋白、俞颂华、李宗武前往苏俄考察，由是便有结伴同行的经历。[⑥] 严式超在民国初年曾任驻库伦大员公署秘书长，1917 年 4 月，又因原任都护使抱病而代行驻库伦办事大员一职。[⑦]1918 年，北洋政府任命严式超为调查员，与驻库大员公署秘书黄成埒、外蒙古地方自治政府贝子朝克图瓦齐尔等分头率兵赴唐努乌梁海，解决沙俄侵占当地的历史遗留问题。[⑧]1919 年 8 月，严式

---

①《政府公报》（第 1307 号），1915 年 12 月 28 日。

② 黎难秋：《中国口译史》，青岛出版社，2002，第 82 页。

③ 哈尔滨市地方志编纂委员会编：《哈尔滨市志·人物附录》，黑龙江人民出版社，1999，第 16—17 页。

④ 中国人民政治协商会议黑龙江省委员会文史资料研究工作委员会编辑部编：《中东铁路历史编年》，黑龙江人民出版社，1987，第 96 页。

⑤《外交总长陆征祥呈大总统为请奖给驻海参崴总领事邵恒浚等勋章文》，《政府公报》1918 年第 740 期。

⑥ 瞿秋白：《瞿秋白作品》，时代文艺出版社，2004，第 26 页。

⑦《代行驻库办事大员职务秘书长严式超咨呈国务院报明代行职务日期文》，《政府公报》1917 年第 490 期。

⑧ 樊明方编：《唐努乌梁海历史资料汇编》，西北大学出版社，1999，第 302 页。

超以驻唐努乌梁海佐理专员的身份拟定《克木齐克乌梁海旗善后办法八条》，对稳定其时唐努乌梁海地区的局势发挥过重要作用。① 李垣出任过驻恰克图佐理员及驻俄参赞，还曾代替徐树铮主持西北筹边使公署。曾就读于圣彼得堡大学法政科的萧焕烈，其法学专长亦得以发挥，于 1929 年 3 月被任命为河北北平地方法院候补检察官。② 张庆桐则因“娴习西文”而历任外交部特派黑龙江交涉员、恰克图都护副使兼佐理专员、阿尔泰办事长官等职。③ 此外，有任职驻外使节经历的还包括以下几位：范其光任驻海参崴总领事，魏渤、朱绍阳任驻伊尔库茨克领事，王之相任驻海参崴总领事，傅仰贤任双城子领事。④ 值得一提的是，朱绍阳还于 1928 年由南京国民政府委派出任驻芬兰代办，并受冯玉祥委托与苏联交涉释放国民革命军留苏生事宜。⑤

除程世模外，还有一些具备明确官方背景的自费留俄生也获得清廷及民国政府的任用，在外交领域取得突出成绩。如胡惟德之子胡世泽，随其父出使俄国后在圣彼得堡的小学、中学就读，后赴法国入巴黎政治学校学习。毕业后，胡世泽又进入巴黎大学就读，并取得法学博士学位。1919 年，胡世泽担任巴黎和会中国代表秘书，开始了其辉煌的外交生涯。1923—1931 年间，胡世泽历任驻德国公使馆一等秘书、驻德国公使馆代办、北洋政府外交部参事、外交部条约司科长、上海市政府参事、外交部秘书兼总务司交际科科长、外交部亚洲司司长、中苏会议专门委员等职。1931 年年底，胡世泽任驻国际联合会全权代表办事处处长。至 1946 年，胡世泽担任联合国助理秘书长，主管联合国托管及非殖民化事务，后又出任负责会议事务的副秘书长。在长期从事具体外交事务工作之余，胡世泽还曾出版著作《外交礼节》。

而在晚清时期已获重用的桂芳，其官职于民国初年又得擢升。1912 年 5 月 17 日，袁世凯任命桂芳为驻塔尔巴哈台参赞。1913 年 7 月，桂芳又暂时署

① 程道德：《中华民国外交史资料选编（一）》（1911—1919），北京大学出版社，1988，第 493—495 页。

②《派萧焕烈充河北北平地方法院候补检察官由》(3 月 27 日），《司法公报》1929 第 13 期。

③《张庆桐被任之原因》，《益世报》1915 年 10 月 18 日。

④ 刘寿林编：《辛亥以后十七年职官年表》，（台北）文海出版社，1974，第 218—220 页。

⑤《第二集团军留俄学生回国》，《申报》1928 年 12 月 27 日。

理黑龙江省都督兼民政长。[1]1914 年，桂芳因“深懂俄事”“于蒙古情形亦素有研究”而被任命为中俄蒙议约事件全权专使，并加都统衔给二等嘉禾勋章。参与恰克图会议及签署《中俄蒙协约》。1916 年 6 月，北洋政府因桂芳熟悉边情而拟定其出任塔城都统[2]，后改任为黑龙江督军兼省长。在任期间，桂芳对稳定边疆地区局势、维护中国主权与领土完整、促进当地发展等方面起到了一定作用。1917 年，桂芳遭到奉系将领许兰洲逼宫，最终被剥夺军政大权逐出黑龙江。6 月 18 日晚，桂芳一行从齐齐哈尔火车站启程赴京，黯然离开江省。[3] 回北京后，桂芳又历任总统府高等军事顾问、安福国会众议院议员。1927 年，张作霖组织北京军政府时，桂芳还曾担任顾维钧、潘复内阁的赈务督办。

二是留俄学生担任技术类官员，为近代中国铁路、水利等工程的发展建设提供助力。

从政的留俄学生虽以从事政治、外交者为多数，但因所学专业、政府调用等原因，尚有部分留俄学子在一段时期内担任过技术类官员，服务于经济基础设施建设。比如，外务部选送的留俄学生范其光在俄京铁道学院路桥专业毕业后，以实习生身份从事中东铁路测量工作，并获得技师称号。此后，范其光又任开徐铁道技师、津浦路调查员等职。1924 年 10 月 2 日，范其光赴哈尔滨担任中东铁路理事会理事。1928 年 3 月 21 日，中东铁路公司组织“哈大洋”问题特别委员会，范其光与另一名留俄学生刘泽荣同为委员。[4]1929 年 7 月 10 日，“中东路事件”爆发。张学良派兵以武力方式接管中东铁路全线，将包括苏方铁路管理局局长叶木沙诺夫、副局长艾斯孟特在内的 59 名高级职员全部解职并押送出境，范其光被任命为中东铁路管理局代理局长。[5]

其后，苏方针锋相对，向东北军发动军事攻击，最终迫使东北政府不得不回到谈判桌上。1929 年 11 月，滨江道尹兼哈尔滨交涉员蔡运升代表东北政

---

① 齐齐哈尔市政协文史资料委员会：《军界首脑》（《齐齐哈尔文史资料》第 21 辑），1992，第 224—225 页。
②《毕桂芳将任塔城都统》，《益世报》1916 年 6 月 29 日。
③《毕桂芳离江情形》，《申报》1917 年 6 月 27 日。
④ 张福山编著：《哈尔滨文史人物录》，中国人民政治协商会议黑龙江省哈尔滨市委员会文史资料委员会，1997，第 152 页。
⑤《实行接管中东铁路范其光被任为代理局长》，《益世报》1929 年 7 月 13 日。

府与苏方代表梅里尼可夫在伯力签订《中苏伯力会议草约》，实际上恢复了争端之前中东铁路的原状。苏联方面重新设立中东铁路正、副局长，原被罢免的中方局长郭崇熙亦官复原职。1931 年 2 月，郭崇熙递交辞呈，中方局长职位就此空缺。经张学良、莫德惠等再三商议，鉴于“东铁局长职权、地位，两皆重要”，且时任中东铁路理事的范其光“任驻俄伯力、黑河等处领事，及东铁理事多年，以事择人，尚属相宜”，于是决定由范其光再次接任局长一职。此项任命在一定程度上说明了中东铁路局长职位的重要性和特殊性，正如《申报》评论文章所言：

该路重要职员，如理事、局长、处长，其地位与职权，已非同普通交通机关仅具特殊技能而已，必须兼交通、外交两种识力，方可措置裕如。盖无交通知识，则在俄势庞大范围中，愈无法应付俄人之行动，而俄方必更孤行己意，置华方于不顾；无外交经验，则一事发生，俄方狡谋百出，亦不易应付，此在局长尤为必具之才能。[①]

正是由于范其光所具有杰出的外交才干与扎实的铁路专业知识技能，才使他具备了担任中东铁路局长的综合素质。另外需要指出的是，范其光不仅对近代中国铁路发展具有一定贡献，民国初年，他还曾在奉天巡按使张锡銮的领导下主持规划松辽流域水利工程工作，对促进辽沈地区商务、交通、防洪等方面的发展起到了重要作用。[②]

除范其光外，曾有任职中东铁路经历的留俄学子还有几位。如毕业于俄京铁道学院道路工程专业的陈瀚，留俄期间曾在驻俄公使胡惟德的资助下于暑期赴西伯利亚铁路沿线考察。因学习成绩优异，陈瀚先后于 1905、1906 年受商部及伊犁将军奏调回国工作。正式毕业回国后，陈瀚获得清廷任用，被邮传部委以官职。1909 年，清廷以陈瀚“于海口、河道、铁路各项工程研求有素，学具专门，堪当重选”为由，命令邮传部派遣其赴江苏工作，为建设津浦、沪宁铁路服务。

①《中东路华局长之更动　郭崇熙去职范其光继任》，《申报》1931 年 2 月 4 日。

②宋希尚：《张謇的生平》，（台北）台湾书店，1963，第 91 页。

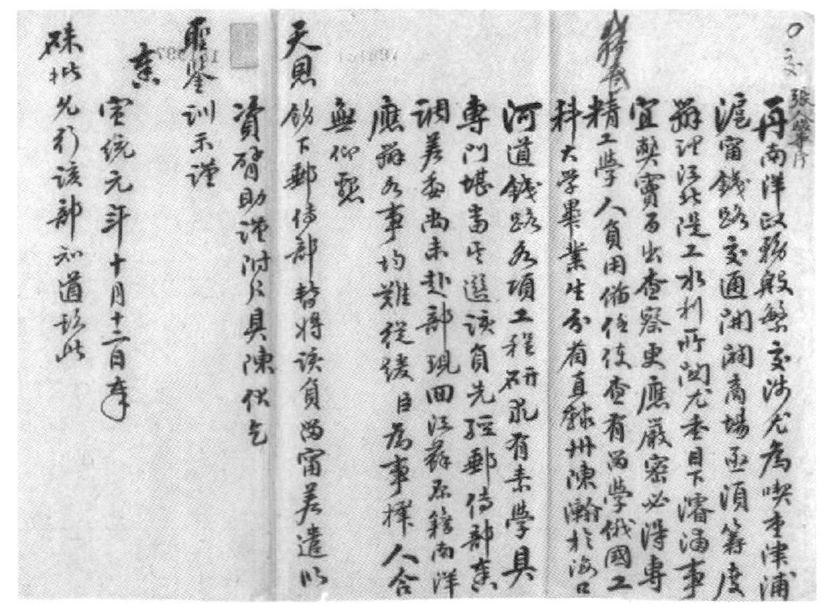

張人駿等片

再南洋政務殷繁交涉尤為喫重津浦

滬甯鐵路交通閩湖商埸亟須籌度

辦理江浙隄工水利所關尤重目下濬浦事

宜踏實分出查察更應嚴密必得專

精工學人員用備任使查有留學俄國工

科大學畢業生分省直隸州陳瀚於

河道鐵路各項工程研究有素學具

專門堪當臣選該員先經郵傳部奏

調差委尚未赴部現回江蘇原籍南洋

應辦各事均難從緩自為事擇人合

無仰懇

天恩飭下郵傳部暫將該員留甯差遣以

資臂助謹附片具陳伏乞

聖鑒訓示謹

奏

宣統元年十月十二日奉

硃批允行該部知道欽此

图 4.2　奏为留俄习工人员陈瀚留宁差遣（折片）

［资料来源］张人骏等：《奏为留俄习工人员陈瀚留宁差遣（折片）》（宣统元年十月十二日），台北故宫博物院图书文献处，文献编号 181997。《数位典藏与数位学习联合目录》。

陈瀚于 1921 年春担任中东铁路监察局局长。按照中东铁路体制，监察局局长职位在督办之下，在副董事长之上。陈瀚也就因此成为仅次于督办的中东铁路重要人物。1924 年，东省铁路监事会议改组，陈瀚续任监事长。①

除在铁路建设上颇有建树外，还有留俄学生曾从事矿务方面的技术管理工作。如郝树基在俄国留学期间由清政府农工商部奏调回国协助办理矿务。辛亥革命后，郝树基又于 1912 年 9 月被北洋政府任命为工商部矿务司第一科佥事。②

三是东北、西北地区选派的各类留俄学生，毕业回国后服务于东三省及其他地区，对当地乃至中国的政治经济文化教育发展作出了一定贡献。

---

① 中国第二历史档案馆编：《中华民国历史图片档案》（第 1 卷　1），团结出版社，2002，第 599—600 页。

② 刘揆一著，饶怀民编：《刘揆一集》，湖南人民出版社，2008，第 13 页。

在东三省总督赵尔巽选送至哈尔滨商务学堂学习的奉天学子中，因所学专业及留学目标所限，进入商界及从政者颇多，取得了突出成绩，并对当地的政治、经济具有重要影响，像中东铁路管理局、东省特别区政府中的许多行政人员，均为哈尔滨商务学堂的毕业生。例如，铁双恒毕业后先是在承接松花江、黑龙江、乌苏里江等流域航运生意的乌同公司做稽核工作，此后进入中东铁路工作，历任中东铁路稽核局专员科长、稽核局局长，还曾任苏联驻华大使馆商务处图书部主任。[①] 来自辽中的张国臣（张国忱），毕业后曾任东三省交涉总署参事兼交际处处长，督办中俄会议事宜公署咨议、奉天镇威上将军府咨议，1926 年 9 月起任外交部特派察哈尔交涉员，1928 年任京师税务监督。此后，张国臣又历任东北保安司令部秘书、东省特别区教育厅厅长。1931 年东北沦陷后，他随东北军入关，任天津市财政局局长。[②] 原籍辽阳的董天真，毕业后进入政界工作，曾于 1926 年受东省特别区市政管理局指派，进入由中国人组成的哈尔滨自治临时委员会成立的估捐委员会担任委员。[③]1927 年，董天真因办理警务卓有成效受到北洋政府的表彰。[④] 崔春煦曾任中东铁路监事会稽核局局长。邹尚友在民国初年任东三省交涉署通商处处长、中俄会议商约专门委员，1927 年改任驻苏联黑河、海参崴总领事，同年调任东北边防司令长官公署秘书，1931 年起历任中东铁路理事、哈尔滨党务特派员、天津市政府秘书等职，1935 年任驻新西兰代理总领事。邹尚友还曾调任外交部亚西司司长、驻土耳其公使，抗战胜利后改任驻阿富汗公使等职。[⑤] 孙炳青于 1929 年 4 月由外交部任命为署理驻庙街领事[⑥]，同年 11 月改任署理驻黑河总领事馆副领事[⑦]。

在这批赴哈学子中，曾与董天真一道担任估捐委员的关鸿翼，其经历可谓最为复杂。在哈尔滨的商务学堂结束为期 8 年的学业后，关鸿翼又进入哈

① 信德俭、温永峰、方亮等编著：《学以事人　真知力行——山西铭贤学校办学评述》，中国社会出版社，2010，第 178—179 页。

② 张宪文、方庆秋、黄美真主编：《中华民国史大辞典》，江苏古籍出版社，2001，第 1045 页。

③ 李述笑编著：《哈尔滨历史编年（1896—1949）》，哈尔滨市人民政府地方志编纂办公室，1986，第 146 页。

④《大元帅指令第四百七十九号》，《政府公报》（第 4160 号），1927 年 11 月 23 日。

⑤ 石源华主编：《中华民国外交史辞典》，上海古籍出版社，1996，第 338 页。

⑥《外交部部令》（部字第 595 号），《外交部公报》第 1 卷第 12 号（1929 年 4 月）。

⑦《外交部部令》（部字第 866 号），《外交部公报》第 2 卷第 7 号（1929 年 11 月）。

尔滨法政大学深造。由于他精通俄语及商业法律，毕业后被委任为中东铁路理事会俄文秘书。1925年，他随中国官银号董事长等赴苏联、德国、法国等欧洲国家考察。1926年，关鸿翼因兼任估捐委员而成为哈埠知名人士。同年，他以4000卢布收购原《松江日报》后自创《哈尔滨公报》，并任社长。1928年5月，关鸿翼就任察哈尔省交涉署署长，年底卸任后再度出任《哈尔滨公报》社长。1937年，因《哈尔滨公报》与《国际协报》《滨江时报》合并为《滨江日报》，关鸿翼改任新报社理事会理事。1945年8月，在苏联红军军事管制下哈尔滨市政会成立，他就任副市长。①

由马亮、广福这前后两任伊犁将军派往俄国阿拉木图留学的中国学子中，亦不乏兼通俄语及外交技能的专业人才，对新疆本地及其他地区的各项事业发展起到了积极作用。关清廉于1914年毕业回国后，作为伊犁道尹许国桢的部下承办外交事宜，在处理中俄关系问题方面作出了一定贡献，坚定地维护了中国的国家利益。1924年，关清廉出任中国驻阿拉木图商务员，后在中苏建交后担任领事，并带领伊敏政、图奇春、佟荣昌、音德春、二善等十余名新疆锡伯族青年到阿拉木图留学。②1925年回国后，关清廉在迪化外交署任职多年，还曾出任吉木萨尔县县长。③殷德善曾任驻阿拉木图领事，中华人民共和国成立后在北京大学任俄语教授。崇恩回国后曾在中东铁路任职。巴图沁于20世纪20年代出任伊犁专区盐务局局长，兴办伊宁市锡伯族儿童私塾，后调至迪化从事外交工作，还曾任中国驻阿拉木图领事。萨拉春曾任驻阿拉木图及安集延领事。④博孝昌曾出任奇台县县长。⑤

由上述史实即可发现，留俄学子在近代中国的舞台上确实扮演了重要角色，对近代中国政治、外交起到了相当重要的积极作用，这也充分体现出近代中国留俄教育与中俄外交关系之间的密切联系，尤其反映出极为鲜明的外

---

① 张福山编著：《哈尔滨文史人物录》，中国人民政治协商会议黑龙江省哈尔滨市委员会文史资料委员会，1997，第71页。

② 新疆维吾尔自治区政协、伊犁哈萨克自治州政协、察布查尔锡伯自治县政协文史资料委员会合编：《新疆锡伯族人物录》，2001，第36—37页。

③ 焦宝华主编：《察布查尔锡伯自治县》，新疆人民出版社，1999，第130页。

④ 舒慕同：《清末民初赴俄留学的锡伯青年》，新疆锡伯语言学会网站。

⑤ 中国人民政治协商会议奇台县委员会文史资料研究委员会：《奇台县文史资料》（第19辑），1989，第56—57页。

交特色，彰显了其时留俄教育与留学其他国家教育的明显区别。

然而，凡事通常都会有两面性，近代中国留俄学生在具有正面影响的同时，也确曾存有一定的负面影响。如张庆桐在担任阿尔泰办事长官时期，于1919年3月因拖欠当地驻军薪饷而致引发“阿山兵变”，不但导致部分当地官员遇害，张庆桐本人也遭兵变组织者逮捕。此时掌控新疆大权的督军杨增新获悉消息后，立即请准中央政府派军平乱。迅速平定兵变后，北洋政府将阿尔泰地区划归新疆管辖，改建为阿山道，并委任平乱有功且获杨增新保荐的周务学担任首任道尹，张庆桐则被杨增新以“措置乖方，激成兵变”为由向北洋政府弹劾。[①]1920年3月20日，北洋政府作出决议：“张庆桐前因擅发纸币激生兵变，交付文官高等惩戒委员会惩戒。现经委员会议决，依照文官惩戒条例，应受褫职停止任用六年之处分，并提交法庭讯办，本日训令司法部查照执行。”作为地方大员，张庆桐的失职之处不单在此，更表现在他因受俄国威逼利诱而与俄国领事私订条约的问题上。早在1915年，张庆桐便与俄国领事私下签订《阿尔泰俄民租种地亩单行章程》，准许俄民在阿尔泰自由耕牧，这就严重侵犯了中国领土主权，使原居于此的中国各族人民被迫流离失所。[②]此事直至1919年7月方才被杨增新及北洋政府得知，北洋政府当即电令杨增新撤销张庆桐私订的俄民租地章程，维护国家利益。[③]又如由赵尔巽选送的赴哈学子李绍庚，毕业后任吉林省滨江厅道尹公署交涉员，后考入哈尔滨商业法政大学，获学士学位，并任哈尔滨地方审判庭翻译。1924年，他先后任滨江道尹公署外交科科长、东省特别区市政管理局秘书主任。1925年，李绍庚又升任东省特别区市政管理局副局长兼哈尔滨自治公议会董事会董事。1926—1927年间，他历任东省特别区哈尔滨特别市政局佐理员，市政管理局局长兼教育管理局局长，中国驻苏联海参崴总领事，东支铁路理事会理事等职。然而，九一八事变后，李绍庚却在哈尔滨日本陆军特务机关长小松原道太郎大佐的拉拢下投靠日本侵略军。1933年7月，李绍庚改任北满铁路督办公署督办员兼北满铁路理事会理事长。1935—1945年间，他又曾出任伪满洲国交通部大臣、伪

①《杨增新电劾张庆桐激成兵变》，《申报》1919年4月18日。
②《张庆桐私准俄民租地》，《申报》1919年9月22日。
③《电令新杨督撤消张庆桐私订俄民租地章程》，《申报》1919年9月25日。

满洲国驻日本特命全权大使，伪满洲国外交部大臣、伪满洲国驻南京汪伪政府特命全权大使。抗战胜利后，李绍庚被国民政府逮捕。①

（二）留俄学生与近代中俄文化教育交流

近代留俄学生既是中俄教育交流发展的产物，同时也因本身特点而对两国间教育交流的演变具有重要影响。因此，留俄学生在近代中国历史舞台的影响还表现在自身与近代中俄文化教育交流的紧密联系上，众多留俄学生成为架起近代中俄文化教育交流的桥梁，为促进两个国家开展沟通作出了贡献。

具体而言，留俄学生与近代中俄文化教育交流之间的关系主要表现在两个方面，一是留俄学子担任外语教师，分别在中国、俄国从事俄语、汉语的教学工作；二是留俄学子通过诸如翻译、著书立说之类的活动，在中国与俄国之间传递文化教育等内容。其中成绩较为突出的有如下若干人。

作为近代中国留俄教育的最初亲历者，开游俄先河的张德彝在其著作中不仅详尽描述了对俄国国情的认识，还记录下自己的所思所想，并将这些内容传播到中国。虽然受限于年龄、阅历、语言等客观因素，张德彝的著述显得较为浅显，难以全面准确反映俄国真实面貌，但这是最早对俄国有直接切身体会并有翔实记载的著作，其中种种记述为中国人近距离了解俄罗斯情况提供了最为直观、新鲜的材料，所以其历史功绩为后世充分肯定。张德彝过世后，有人在挽联中写道：

> 环游遍东亚西欧，作宇宙大观，如此壮行曾有几？
>
> 著述奇连篇累牍，阐古今奥秘，斯真名士不虚生！②

随着留俄教育的正规化与渐趋完善，加之俄国对汉学研究与教学的愈发重视，对汉语教师的需求大为增加，因而从“住馆肄业”阶段起，留俄学生在中俄两国负起了更多的教学、翻译及著述任务，在推动中俄文化教育交流方面的贡献更为突出。在俄国，留俄学生邵恒浚和桂芳曾受俄国政府邀请，在圣彼得堡大学东方语言系从事汉语教学工作，为俄国汉语教学及汉学研究的发展作出贡献。张庆桐与同学威西纳合作，将梁启超的名著《李鸿章》翻

---

① 哈尔滨市地方志编纂委员会：《哈尔滨市志·人物附录》，黑龙江人民出版社，1999，第 253 页。
② 晨钟：《一位中国人的巴黎公社目击记》，《瞭望》1982 年第 2 期。

译成俄语并介绍到俄国，又撰写了著作《俄游述感》，结合亲身经历记述了大量俄国国情，对帮助中国从更深层次了解俄国具有重要作用。著名学者张中行便对《俄游述感》给予较高评价，认为其有三个可取之处：一是忧国忧民，有志；二是通中外局势，有见识；三是通情达理，不为俗见所囿。[①]不仅如此，张庆桐还与俄国大文豪托尔斯泰有过书信往来，这也为近代中俄文化教育交流增添了值得纪念的一项重要内容。

在中国，留俄学生回国后同样肩负起教授俄语及翻译、著述等项工作，尤其是自1907年清政府颁行“官费游学生毕业回国义务执教”规定后，很多留俄学生按照要求充任过俄语教师，因而在俄语教学方面作用颇为显著。[②]早期留俄生塔克什讷在俄语教学方面颇有成绩，虽因“人不合群，且清介自持”而在仕途上“终身未显达”，但作为“习俄文资格最先者”，“其门弟子甚众”。[③]范绪良、陈嘉驹、郝树基回国后曾在京师译学馆担任俄文教员，成为译学馆俄语教学的中坚力量。[④]邵恒浚曾历任京师译学馆监督及外交部俄文专修馆校长，并荣获三等嘉禾勋章。此外，邵恒浚还于1922年8月至1923年2月出任交通部唐山大学分校校长。在任期间，他借为张西曼所编《中等俄文典》作序之机，针对中国俄语教学不发达的状况发出疾呼：

> 往者游学俄国，见彼邦之研习汉文者，于大学校则列为专科，更设专门学校，以宏造就；而文人学子，亦复苦心孤诣出为著述，以饷后学，以故人才辈出，类皆足以符大彼得经营东方之遗谋。吁，可畏也！俄之于我，犹之我之于俄。顾反观我国，习俄文者，则寥若晨星！

这就明确指出学习俄语的重要意义，所以邵恒浚着重强调要“习俄文，治俄事”。[⑤]

与邵恒浚同为“住馆肄业”学生的傅仰贤，在翻译俄文著述上取得了很

---

① 张中行：《张庆桐》，《读书》1989年第12期。

② 刘真主编，王焕琛编著：《留学教育——中国留学教育史料》，（台北）“国立”编译馆，1980，第743页。

③ 崇彝：《道咸以来朝野杂记》，北京古籍出版社，1982，第98页。

④ 中国人民政治协商会议全国委员会文史资料委员会编：《文史资料选辑》（第40辑），中国文史出版社，1990，第197页。

⑤ 张小曼编：《张西曼纪念文集》，中国文史出版社，1995，第357页。

好成绩，他与驻俄官员世增合作译绘了《西伯利亚铁路简图》[①]，并独立翻译完成《俄国京城警兵章程要例》[②]。魏渤于1913年翻译出版了俄语教材《俄罗斯文法》。他在序文中叙述了作为一个仅学习过几年俄语的中国人完成此项翻译任务的艰巨性，中国俄语教育缺乏语法教科书的现状，以及自己对此项翻译工作寄予的希望。魏渤认为："但愿我的这项工作能够为有志于学习俄语的同胞们提供有益帮助，并有助于中俄这两个伟大邻国和睦相处。"[③]

除上述留俄学生外，还有一些留俄学子在俄语教学及翻译著述上卓有建树。夏维松在归国初期曾赴武昌、汉口短暂从事过俄语教育工作。[④]此后，夏维松与李家鳌、魏立功等均曾任职于外交部俄文专修馆。其中，夏维松于1921年署理校长，李家鳌任督办，魏立功担任校医。[⑤]不仅如此，夏维松还曾参与由南京国民政府于1931年举行的第一届选拔官员的高考活动。其时为做好命题工作，由戴季陶任院长的考试院遴选了襄试委员39人，但在命题过程中发现有考生以俄文报考，然而襄试委员中无人擅长俄语，由是"临时特延聘精于俄国语文之夏维松为襄委入闱，于是襄委遂为四十人"[⑥]。在1923年，中华心理学会邀请苏俄心理学家叶勒索夫来华作了题为《俄国心理学之发展》的演讲，对苏俄心理学的起源、发展、代表人物及理论进行了详细介绍。夏维松承担了本次演讲的口译工作，为圆满完成演讲活动及促进中国学者理解苏俄心理学理论提供了有益帮助。[⑦]刘泽荣回国后，于1933—1940年间先后在北平大学法商学院和西南联合大学任俄语教授，1949年后，他又兼任外交及俄语辞书编译工作，编写了《俄文文法》《俄汉大辞典》等书，对中国俄语教育发展起到了重要的推进作用。[⑧]作为中苏关系与文化交流发展的大力推动者，张西曼不仅编写了《中等俄文典》《新俄罗斯（大学适用读本）》

---

① 北京图书馆善本特藏部舆图组编：《舆图要录：北京图书馆藏6827种中外文古旧地图目录》，北京图书馆出版社，1997，第32页。

② 傅仰贤译：《俄国京城警兵章程要例》，京华书局，1911。

③В. Г. Дацышен. Изучение китайского языка в России (XVIII – начало XX в.). Новосибирск: НГУ, 2011.

④ 杨树人：《俄国事务专家夏维松先生的回忆》，（台北）《传记文学》第1卷（1962年）第3期。

⑤《外交部俄文专修馆第二编同学录》，1921年8月刊印。

⑥ 谢健：《谢铸陈回忆录》，（台北）文海出版社，1973，第81页。

⑦[俄]叶勒索夫：《俄国心理学最近之发展》，《心理》第2卷（1923年）第3期。

⑧ 王乃庄、王德树主编：《中华人民共和国人物辞典（1949—1989）》，中国经济出版社，1989，第137页。

等俄文辞书，还在抗战时期积极促成中苏文化协会（Sino-Soviet Cultural Association）的建立，对促进中苏两国战时文学的发展与结成共同对日阵线起到了积极作用。[①] 此外，张西曼在1920年为北京大学建立起第一个俄文系，1925年又创建中俄大学。吉林选送的留俄生李垣与王樾合作翻译了俄国柴索维著的《太平洋商战史》。该书于1912年出版，共分12章，对殖民地与销货场、太平洋沿岸商业、东亚销货场、各国欲开放中国门户的政策，以及日、英、美、法、德、俄等国在太平洋的竞争等内容进行了详细阐释。[②]

东北、西北地方政府派遣各类留俄学生亦在俄语教育、翻译著述上创下了不凡业绩。赵尔巽选送的赴哈学子铁双恒曾出任山西私立铭贤学院俄文教授[③]，以及黄埔军校第22—23期教育处外文室军荐二阶外文教官[④]。张国臣曾在外交部俄文法政专门学校担任俄文教师，后又成为北京文化大学俄文教授。[⑤] 崔春煦曾充任东北大学俄文系教授兼主任，主讲俄文及翻译等课程。[⑥] 原籍沈阳的曲秉诚毕业后长期从事俄语语言文学的教学和科研工作，曾于1921年5月20日与陈兆尧、赵均仁等一道组织“方言学社”。该社总部设在哈尔滨，以“精求学术，砥砺品行，发扬翻译界之真精神，交换现时代之新知识”为宗旨。[⑦] 此后，曲秉诚还积极从事俄文著作翻译的工作，如曾翻译出版《文艺理论教学大纲》《俄罗斯人民的口头创造》等。1947年，身为长春大学副教授的曲秉诚出任俄文系主任[⑧]，新中国成立后，他又任东北师范大学外语系教授。[⑨] 同样生于沈阳的张明哲，曾任武汉地质学院教授，著有《地质类俄语词典》。[⑩] 苏世铎曾翻译出版了苏联切尔诺夫著的《砖烟囱》，该书于1957年由北京冶金工业出版社出版发行。[⑪] 新疆选送的留俄学生关清廉于1914年回国后曾在

---

① 中国第二历史档案馆馆藏档案：《中苏文化协会会务报告》，全宗号11-2，案卷号630。

②［俄］柴索维：《太平洋商战史》，李垣、王樾译，新智囊出版，1912。

③ 信德俭、温永峰、方亮等编著：《学以事人　真知力行——山西铭贤学校办学评述》，中国社会出版社，2010，第178—179页。

④ 陈建华总编：《黄埔军校研究》（第1辑），广东人民出版社，2006，第289页。

⑤ 张宪文、方庆秋、黄美真主编：《中华民国史大辞典》，江苏古籍出版社，2001，第1045页。

⑥ 东北大学史志编研室编：《东北大学校志》（第1卷），东北大学出版社，2008，第270页。

⑦ 黑龙江省地方志编纂委员会编：《黑龙江省志》（第2卷），黑龙江人民出版社，1992，第421页。

⑧ 李澍田主编：《吉林纪略·三不畏斋随笔》，吉林文史出版社，1990，第252页。

⑨《中国普通高等学校教授人名录》编写组编：《中国普通高等学校教授人名录》，高等教育出版社，1988，第435—436页。

⑩ 湖北省地方志编纂委员会编：《湖北省志人物志稿》，光明日报出版社，1989，第1810页。

⑪ 江西省图书馆编印：《江西省图书馆馆藏中文图书目录（下）》（1949年6月—1959年2月），1959，第200页。

色公学堂短期任教。1936年前后，关清廉又接任新疆锡、索、满文化促进会会长，为发展锡伯族文化教育事业做了大量工作。1949年以后，关清廉在俄文学校（后改成新疆俄文专科学校）任俄语教授，1954年调至新疆八一农学院任教授，1955年又调任为新疆语文学院外语系主任。[①]而同样为新疆留俄学生的萨拉春、博孝昌、佟精阿、常广斋等人，在俄国资产阶级思想和国内辛亥革命的影响下，于1914年春发起组织了民间团体——伊犁“尚学会”。“尚学会”提倡新学，倡导开启民智、摒弃旧俗，要求改造社会的落后局面，对新疆的发展起到了积极作用。[②]

（三）留俄学生与20世纪上半叶中俄两国革命事业

通常而言，个人的发展离不开一定的时代条件，甚至可以说时代背景为个人的发展提供了最基本的土壤。恰如威廉·李卜克内西在回忆马克思时所指出的：

> 只有在英国，马克思才得以成为他实际上已经成为的那样的人……马克思依赖他所处的生活环境与条件的程度不亚于其他任何人；没有这个环境和这些条件，他就不可能成为他这么一个人物。他自己比任何人都更好地证明了这点。[③]

这种历史唯物观点亦可借以论析近代留俄群体。在20世纪初，中国与俄国正处于爆发大革命的时代，正逢其时的留俄学生群体亦不可能完全置身事外，有部分学生必然会受时代发展及自身与中俄关系的密切关联影响涉身其中，或作为时代变化的见证者，或因各种缘由而亲身成为革命的积极参与者，加入革命浪潮中。

在近代中国留俄学生群体中，最早参加革命事业且影响力极为深远的代表性人物当属自费留俄学生张西曼。早在1908年，时年13岁的张西曼便在父亲张梓林及身为同盟会会员的二哥张仲钧影响与带动下，由宋教仁、谭人凤介绍加入同盟会。正有此缘由，于1909年入京师大学堂学习的张西曼受到

① 新疆维吾尔自治区政协、伊犁哈萨克自治州政协、察布查尔锡伯自治县政协文史资料委员会合编：《新疆锡伯族人物录》，2001，第37页。

② 贺灵主编：《西域历史文化大词典》，新疆人民出版社，2012，第1009页。

③ 苏共中央马克思列宁主义研究院编：《回忆马克思恩格斯》，胡尧之、杨启兰、兰德毅等译，人民出版社，1957，第110页。

清政府压迫，被迫转往海参崴入东方语文专科学校学习政治经济等科目。[①]在此期间，他深受列宁、普列汉诺夫的著作影响，和俄国革命党人“发生密切的联系”，“以便利将来中俄两革命党相互扶助推翻专制，建立民主的工作”。[②]辛亥革命爆发后，张仲钧亲赴海参崴，向张西曼转达了黄兴、陈其美委托其在中俄边境招募马贼编练成骑兵团的信息。经艰苦努力，张西曼将其时在中俄边境大山中颇具势力的马贼刘弹子共800余人全数招募成功，为辛亥革命提供了巨大支持。第一次世界大战爆发后，张西曼回国，开始在东北地区传播马列主义。十月革命后，深受鼓舞的张西曼成为中国最早宣传共产主义思想的先驱者之一，他一方面前往苏俄远东地区展开考察，另一方面通过翻译著述将苏俄实际情况介绍到中国国内，并着手翻译列宁起草的《俄国共产党党纲》，后于1920年8月出版。在北京大学图书馆工作时期，张西曼又和李大钊、陈独秀、瞿秋白、张国焘等人组成了“社会主义研究会”，积极开展研究活动。[③]抗战时期，张西曼积极主张停止内战、对日宣战，组织发起创建中苏文化协会，主办《中苏文化杂志》，为密切战时中苏关系、鼓舞人民抗日意志、宣传进步文化作出重要贡献。他还积极支持参加各类救国活动，并自始至终公开支持中国共产党，公开宣传马列主义，极力提倡国共合作，在争取民族解放的爱国民主运动中始终站在第一线，不惧怕任何形式的威逼利诱。[④]抗战胜利后，张西曼创办了《民主与科学》杂志，还因在抗战中作出的卓越贡献获得“胜利勋章”。与此同时，张西曼积极加入反对腐败的国民党政府的斗争活动中，可惜壮志未酬即因病逝世。尤为值得一提的是，张西曼参与创办了中国近代史上第一个留俄学生组织——留俄同学会。在历史意义上，该同学会的建立是近代中国人留俄（苏）史上具有里程碑意义的标志性事件，改写了中国人留学史上向无留俄（苏）学生组织的历史，填补了这一领域的空白。在实际作用上，留俄同学会及其会员既在密切中苏关系、促进

① 李新总主编，中国社会科学院近代史研究所中华民国史研究室编：《中华民国史·人物传》，中华书局，2011，第5038页。

② 张西曼：《辛亥招募革命骑兵记》，《文史杂志》第4卷（1944年）第1—2期。

③ 张西曼：《五四中的社会主义运动（述略）》，《民主与科学》第1卷（1945年）第4期。

④ 中国文学艺术界联合四川省宜宾市人民政府编：《阳翰笙百年纪念文集》（第3卷 文论），中国戏剧出版社·中国电影出版社，2002，第396—398页。

中苏文化交流等方面有一定贡献，又将大批留苏学生凝聚在一起，对中国在20世纪的革命与建设的发展走向产生重大影响。[①]此外，留俄同学会还发挥了纽带作用，将张西曼等近代中国留俄学生与20世纪20年代的留苏学生紧密联系在一起，于有意与无意之间彰显出前后两代留俄学生在历史使命上的差异和趋同。

官费留俄学生夏维松亦曾参加辛亥革命。武昌起义成功后，军政府派遣夏维松、汤化龙、胡瑛等一道渡江分访并通知各国驻汉口领事，仍照10月10日以前清政府与各国原订各约，继续维持邦交。[②]由于夏维松曾留学俄国习法律，与俄国驻汉领事季姆琴科-奥斯特罗维尔霍夫(А. Н. Тимченко-Островерхов)[③]素有往来，所以负责与其进行交涉，并将奥斯特罗维尔霍夫的表态传达给军政府。

除在中国国内参加革命外，辛亥革命后还有部分留俄学生在俄国积极投身侨务与革命事业，以团体或者个人形式在维护华侨华工利益、促进中苏外交关系建立及推动中俄革命发展等方面贡献突出。自第一次世界大战初期起，大批中国工人经各类渠道进入俄国。在俄期间，这些中国工人遭到俄国官员、业主及大小包工头的残酷压榨剥削，工作和生活条件亦极差，整体境遇十分悲惨。至1917年俄国爆发二月革命后，华工的境遇才有所改变，能够摆脱束缚到大城市谋生，但由于其时俄国国内政治经济状况极为混乱，不通俄语的大批华工无法找到新工作，只能流浪乞讨。当时仍在圣彼得堡求学的刘泽荣等留俄学生获知华工的凄惨遭遇后，迅即与中国使馆及俄国临时政府联络，为华工寻求帮助。此后，刘泽荣等人经与中国使馆官员及部分侨商协商，决定共同创办一个华侨会办理救济工作。1917年4月18日，中华旅俄联合会正式成立，刘泽荣与留俄学生刘雯、张永奎、伊里春、殷德善、朱绍阳、李宝堂、刘娟等人均为成员。联合会共有15名干事，其中刘泽荣为会长，刘雯为副会长，张永奎为秘书，倪永龄为会计。[④]设立该组织的目的就在于"洵为我旅俄人渡迷

---

① 关于留俄同学会的具体情况，详见刘振宇：《20世纪20年代留苏热潮的产物：留俄同学会》，《徐州师范大学学报（哲学社会科学版）》2011年第6期。

② 湖北省志、人物志编辑室编：《湖北人物传记》，1982，第9页。

③ 又译为敖康夫或鄂斯托洛斐克。

④ 刘泽荣：《十月革命前后我在苏联的一段经历》，引自中国人民政治协商会议全国委员会文史资料研究委员会编：《文史资料选辑（合订本）》（第21卷），中国文史出版社，1986，第198—199页。

之津梁，输通两洋知识之枢纽，借以研究该国各种实业及金融之问题”。因此，刘泽荣等人将中华旅俄联合会的宗旨定为：（一）联络旅俄华人；（二）对于旅俄华人之行动，凡在法律范围内者，当竭力以辅助之。[①] 联合会成立后，刘泽荣等人即积极配合俄国临时政府对华工开展救济工作，并向北洋政府外交总长陆征祥汇报了联合会的建立经过与会章。借助中华旅俄联合会的发展与苏俄政府的大力支持，刘泽荣等留俄学生将广大华侨华工团结在一起，在遣返华工回国、保护旅俄侨商利益等方面作出卓越贡献，其中刘泽荣的作用最为突出。正如中华旅俄联合会在致陆征祥的公函中所言：

> 查刘泽荣广东高要县人，前在俄京专门大学毕业，曾充中学教员，由约务博，乃晋肄业高等造路专门大学，才识稳练，体用兼赅，熟悉欧俄情形，久为俄政府所欣佩，实为我国青年学界之巨擘。此次联合会成立，刘君处于毫无权势地位，艰巨独膺，其为我同胞也，奔走各机关，磋商各要件，成绩卓著，十余万华侨，胥受其福。处强国势力范围之下，以一无位之留学生，无权之华会长，而能造端宏大，隐挽国权如是……若得刘泽荣膺一领席，岂惟我侨众受赐靡涯，实于国计前途大有裨益。[②]

俄国十月革命后，为适应新形势以便有利于在苏俄办事，中华旅俄联合会经研究决定将会名更改为旅俄华工联合会，这也使联合会的地位更加突出，苏俄政府承认联合会有权在俄国全境保护所有华侨利益，并负责看管在圣彼得堡的中国使馆。联合会地位的提高与权力的增加，使刘泽荣等人能够更加便利地为广大华工、侨商服务，并在推动中国早期共产主义运动与革命运动方面也起到了重要作用。1918 年年底，旅俄华工联合会创办了刊物《旅俄华工大同报》（Великое Равенство），积极开展宣传活动，曾刊登过苏俄“第一次对华宣言”。1919 年 3 月，刘泽荣、张永奎以“中国工人代表”的身份列席第三国际第一次代表大会，其中刘泽荣在大会上作了发言，除代表中国

① “中央研究院”近代史研究所：《中俄关系史料：俄政变与一般交涉》（1917—1919），（台北）精华印书馆，1960，第 164—165 页。

② “中央研究院”近代史研究所：《中俄关系史料：俄政变与一般交涉》（1917—1919），（台北）精华印书馆，1960，第 192 页。

工人对大会表示热烈祝贺外，还阐明了关于中国人民对帝国主义斗争的问题，并先后三次受到列宁的亲切接见。此外，刘泽荣等人还直接促成北洋政府派出的张斯麟代表团与苏俄之间的非正式谈判，为中苏建立正常外交关系创造了契机。

当然，留俄学生在革命时代并非均起到正面的积极作用，也有个别留俄学生回国后变成了反革命分子。如曾在沙俄时期就读于圣彼得堡骑兵学校的贵族仁亲道尔吉，于1918年流窜至呼伦贝尔及锡林郭勒盟，七七事变后与日寇勾结，将其儿女媳妇送往日本留学，以示亲善。当时内蒙古抗日青年，多遭到仁亲道尔吉杀戮。抗日战争胜利后，国民党将其编为“察东民众自卫军第二队队长”及“锡林郭勒盟盟长”，组织武装叛乱，暗杀内蒙古自治运动联合会执委包玉昆等。1947年春，他又带领手下袭击锡察行政机关，杀害干部及民众多人，内蒙古人民无不痛恨，于是内蒙古自治政府下令通缉并将其归案法办。[①]

第三节　近代中国留俄教育的意义与特点

在近代中国人留学教育发展史上，留俄教育尽管在延续时间、派遣人数、所学专业、产生影响等方面较之同时期的留学欧、美、日教育有所逊色，并未为时人及后世予以重点关注，但在产生与演进的过程中，留俄教育仍体现出独特的历史作用与鲜明的外交特色，尤其在中俄关系方面更具有不可替代性。因此，详细分析留俄教育具有的历史意义与时代特点，既可全面审视这一时期的留俄教育在近代中国人留学史及中国人留学俄国史上的地位，也可进一步评估留俄教育具有的价值。

---

①《蒙奸仁亲道尔吉武装叛乱　内蒙自治军将其击溃》，《人民日报》1947年8月15日。

一、留俄教育的历史意义

就历史意义而言，近代中国留俄教育虽在规模、作用等方面无法与同时代留学欧美、日本潮流等同而论，也缺乏20世纪20年代留苏热潮和五六十年代“苏东波”现象等后续留苏运动对近现代中国产生的广泛深远影响，但作为中俄关系发展演变的直接产物与中国学子赴俄留学的起点，具有特殊的开创性贡献。具体而言，其历史意义主要表现在以下几个方面。

（一）打开了一扇国人了解俄国的窗口

正如前文所述，自中国与俄罗斯在17世纪形成初步接触及建立官方联系以来，俄国试图侦察刺探中国国情的各类行动就未曾停止。为达成掠夺中国领土、资源等各种利益的目的，沙俄利用派遣宗教使团、留华学生、教师以及建立学校、译介中国书籍、开展汉学研究与教学等多种文化外交方式，对中国开展全方位研究，以服从并服务于沙俄侵华总体战略目标。尤其是通过对中国各领域情况的研究，沙俄较为全面地掌握中国国情，这就为俄国开展对华外交提供了种种有形与无形的支持，因此在中俄外交关系中屡占先机，多次迫使中国签署不平等条约，强占大片中华疆土，攫取大量在华利益。反观清王朝，源于自恃“天朝上国”地位及闭关锁国政策，长期以来在对俄文化外交上几无进展，且方式单一，仅通过两所俄语教育机构培养翻译人才及少量译书维持最基本的对俄教育交流活动，至于在对俄国国情的认识上则惘然无知，极度缺乏了解，遑论开展全面深入研究。直至图里琛等人借道俄国西伯利亚前往伏尔加河下游慰问土尔扈特部，清廷方才借助图里琛的考察与著述对俄国自然地理、民情风俗、政治经济制度有所了解。这对晚清中国对俄外交处处被动的状况有直接影响，正如恭亲王奕䜣在奏折中所言：“中国之虚实，外国无不洞悉，外国之情伪，中国一概茫然。”[①]

部分中国有识之士曾试图通过局部范围的实地考察与著述研究，解决深入了解研究俄国国情的问题，除前述图里琛所著《异域录》外，18—19世纪间尚有近20部涉及研究俄国及中俄关系的著作问世，其中又以何秋涛著《朔

① 宝鋆等修：《筹办夷务始末》（同治朝），（台北）文海出版社，1966，第4899页。

方备乘》最为全面。这部原名为《北徼汇编》的鸿篇巨制，主要针对沙俄侵华野心而纂，对军事、政治、边疆史地等进行了详细考证与缜密辨析，对于探求“夷情”、抵御沙俄入侵、维护民族团结等有卓越贡献，且在史实与编撰体例上博采众长、引证丰富，具有极高的学术价值与爱国情怀。因此，有历史学家对何秋涛及其所著《朔方备乘》给予高度评价，认为何秋涛的工作足可以与林则徐、魏源、张穆相提并论：“都开创了新的研究风气，开拓了新的研究领域，反映了时代变动在文化领域里的脉搏。”①

尽管这些有识之士为探究俄国情势作出巨大努力，但终究还是“雾里看花、水中望月”，始终被山水阻隔，难以全方位了解实情，一窥究竟。直至晚清时期留俄教育的产生，才为中国打开了一扇观察了解俄国的独特窗口。从此，留俄学生成了中国观察俄国的直接媒介，开始用自己的眼睛与头脑对这个咄咄逼人的近邻进行考察与分析，使中国人对俄国的了解从无从知晓和间接了解转向直接认识且知之日深的阶段。自“随使游历”阶段开始，以张德彝为代表的同文馆学生即记录下到俄后的各种观感，虽然内容相对简单，且缺乏深刻分析，但毕竟迈出了中国人实地考察俄国的第一步。此后，无论是赴俄游历求知的官员，抑或是“住馆肄业”的留俄学生，都在考察学习的同时注意观察俄国各领域情况，并加以记述，典型者如缪祐孙著《俄游汇编》、王之春著《使俄草》、张庆桐著《俄游述感》等。这些关于俄国国情的著述，出自赴俄求学者的亲身经历与感悟，不仅鲜明生动，对国人颇具新鲜感，且为中国了解俄国的政治、经济、军事、文教、民情、风俗等各领域情况提供了第一手资料，使清廷在制定对俄外交策略时有了可供参考的依据。至近代中国留俄教育正规化时期，随着留俄学生人数的持续增加，这种窗口作用也体现得愈发明显，分布于俄国各地区的中国留学生都成为向中国国内传输俄国情势的载体。例如，陈瀚曾至俄国西伯利亚铁路沿线进行专项考察，张庆桐于放假期间赴俄国内地探究情况，部分黑龙江省留俄学生利用休假归国时机带回了关于俄国文化教育的信息，等等。

由是，留俄教育的产生与发展为中国深入了解俄国提供了一条必要渠道，

---

① 白寿彝主编：《中国通史纲要》，上海人民出版社，1980，第 402 页。

打开了一扇面对俄国的信息窗口，使中国人得以真正进入俄国内部进行学习与探求，并传递回各类消息，从而揭开了原本蒙在这个北方帝国头上的面纱，使其真实面貌能够为中国认识。当然，囿于清政府的对俄外交策略、留俄教育政策及留学生所学专业、人数，这种窗口作用受到一定局限，难以完全承担起全面探索俄国情况的重任，遑论建立起如俄国汉学般的中国俄罗斯学研究。

（二）开创了中俄文化教育交流的新渠道

与其他国家或地区开展文化教育交流，是一个国家、民族实现发展进步的主要方式，是推动国家、地区、民族间关系健康发展的重要因素，是促进教育实现现代化的路径之一。通过开展文化教育交流，各国家、地区、民族的物质文化、精神文化、制度文化得以相互传递，既使异质文化能够走向世界，播衍到其他民族和地域，又使不同文化有机会获得其他文化的理解和认同。作为人类文明的重要组成部分，中华文明正是通过自古以来即已开始的文化教育交流而形成、发展，在实现自我更新的同时亦对人类文明的整体发展起到了显著推动作用。然而遗憾的是，明清以降的中国转而趋于封闭，使原本繁盛的文化教育交流活动逐渐停滞，自身的文明活力也日益衰退，整体开始落后于正在崛起的西方世界。

受这种历史形势影响，于 17 世纪开始往来的中俄两国在文化教育交流上亦呈现出极其不对称的景象。在俄国一方，以汉学研究、汉满蒙语教育、留华教育等为代表的文化教育交流活动开展得如火如荼，沙俄利用多种渠道开展对华文化教育交流，从中获益匪浅，并在中俄文化教育交流中确立了相对优势的地位，进而试图以此种隐性方式渗透中国，对中国人产生直接或间接的影响，为其侵华目标服务。而在中国一方，对俄文化教育交流的活动极为有限。在外语教育上，作为仅有的两所俄语教育机构——俄罗斯文馆、伊犁俄罗斯学，无论是在师资力量、学生人数、教学资源等，均难以与俄国的中国语教育相比较，遑论开展俄罗斯学研究；在引入文化上，很长一段时期内清廷对俄国文化有不屑一顾之感，不仅无派遣学生赴俄学习考察的切实举措，而且对沙俄政府赠送的图书也仅翻译了少量书籍，其余大部分则束之高阁，无人问津，至于利用这批图书进行学习研究更是无从谈起。这种官方态度不但无助于解决如何探清俄国国情从而为中国外交服务的问题，更是主动放弃对外文化教育交流的一种呆滞表现。

至晚清时节，随其时留学教育发展潮流得以应运而生的留俄教育，在一定程度上解决了既往缺乏开展对俄文化教育交流渠道的问题，为中俄文化教育交流开辟了一条新的通道，留俄学生则借助这条通道而成为沟通中俄文化教育交流的使者，并体现出“一身三任”的明显特征。其一，留俄学生发挥了向俄国传递中国文化教育的作用，如邵恒浚和桂芳担任圣彼得堡大学的汉语教师，张庆桐在俄期间和同学威西纳合作翻译并出版了梁启超的名著《李鸿章》，以及与俄国大文豪托尔斯泰通信，都在一定程度上向俄国传播了中华文明，有助于俄国社会进一步了解中国的文化教育状况；其二，留俄学生起到了向中国国内传递俄国文化教育的作用，大批留俄学生回国后或担任教师，或出版译著，或著书立说，在俄语教育、译介俄文资料及借鉴俄国教育模式等方面颇具贡献，不但使中国人对俄国文化教育状况更加了解，且对培养更多精通俄文俄语的中国学子起到重要作用；其三，作为近代中俄外交关系影响下的产物，身为文化教育交流媒介的留俄学生由于具有主观能动性，所以并非仅仅进行简单的信息传递，还具有加工文化教育的功能，他们传递的信息都是在吸收中俄两国文化教育的基础上经过自身加工而形成的，从而实现了对中俄文化教育的较深较切的理解。

（三）培养了一批通晓俄文俄语的各类专业技术人才

教育的最主要目的是为国家、社会培养各类所需人才，作为一国教育重要组成部分的留学教育同样如此。就此而论，近代留俄教育在人才培养方面亦有所作为，培养了一批通晓俄文俄语的各类专业技术人才。

在外交方面，受清政府对留俄教育的要求的影响，留俄学生在专业学习与就业方向上主要为满足中国对俄外交需要，须承担起沟通中俄的历史使命。由是，毕业归国后大量留俄学生进入外交领域工作，或在中央政府机构任职，或出任驻外使节，或到地方从事与外交相关的工作，形成了中国对俄外交乃至总体外交的一支重要力量。至南京国民政府时期，尚有部分留俄学生活跃于政坛，其影响也不仅仅局限于在对苏俄外交方面，以及与 20 世纪 20 年代留苏学生发生密切联系，对其时中苏外交、中国抗日战争等均起到一定的积极作用。

在俄语教育与译介方面，晚清留俄教育解决了中国俄语教育与译介长期存在的规模小、质量低的问题，培养了一批精熟俄语的专业人才。通过留俄教育，中国学生的俄语水平得到了飞速提升，表现出较强的翻译与教学能力。一是翻译出版了众多涉及语言文字、俄国国情、专业技术等多个领域的俄文原版图书，为中国提供了大量来源于俄国的自然科学与人文社会科学知识，对促进中国步入现代化具有积极作用；二是大批留俄学生进入中国俄语教育领域，或直接进入教学第一线，或积极参与编写教材，或担任教育机构的管理者，都极大地充实了中国俄语教育，为培养更多掌握俄语的人才作出了贡献，其影响力甚至持续到 1949 年以后。

在工程技术方面，以陈瀚、郝树基等为代表的留俄学生，掌握并带回了当时俄国极为擅长且中国亟需的铁路、水利等工程技术，并学有所用，将之应用于中国国内的建设事业，取得了较好效果。因此，陈瀚、郝树基、刘雯、范其光等留俄学生均受到清政府及国民政府的重视与重用，先后在中东铁路等处担任重要职务，对推动 20 世纪中国铁路建设等作出了突出的贡献。

总体而言，经近代中国留俄教育培养的各类人才，在一定程度上满足了近代中国在政治、外交、科技、文化教育等方面的特定需求，尤其是在国内缺乏精通俄语人才的情况下，这些留俄学生几乎成为了中国少有的可供倚重的重要力量，这也在客观上证明了其时留俄教育的必要性与重要性。当然，从其时中国人留学教育全局考察，受制于留学目标、政府重视程度、中俄关系、俄国教育水平、学生意愿等种种主客观因素，留俄学生群体在取得成就、社会名望、政治地位等方面，仍难以与留学西方发达国家的中国学生相提并论。单就在北洋政府中央机构任职的留学生人数而言，留学俄国的人数排在留学日本、美国、英国、法国、德国、比利时、奥地利的学生之后，仅比留学西班牙和土耳其的学生人数略多。这也是近代中国留俄教育确实存有的缺憾之处，而这些缺憾乃是由复杂历史因素造成的，难以避免，也不应苛求。

（四）对近代中俄外交关系与中国国内政治格局演变产生一定影响

就起源、发展演变乃至作用而论，近代中国留俄教育与中俄外交及中国国内政治格局的演变都有着密切关系。留俄教育产生于外交、受制于外交，而又作用于外交，即通过培养的留俄学生及留学教育开展的过程对中俄外交与中国政治施加影响。

就产生而言，近代中国留俄教育发轫于中俄外交演变的历史过程中，可谓应中国对俄外交需要而生，进而成为近代中国对俄文化外交的最重要形式。这种发生机制就决定了留俄教育必然与外交形成紧密联系，亦必须为中国开展对俄外交服务。由是，留俄学生便肩负起了解俄国、学习俄国的使命，一边实地考察俄国内部真实情况，并通过著书立说、口述面授等方式传回中国国内，一边通过学习俄国较为发达的专业掌握先进科学技术，一边接受外交技能的锤炼，为将来从事中俄外交领域相关工作做准备。正因有此基础，所以在对俄外交方面，留俄学生更具优势，不但语言精熟、熟悉俄国政风人情，且在外交知识技能上已有所储备，能够满足清政府对外交人才的各项要求，回国后步入外交界也就理所应当。其中，不少官费学生及具有官方背景的自费留俄学生，在晚清与民国初年均任职于中央、地方的外交机构、经济部门以及驻外使馆，并担任重要职务，成为直接推动中俄外交关系发展的重要力量。与此同时，步入政坛的留俄学生随着职位升迁逐渐在中国国内政界形成一定影响力，有的甚至成为握有实权的地方大员。当然，这种角色转换也会使留俄学生在中俄外交及中国国内政局中的作用发生显著变化。如前引张庆桐在阿尔泰期间激成兵变和擅自与俄领事私订协议即是显例。此外，刘泽荣等留俄学生借助在俄国成立华工组织的契机，不仅促成中苏展开非正式谈判，奠定了两国恢复外交关系的基础，而且对中国与苏俄革命事业具有相当重要的积极作用。

另外值得注意的是，有晚清留俄学生参与的留俄学生会，在南京民国政府时期是非常重要的一个政治组织，与同设在南京的中国留美同学会（孙科负责）、中华民国留日同学会（陈其采负责）、中国留英同学会（王世杰负责）、中国留德同学会（朱家骅负责）、中国留法比瑞同学会（毛庆祥负责）等，共同组成了民国时期的留学生同学会体系。[1]该组织不仅对密切战时中苏关系、促进中苏文化教育交流起到一定作用，而且将大批留俄、留苏学生凝聚在一起，形成了一个颇具影响的群体。留俄学生会的成员分布于国民党各个部门和派系之中，达上千人之多，并握有一定实权，对中国在20世纪的发展走向产生重大影响。这似可视为近代中国留俄教育在中俄外交及中国国内政治格局上的影响力的进一步延伸。

二、留俄教育的时代特点

作为近代中国人留学教育的重要组成部分，留俄教育除具备一般留学教育的特征外，还因中俄之间错综复杂的外交关系而具备一些自身特点，不仅与同时期发达的留学美、日教育形成明显分野，且与留学其他欧洲国家教育存在显著区别。

（一）植根外交：鲜明的外交特征

在晚清留学教育发展历程中，不同国家对中国人的留学教育各具特色，各有其用。譬如留美学生在所学专业上十分广泛，涉及物理、化学、数学、矿务、政治、经济、教育学、社会学等数十个门类，他们不仅将这些学科引入中国并作出卓越贡献，而且直接促进了中国高等教育的发展，并成为中国早期资产阶级民主革命的一支重要力量，在民国时期的中国政坛上担任政府要员的留美学生比比皆是。留日学生则体现出明显的政治色彩，他们组织爱国团体，通过译著、创办杂志宣传革命思想，并直接参与到中国革命事业之中。而留学欧洲德、法、比等国的中国留学生则在自然科学、工程技术和人文社会科学领域颇有建树。

相较而言，留俄教育具有十分鲜明的外交特征，可谓“因外交而生，因外交而变”。在留学目标上，清政府意图通过留俄教育培养精通俄语与外交技能的人才，满足开展对俄外交需要。这种目标设定，为其时留俄教育的产

① 中国第二历史档案馆编:《中华民国史档案资料汇编》(第5辑第3编　文化)，江苏古籍出版社，1999，第820页。

生与发展奠定了基调，是选派留俄学生的机构与地方政府必须遵循的依据，并在一定程度上限定了留俄教育发展，使留俄学生可选择的专业及活动范围均受到极大限制。受服务外交的总体要求制约，留俄教育在留学生派遣、专业选择、选拔任用等方面均体现出中俄外交关系演变的影响，因而经历了从非正式的“随使游历”、半正式的“住馆肄业”到完全正规化的发展阶段，且大量留俄学子归国后从事与对俄外交相关的工作，或入职中央政府外交机构，或担任驻俄外交官员，或在地方政治、经济等领域承担与俄国交涉合作的重要职责，在中俄外交关系上所起作用颇为突出。

这种依赖于外交又服务于外交的特征，在其时中国人留学其他国家的教育活动中并不具备或不甚明显，却是近代中国留俄教育最基本、最鲜明的一个特征，不仅反映出其时留俄教育的根本属性，而且为研究近代留俄教育提供了相对适宜的切入视角。

（二）鼓励缺位：中俄激励政策匮乏

在晚清中国人留学教育史上，鼓励留学教育开展的相关政策不在少数，其中既有清政府颁布的，亦有留学生所在国根据情势制定执行的。尤其是对一些善于利用文化外交的国家而言，颁行此类政策显然有助于增进留学生对所在国的感情，进而扶植起亲己势力，为对华外交乃至攫取各种在华利益创造便利条件。有学者即已指出，留学所在国会对留学生施加潜移默化的影响，容易改变个体的价值观，借此对留学生派出国产生政治影响以及增强其他方面的依赖性，甚至是“被纳入控制中心的结构之中”。[①] 如美国与日本便是其中的最典型者。

作为西方侵华列强中的“后起之秀”，美国深谙文化外交之道，着意于通过影响中国年青一代达成谋求利益的目的。因此，在退还庚款问题上美国极力主张将其用于中国的教育事业，作为美国对华政策战略性投资。正如其时美国报纸对此事的评论：

> 夫美国退还中国之款，固仍以补助美国学校，然此区区利益，与中美二国将来之亲密联结较之，又何足比数耶？学成归国之中国

① 方晓主编：《留学教育文集》，厦门大学出版社，1993，第 262 页。

少年，一日在中国教育、商政诸界具有势力，即美国之势力，一日将在中国历史上为操纵一切之元素。此在今日，尤有特别意味。盖日本目前正执亚洲之牛耳，然不得谓日本将永执此牛耳也。就近事观之，中国终非容易受人指挥者，真正之指挥，或有一日转操之于中国，诚未可知。而此中国，乃一部分受训练于美国之中国也。①

伊利诺伊大学校长詹姆士则言之凿凿：

如果美国在三十年以前，已经做到把中国留学生潮流引向这一个国家来，并使这潮流扩大，那么，我们现在一定能够使用最圆满与最巧妙的方式，而控制中国的发展，使用从知识与精神上支配中国领袖的方式。……为了扩张精神上的影响而花些钱，即使只从物质意义上说，也能够比用别的方法收获得更多，商业追随精神上的支配，比追随军旗更为可靠。②

近代以来成为中国宿敌的日本，同样将攫取在华利益的希望寄于中国人留日教育。为达到逐步控制中国的目的，自清末留日教育发展之初即颁布《清国留学生招聘策》，积极鼓励留日教育的发展，希冀“由于此辈学生与日本之关系，将来清政府必陆续不断自派学生来我国，如是则我国之势将悄然骎骎于东亚大陆”③。1901 年，日本《教育时论》第 599 号刊登了《就于支那教育调查会》一文，其中亦明确提出：

（对中国）各国之鹰瞵虎视既如此矣，今日我日本不可不竞时制先，以教育为扶植势力之源。

我国教育家苟趁此时置喙于支那教育问题，握其实权，则我他日之在支那，为教育上之主动者，为智识上之母国，此种子一播，确立地步，则将来万种之权，皆由是起焉。④

日本利用留学教育谋求利益的野心由是可见一斑。

---

①《华人留学美洲之今昔》，《东方杂志》第 14 卷（1917 年）第 12 期。

②[美]明恩溥：《今日的中国与美国》，1907 年纽约版，第 214—215、218 页。引自复旦大学历史系中国近代史教研组：《中国近代对外关系史资料选辑（1840—1949）》（上卷　第 2 分册），上海人民出版社，1977，第 255—256 页。

③ 中国社会科学院近代史研究所近代史资料编辑部编：《近代史资料》（总 74 号），中国社会科学出版社，1989，第 95 页。

④《异哉所谓支那教育权者》，《清议报全编》第 21 卷。

较之于美、日两国对留学教育的大加利用，千方百计鼓励中国人赴美、赴日留学，其时留俄教育在激励政策上却颇为沉寂，几乎毫无任何措施可言。在中国一方，基于清政府对俄国、俄国教育的认识及中俄关系的影响，也只将留俄教育的主要功能定位在服务中俄外交上，并未将培养大批专业人才的希望完全寄托其中，自然不可能制定任何具有鼓励性质的政策。而在俄国一方，沙俄政府将绝大部分注意力放在如何掠取更多中国领土和资源上，更关注利益的获取、领土的蚕食，以获得实利为主要目的，因此对华文化外交集中在研究中国国情方面。尽管沙俄也曾试图通过派遣教师、开设学校等教育交流方式影响中国青年，但渠道有限且效果欠佳，远逊于美、日两国实施的鼓励留学教育政策，至于明确地制定鼓励政策、提供奖学金等举措更是绝无仅有。而留学教育所起到的使学生亲近留学所在国的效用，就留俄教育实际情况而言也极其有限，仅能从张庆桐与俄使私订条约的极个别例子中发现些许端倪。

（三）上下分离：中央和地方派遣、任用留俄学生的二重性

近代中国留俄教育在留学生的派遣与任用方面也颇具特色，形成了中央与边疆地方政府的二重性特征，即分别由中央政府与边疆地方政权开展各自的留俄教育，各成一体，互为独立，上下之间并无直接联系。

清中央政府主导的留俄教育尤其是官费留俄活动，旨在满足对俄总体外交需要，分别由湖北、黑龙江、吉林等省份及京师大学堂、邮传部、外务部等部门机构具体负责实施，这也是晚清留俄教育中官费留学生的主要来源，选送的留学生亦成为留俄学生群体的中坚力量。而由东三省总督赵尔巽及两任伊犁将军马亮、广福自主选送留俄学生的行动，均属地方自主与俄方接洽，并未经清廷直接批准实施，其经费亦为地方自行筹措，所以在留学目的与具体要求和活动上，既与清中央政府规定有吻合之处，又各具自身特点。东三省总督赵尔巽选派留俄学生，意在结合地域条件发展对俄外交与发展商贸等方面的关系，培养适用人才，故与时任中东铁路管理局局长霍尔瓦特达成教育层面的合作协议，借助俄方在哈尔滨开设的男子、女子商务学堂培养学生，这种“国内留学”的形式在近代中国人留学史上可谓极其罕见。由马亮、广福选送的新疆留俄学生，其目的与清中央政府主导的留俄教育较为接近，重点为新疆地方培养通晓俄语的少数民族人才，解决本地缺乏对俄外交人员的

问题，但选择的留学所在地主要为俄国的阿拉木图，而非集中了大量优质教育资源的圣彼得堡。其根本原因是马亮、广福从节省经费、交通便捷、管理便利的角度出发，所以选择了距离新疆更为接近的俄国城市的学校。

（四）所学单一：留俄专业的简单化倾向

在留俄教育发展进程中，中国学子求学时所能选择的专业较为有限，表现出明显的简单化倾向。在“住馆肄业”时期，留俄学生因俄语水平较低，所以在俄初期只能就读于中等教育性质的学校，待三年学习期满，俄语能力提高后，方被送入各类专门高等学堂攻读专业课程，但就读的专业仅有法政、矿务、铁路等寥寥数个而已。至正规化留俄教育确立后，留俄学生所能选择的专业较之于“住馆肄业”时期仅有一定程度拓展。根据晚清留俄学生监督章祖申呈交的学务报告，其时在圣彼得堡的官费、自费留俄学生，就读的专业主要包括商务、法政、实业、格致物理、矿务、铁路桥梁、军事、语言、医学等。与留学美、日及其他欧洲国家的学生相比，留俄学子所能选择的专业不仅种类较少，且就专业性质而言大多集中于应用领域，缺乏对自然科学、人文社会科学更高层次理论的学习，遑论开展深入系统研究，加之常有被奏调回国之事，因而在俄期间能考取更高学位的留俄学生几近于无，就手头资料所见，仅有享受江苏官费待遇的医学专业学生魏立功获得了俄国高校授予的博士学位。

留俄教育在学生就读专业上表现出明显简单化倾向，主要受清政府为留俄教育设定的目的、中俄关系、俄方态度、俄国教育水平等因素制约。具体而言，一方面取决于清政府对俄国发展程度与教育水平的认识，另一方面则深受中俄关系影响。就其时清政府对俄国发展程度与教育水平的认识而言，虽然俄国已然步入资本主义发展道路，国力大为增强，但其政体仍属沙皇统治下的君主专制制度，在清廷眼中，无论生产力发展水平、政治体制、社会文化、科学技术等，俄国均无法与英、美、法、德等西方先进国家相提并论，教育领域亦是如此，被留俄学生监督章祖申评价为“法政不如工艺，文学不如武备”，所以很多留俄学生选择攻读俄国较为发达的工艺类专业。从中俄关系角度而论，当时俄国对中国步步紧逼、处处蚕食，中俄两国在外交方面的问题日益增加，亟须通晓法律、俄语与外交的人才承担相关事务，加之此时晚清政府意欲走君主立宪之路以维护自身统治地位，亦有学习俄国之意，所以在留俄学生群体之中习法政者也为数不少。与此同时，又由于沙俄威逼清廷签订不平等条约攫取了修筑中东铁路特权，使中国一方必须培养相关人才，以履行监督管理职责，故而攻读铁路桥梁专业的留俄学生亦不乏其人。

（五）官方主导：留俄学生群体具有浓厚官方色彩

在近代留学教育中，较之留学其他国家的中国学子，留俄学生群体具有更为浓厚的官方色彩，这主要表现在两个方面：

一是清政府对官费、自费学生的关注度不同。受史料缺失及派遣渠道复杂多样等条件所限，晚清时期留俄学生的总体人数仍是一个难以准确估量的问题，但可以肯定的是自费留学生人数要远远多于官费留学生。然而，其中官费留俄学生人数尽管所占比例较小，但有关资料的记载较为详细，而自费留俄学生人数虽众，却少有文献记录，尤其是在俄国远东地区各城市留学的自费学生，更是难以追溯。根据既有史料描述，圣彼得堡是其时中国留俄学生最为集中的城市，是晚清留俄教育开展的核心区域。由于圣彼得堡拥有最多的俄国优质教育资源，且为中国驻俄使馆所在地，所以有相当多的官费、自费留俄学生分别进入到圣彼得堡的各级各类高校或初中等学校就读，驻俄使馆对这些学生的记载也最为明确全面。而在已知有名有姓的就读于圣彼得堡的官费、自费留俄学生中，据笔者统计，官费留俄学生大概有 32 人（包括“住馆肄业”学生与从自费转为公费的学生），自费生则有 11 人。单就人数而论，官费留学生占据主体地位，自费生中亦有胡世泽、乌铭浚、乌益泰、毕文彝、毕文鼎、程世模等具有官方背景的人士。由是可见，清政府对官费留俄学生更为关注，更重视调查记录官费留学生的发展情况。

二是留俄学生毕业归国后的奖励、任用。在留俄学生群体中，官费留俄学生获得奖励者、奏调回国工作者与参加留学毕业生考试者皆为数不少，毕业归国后获得清廷及北洋政府重用者更多，在政治、外交、文化教育等领域产生了重要影响。虽然自费生中也有如张西曼、刘泽荣、张永奎等具有影响力的知名人物，且亦有少量自费留俄学生在驻俄使馆襄助处理外交事务，但将官费生与自费生两相比较，仍然是官费留俄学生更具优势地位，官职更高，活跃的领域更多。

上述内容已明确反映出，留俄学生群体因清政府对官费生的重视与任用而具有浓厚官方色彩。至于自费留俄学生，清廷并未表现出明确的官方态度，甚至于漠不关心。

（六）缺乏自主：学生组织与学生活动的缺位

中国学生在留学所在国组织社团开展活动，是近代中国人留学教育中的一项重要内容，并具有极大影响力。然而，对于留俄教育而言却并非如此。值得注意的是，尽管晚清时期由京师大学堂与湖北、江苏、黑龙江等省份选送的官费留俄学生为数不少，而各类自费留学生亦经岁不绝，但中国留俄学生并无在圣彼得堡或其他城市组织各种学会或学生社团的举动，平日亦无举行各种类型的聚会，驻俄使馆也无任何襄助之意。所以，留俄学生在此方面的表现远逊于留学美、日、欧等国家或地区的中国留学生，显得气氛沉闷，无所作为。

导致上述情况出现的原因主要在于：一是受制于俄国政府禁令。其时尚处于封建专制统治下的俄国，内部政治气候严峻，对各类社团活动予以严格控制，在高等教育领域更是如此。沙俄政府制定法律禁止高校学子公开组织社团开展活动，在俄就读的中国留学生亦不能例外，必须遵从。二是未得到清政府与驻俄使馆的有力支持。作为留俄教育的主导者与实施者，清政府与驻俄使馆只是将留俄教育作为培养外交、外语及专业技术人才的途径，因而自然会将管理和控制中国学子作为维系留俄教育存在的必要手段，不可能为留俄学生组织活动提供任何形式的支持，以避免对国内政局产生影响。三是缘于经济上的困难。组织学生社团必然需要一定数额的日常费用，用于租赁房屋等项开支，然而其时俄国房屋租金甚为昂贵，中国留学生的经费平时就已不敷用，所以根本无法租用合适场地开展活动。正如清末留俄学生监督章祖申所言："在俄国组织学会有较在他国为难。"[①] 四是缺乏代表性、有影响力的学生代表出面主持大局。其时在俄国的中国学子，或身具官方背景，或只为赴俄求学而不涉其他目的，并无兼具势力与号召力的杰出代表，因而难

① 刘真主编，王焕琛编著：《留学教育——中国留学教育史料》，（台北）"国立"编译馆，1980，第662—663页。

以组织起各类活动。

总之，近代中国的留俄教育一直存在学生组织与学生活动缺位的问题，直至俄国十月革命后及至 20 世纪 30 年代，在苏俄与中国方才先后出现由留俄学生建立的社会组织及同学会，但其性质与普通的留学生组织截然不同。

余论：近代中国留俄教育的历史和现实意蕴

笔者在本书的主体部分以文化外交为理论分析工具，将中俄对两国间文化外交的不同认识及由此产生的策略与具体实践活动作为研究的切入视角，以纵向的时间演进为串联全书的主线，对近代中国留俄教育的发展演变过程进行了全方位研究。通过研究揭明，近代中国留俄教育之所以被当时及后世视为近代中国人留学活动的“冷门”，不仅根源于其时俄国综合国力与科学技术、文化教育发展水平，在深层次上更取决于中俄外交关系、文化外交政策差异及由此衍生的不同文化教育交流策略。这种特殊性就从根本上决定了近代中国留俄教育的产生、发展进程与作用，并使其具备了明显有别于留学其他国家教育的特点与意义。

尽管其时留俄教育与留学他国教育有别，但作为中俄外交关系发展演变的产物与中国学子赴俄留学的起点，尤其是其时留俄教育的起源与发展演变机制，展现了中俄外交关系与留学教育之间的内在逻辑联系，因而具有特别的开创性意义。这不仅揭示了近代中国留俄教育演进过程中外交与留学相互作用的本质和表现，从而体现出深刻的历史启迪，也反映出于不同文化或文明的根本特性在交流中所产生的冲突与融合、分歧与共识，进而对当代中国理解与开展教育交流乃至文化外交具有重要的现实借鉴价值。

一、外交与留学：近代中国留俄教育的主导因素

一般而言，促使留学教育发生与发展演变的因由大致可分为外在与内在两个层面。就外在原因而论，通常包罗较广，个人意愿、家庭条件、周遭环境影响乃至社会风俗等微观、中观层面的因素均可归入此类。内在原因则相对宏观，时代发展、科学技术进步、国家关系演进等宏大因素均是其重要组成部分，是影响留学教育演变的核心要素。对近代中国留俄教育而言，既往研究一般将留俄教育不发达的原因或单纯归结为俄国经济实力与科技、文教水平逊色于欧美发达国家，或只简单论及两国外交关系的影响而未曾深入。笔者通过研究发现，上述缘由仅回答了留俄教育发生发展机制的表层，而未深及内在层面。基于其时中国人留学教育的整体发展态势及留俄教育的起源，近代中国留俄教育的发生发展归根到底还是取决于其时中俄两国外交关系的演变，受到中俄文化外交及总体外交策略的制约，是两国外交政策合力作用的结果。因而，若要全面准确评价其时的留俄教育，仍需考察处于该历史时期的中国与俄罗斯对文化外交的理解与运用，站在宏观视角予以评估。这不仅有助于从更深层次理解留俄教育的性质、特点与意义，也为更加深刻地认识近代中国人留学教育史提供一个新的角度。

在近代中国留俄教育发展演变的进程中，俄国对华开展的文化教育交流活动遵循由来已久的既定文化外交策略，并服务于总体对华外交战略。立足从中国攫取领土、资源等利益的根本目的，沙俄对华教育交流的策略可定义为“窥探、研究与影响”，即采用从国内与国外两个方面同时入手的“双管齐下”的策略，通过派遣驻华宗教使团、选派教师与留华学生、建立外语与研究机构、资助中国俄语学校等多种方式，对中国国情进行探察与分析，并试图用宗教、教育及资金援助向中国民众与青年学生施加文化影响。民国学者张企泰对此评价道：

> 总之我们可以说帝俄对华的外交，也就是各列强对弱小民族的外交，是“由外入内”。所谓由外入内，就是先由武力或经济政治方面的侵略，以消亡其国土，然后以教育为工具，使该国人民，忘

其本有之文字宗教传习，而被同化于制胜的民族，因此使该民族永伏该强国翼下。帝俄对华的外交，外部既未成功，故始终未曾做到内部的工作。[①]

就此评价而言，张企泰确实认识到了以文化外交为代表的“内部外交”在沙俄对华总体外交中具有的独特作用，但认定俄国对华文化外交并未成功，未免失之偏颇。事实上，沙俄政府不仅在由经济、政治、军事构成的对华“外部外交”上取得了巨大利益，在由宗教、文化、教育组成的“内部外交”上亦获得相当进展，不仅成功派驻宗教布道团和留华学生，而且俄国汉学研究与中国语教育也得以创立与持续发展，还涉足中国教育领域，从而服务于俄国对华总体外交。只是，这种成功更多体现在俄国国内与中国的东北、西北等部分地区，且掩盖在文化教育交流的“外衣”之下，因而其实际效果难以为更多中国人所察觉，显得较为“隐性”。

然而值得注意的是，尽管沙俄政府利用多种文化教育交流手段开展对华文化外交，为侵华目的服务，却从未将吸引中国学子赴俄留学作为对华文化外交的重要手段，既无明显的激励政策也无资金援助。沙俄针对中国人留俄教育的观点与做法，是建立在由政治文化、外交传统、现实利益决定的俄国对华文化外交乃至总体外交策略基础之上，因而与美、日等国相比显得封闭、保守，甚至表现出戒备心态。这可从部分俄国官员对待此事的态度中一窥端倪。如在1911年，针对是否允许更多中国留学生进入俄国高校学习的问题，俄政府内部就存有不同意见。陆军大臣苏克霍姆利诺夫认为：

鉴于中国战事正处于萌芽状态，互惠原则无论在该种情况下，还是在不久的将来，我们都不应该使用。因此，如果我们持肯定态度，批准这项审议及与其相似的申请，那么只会对中国有利，同时中国不属于与我国友好的强国之列，而友好国家在军事上的进步才是我们乐见的。

阿穆尔总督格罗杰科夫则持相反观点。他注意到，日本正努力扩大对中国主要行政管理机构的影响，并且招收了数量众多的中国学生，德国和英国的教

① 张企泰：《帝俄与苏俄对华外交之异同》，《国闻周报》第5卷（1928年）第5期。

官也在指导中国士兵。在这种情况下，俄国应该培养在精神方面符合本国利益的中国军人。为此他还特意提及：

> 毫无疑问，这项事业的强大工具乃是采取一系列措施，吸引在与俄国接壤地区定居的汉族、满族、蒙古族和其他少数民族到我们的学校学习……可以找到相当数量的志愿者，到我们的中小学校学习，这些学校要完全杜绝宗教宣传教育和敌视异族人，因为中华民族是一个机敏务实的民族，会很快体验到掌握俄语和欧洲教育的基础知识带给他们的物质利益。

俄外交部也认为，中国人在俄国接受高等教育，从政治角度来看符合俄国利益。[①] 鉴于其时中国人留俄教育的发展态势，显而易见，虽然俄国政府允许更多数量的中国学子进入俄国高校就读，但是基于总体外交战略、地缘政治等因素，沙俄最终仍以苏克霍姆利诺夫的意见作为主导思想，即在努力使中国国内学生尽量亲近俄国文化的同时，严格控制赴俄国学习科学技术的中国学子人数，以避免间接帮助中国强大，影响俄国在华利益。正如俄国政治家谢尔盖·尤利耶维奇·维特伯爵所持的看法："对俄国最有利的是，应该以强大而不好动的中国作为自己的邻国，这样，俄国的东方才能保持安宁，这也是为俄罗斯帝国的未来造福。"[②]

反观作为留学生派出国的中国，清政府未大力发展留俄教育的原因同样主要由外交所决定。在其时总体外交策略方面，基于政治文化、外交传统等复杂因素，清政府在文化外交方面长期秉持保守态度，既无设想亦无意愿主动采用文化教育交流方式开展文化外交活动，向"朝贡体系"之外的西方国家传播文明与施加文化影响，更谈不上制定合理有效的文化外交策略、目标与具体实施方案，使文化外交成为总体外交的既定组成部分，为中国开展对外交往服务。这种外交政策上的缺失，使本应由清政府主导实施的文化外交并不存在，不仅无法向外部施加中国文化教育的影响力，各类对外文化教育

① 亚·格·拉林：《中国移民在俄罗斯：历史与现状》，刘禹、刘同平译，天津人民出版社，2017，第 48 页。

② 谢·尤·维特：《俄国末代沙皇尼古拉二世——维特伯爵的回忆》，张开译，新华出版社，1983，第 34 页。

交流活动的举办亦受到制约，最终使清廷既不能赢得对外交往的主动，也难以在内政外交处于激烈变革的时期维系本国文化的优势地位，外来文明的冲击由是日益加深。这种保守态度亦对近代中国留俄教育的产生与发展具有决定性作用，使本就不发达的留俄教育进一步被削弱。

在具体的对俄外交领域，自中俄建交之日起，清政府便对沙俄始终保有极深的戒备、防御心理，特别是在中俄建交初期，因沙俄屡次侵华而致两国关系极为紧张，即使晚清时期中国曾有与俄关系较为紧密之时，也是为借俄之力抵御来自其他列强的侵略。因而，长期以来清政府在对俄外交上基本以政治、经济、军事为主，文化外交则相对罕有，仅有两所俄语教育学校与少量译书作为支撑。直至近代，在西方列强侵华行径日益升级的严峻形势下，为处理对俄外交方面的各种复杂事务，清廷才被迫培养兼通俄文俄语与外交技能的人才，开启了中国人赴俄求学的序幕。由是可见，留俄教育起源于清政府对外交人才的需要，仅为满足对俄外交的需求，这种单一目的性就造成了清政府对留俄教育的重视程度有限，官方并无意将留俄教育作为其时留学教育的主体，并推动其进一步发展。而沙皇俄国在对华外交上专注于掠夺土地、资源等各种利益，这也使其对中国的影响局限于政治、经济、军事等体现“硬权力”的领域，而在文化上的影响则远逊于英、美等列强。美国学者乔治·亚历山大·伦森对此评价道：

> 俄国帝国主义虽不比其他帝国主义列强“更好”和“更坏”，但有不同之点——这种不同之点就在于俄国的压力是来自陆上，而不是来自海上，同时受影响的是中央王国的边远（非汉人）地区，而非它的腹地本身。俄国人对中国的冲击几乎完全限于商业和军事方面（有如先前从北方来的入侵者的冲击一样）；这种冲击不是思想方面或社会方面的，也不像那些工业化程度更高和政治上更先进、并从海上进入中国的那些国家的冲击那样具有革命性。[①]

因此，沙皇俄国很难对中国起到启蒙思想的作用，也就更难以吸引更多中国人去关注与学习源于俄国的思想文化。

---

① 乔治·亚历山大·伦森编：《俄国向东方的扩张》，杨诗浩译，商务印书馆，1978，第 111 页。

综上而论，正是中、俄两国均因外交因素决定而未对留俄教育给予必要重视，再加之中国社会各界认为俄国的综合国力及文化教育发展水平与欧美发达国家相比仍逊色一筹，因此与其留学俄国还不如直接赴英、美、日等国求学更为直接，从而导致留俄教育成为其时中国人留学教育中的“冷门”，不但无法与中国人赴西方发达资本主义国家留学活动相提并论，即便与部分欧洲小国相比也有相形见绌之感。这不仅与中俄两国间纷繁复杂的外交关系形成反差，亦彰显出其时中国与俄罗斯在开展两国文化外交方面的态度与认识的差异性，并最终决定了近代中国留俄教育的发展走向。

由是，受以外交为核心的主导因素决定，近代中国留俄教育亦以自身的独特方式反作用于中俄外交领域。正如前文所述，留俄教育不仅打开了一条了解俄国的信息通路，使俄罗斯的各种情况为中国人所知晓，而且为中俄文化教育交流开辟了一条新的通道，成为推动中国文化教育向俄国传播的桥梁，在一定程度上发挥出文化外交的功用。更重要的是，作为一种培育人、塑造人的典型活动，留俄教育所培养的莘莘学子对中俄政经、军事、文教等关系也产生了一定的影响。基于近代中国留俄教育具有特殊的外交特色，众多官费、自费留俄学生在毕业归国后进入外交领域工作，或任职于中央、地方的外交机构、经济部门，或出任驻外使节，组成了中国对俄外交乃至总体外交的一支重要力量，从而体现出留俄教育对中俄关系的特别影响。不但如此，甚至还有部分留俄学生在20世纪上半叶中国与苏俄的革命事业中扮演了较为关键的角色，这也体现出近代中国留俄教育所具作用的延伸性及其与中俄关系的密切关联。而这种以“外交”为特征的留俄教育，亦与其后以“革命”为特征的20世纪20年代留苏热潮，及以“建设”为特征的20世纪50年代“苏东波”大潮，共同成为近代以来中俄（苏）关系变迁与留学主旨演变之间关系的历史佐证。

二、启示与借鉴：近代中国留俄教育的现实价值

前事不忘后事之师。对历史的追溯与研究，既为铭记以往的经验和教训，亦为今后行事提供借鉴。就此而论，研究近代中国留俄教育不仅有利于总结

中俄文化教育交流史乃至中俄关系史的宝贵历史经验，它具有的现实意蕴亦对促进当代中俄关系的不断发展与文化教育交流的持续进步具有重大启示，以利两国关系深入发展而顺畅地走向未来。

（一）全球化时代文化外交的突出作用

文化是一个国家、民族的灵魂，是体现国家“软权力”的显著标志，亦是一国开展对外交往的主要内容。国家间文化交流帮助不同文化实现相互吸收与融合，对促进人类文明的互相理解与共同发展具有重要作用。正如罗素所言：

> 不同文明之间的交流，过去常常被证明是人类文明进步的里程碑。希腊向埃及学习，罗马向希腊学习，阿拉伯向罗马帝国学习，中世纪的欧洲向阿拉伯学习，而文艺复兴的欧洲又向拜占庭帝国学习。许多这样的交流表明，作为落后国家的学生能超过作为先进国家的老师。[①]

20 世纪 90 年代初，美苏冷战结束，伴随国际经济、政治、军事等关系的演变，文化因素在国际关系中的比重不断上升，各国开始致力于使用文化手段开展外交活动，为总体外交战略目标服务，国与国之间以文化教育传播、交流为主要载体的文化外交就此获得更大发展，成为体现国家实力、增进相互了解与增强对外影响的主要途径。“发展文化合作是促进各国之间了解的最有力的方法之一”[②]。尤其在旧有国际秩序被打破的时期，综观国家关系与外交方式的发展演变态势，可以发现，文化外交已与政治外交、经济外交、军事外交并列为外交活动的四大支柱，不仅成为传统外交方式的有益补充，更是一国总体外交的重要组成部分，是发展对外关系的主渠道，具有重大且特殊的意义，发挥着政治、经济、军事外交难以实现的作用。因此，文化外交成为世界各国高度重视与经常运用的对外交往手段，其战略地位与价值日益凸显。

文化外交有助于一个国家塑造和改善国际形象，有助于改良与缓解国际

①[英] 伯特兰 · 罗素著：《中国人的性格》，王正平译，中国工人出版社，1993，第 32 页。
② 齐世荣主编：《当代世界史资料选辑》（第 1 分册），北京师范学院出版社，1990，第 194 页。

关系、增进国家间的理解与共识，有助于传播本国本民族文化、吸收与融合优秀异质文化，还有助于促进各国开展教育交流与合作。与此同时，由于文化外交与一个国家的对外政策和国家利益密切相关，体现出国家对文化教育资源的需求，因此也有助于促使一国文化教育水平的提升与历史文化传统的积淀。此外，文化外交还丰富了国家间交往的方式，增添了文化交流的渠道，使文化教育产品得以在各国间更加便利地流通，并促进相关专业人才的互相流动，从而形成更加活跃的文化教育交流氛围，使不同类型的文明可以在相互比较与学习中取长补短、共同繁荣。联合国教科文组织等与文化教育交流密切相关的国际组织的建立，为各国间的文化外交提供了便利的条件，极大地促进了国际文化外交的开展。由是，世界许多国家都将文化外交作为开展国际交往的重要手段，赋予其为国家总体外交战略目标服务的重大使命，竞相借此提升本国的文化软实力，尽力提高本国文化在国际上的地位，以争取对他国政府与民众产生影响力，进而为实现总体外交战略目标提供助益。

我国也非常重视文化外交，积极采取各种形式同其他国家友好地进行文化交流。文化外交活动的开展有助于外部世界增强对中国的深入了解，增进其他国家对中华文明的理解与认同，加强中外沟通与协作，广泛宣传中国已取得的发展成就，从而使中国与其他国家在各类国际问题上更易于达成共识、实现政治互信与友好合作。文化外交有助于提升中国的综合国力与国际竞争力，发挥文化促进政治、经济、军事等项事业发展的功能，提高民族的凝聚力、向心力，增强国家的创造力与鼓舞国民士气，使广大人民群众对中国文化更有信心。文化外交有助于中国树立良好的国际形象，以坚实的国力为基础形成优良的国际声誉，使世界认识中国的真实形象，传播中国正能量，避免对中国产生误解、偏见的情况出现。文化外交还有助于中国应对来自异质文化的挑战，反对文化霸权主义，维护本国文化的独立地位与自主性，抵制恶意的价值观传播，防御隐性的文化侵略。

（二）教育交流已成为当代国际文化外交的主要形式

文化外交作为一国总体外交的重要组成部分，由于其外延相对较为宽泛，所以具体形式较为丰富多样，目的亦各有不同，而教育交流是其中应用最广的一种。通常而言，文化外交领域内的教育交流不同于一般意义上的对外教育关系，它注重突出政府在对外教育关系中所起的作用，是一个国家从维护国家利益与实现文化外交战略目标的角度出发，依据具体文化外交策略，为传播、交流与沟通教育而实施的外交活动，体现了明确的官方意志。由于交通、通信及教育技术的日益发达，当代国际教育交流内容较之既往更为广博，主要包括派遣留学生、国际学术会议、教育合作项目、教育团体互访、教育图书译介、远程教育、互联网公开课等。而在教育交流的流向上，以往主要由教育水平较高的发达国家向发展中国家流动的情况业已开始发生改变，发展中国家在教育领域的特色愈发受到重视与研究，并对发达国家产生反作用力。

从文化传输功能来看，教育交流无疑是缘自人类文明发展史上世界各民族文化多元化的历史需要；就历史推进作用而论，教育交流无疑是促进人类社会全球一体化的必然选择。因此，任何民族、任何国家若欲求得自身文化的进步和社会的发展，不仅进行对外教育交流不可或缺，而且随着以科技化、信息化为标识的世界一体化时代的到来，这种人类特有的文化活动愈来愈成为一种国际交往的常态。[①]

正是由于教育交流在传递的信息、方式与目的上更突出对人类文明结晶的传承与促进，且一般不会像政治、经济、军事关系那样容易引起敏感问题、造成误解甚至引起冲突，所以教育交流不仅更适合于各种类型的国家关系，而且还具有改善国家间关系的作用。教育交流因其本身具有的特殊性而被众多国家纳入文化外交的范畴之中，并成为当代国际文化外交的主要形式之一，发挥着政治、经济、军事外交所无法替代的作用，受到世界各国的高度关注与重视，体现出一个国家在世界总体文化关系中的地位。

（三）教育交流发展对文化外交具有促进作用

在当代人类世界，文化及其多样性已受到国家的广泛关注，如何促进文化发展及保持其多样性特征，是当前迫切需要解决的重大问题。正如联合国教科文组织前总干事伊琳娜·博科娃所言：

---

① 余子侠、刘振宇、张纯：《中俄（苏）教育交流的演变》，山东教育出版社，2010，“总序”第9页。

> 文化和文化多样性并未列入国际认可的发展目标，但它们是加快实现这些目标的关键因素。在当今受限制的新时代，人类的聪明才智和创新能力是我们最强大的可再生能源之一。这就是为什么作为创造力、活力和可持续性源泉的文化多样性对我们是如此的重要。……文化及其所有的多样化形式有助于形成认同感，可以在动荡时期促进社会的和谐。文化也是创造力和创新力的强大来源。失去文化，任何发展都无法持续。①

在目前世界各国文化迅速发展壮大的大格局下，各种文化的相互理解、相互作用、相互借鉴不可避免且极为必要。只有不同文化加强联系沟通，促进异质文化的比较与融合，使世界文明更加丰富多样，人类文明才能不断进步。为达成此目的，依靠教育交流实现相互学习、取长补短是最直接、最有效的途径。

> 因为文化教育和学习，尤其是比较的文化教育和学习，有助于人们在本民族文化中有效地发挥作用，以及了解本民族文化和其他民族文化的长处和局限性。在一个具有多种文化、多民族和互相依存的世界上，这一点是极端重要的，特别是如果人们要习惯于各种文化相互理解、和睦共处，要从不同于自己的世界观、价值观、人生哲学、时空概念、传统、信仰和处理事物的方法中获取教益的话。②

就此而论，在文化外交的各种方式之中，教育交流对于促进文化传递、实现文化多样性方面的作用比较直接且明显。由于教育交流在传播科学技术文化知识、增进各国人民之间的相互了解、增强异质文化的沟通与融合、促进国际关系发展等方面具有极为突出的功用，所以备受各国政府的重视。教育交流丰富了文化外交的内涵与外延，增强了国际文化理解，实现了教育思想、教育模式、教育产品等在世界各国间更为方便与迅速地流动与交换。这种极为鲜明的特征，就使得教育交流自身的发展会对一个国家文化外交的开展具有显著促进作用，甚至可称之为首要推动力。

① 联合国教科文组织前总干事伊琳娜·博科娃：《世界文化多样性促进对话和发展日致辞》（2013年5月21日），联合国教育、科学及文化组织网站。

②[加拿大]谢弗：《从文化观点看新的世界体系（下）》，李国海译，《现代外国哲学社会科学文摘》1998年第2期。

（四）文化外交与当代中俄教育交流

苏联解体后，俄罗斯在接任联合国安全理事会常任理事国席位的同时，亦将原有的中苏睦邻友好关系延续至今，这就为两国间继续开展文化外交奠定了基础，并随着俄罗斯政局稳定与经济形势好转而实现了持续发展。由是，伴随中俄全面战略协作伙伴关系的建立与进一步深化，中俄关系更加立体化、多元化，两国关系愈发紧密。2013 年 1 月 8 日，中共中央总书记习近平在会见俄罗斯联邦安全会议秘书帕特鲁舍夫时强调："坚定不移地发展中俄全面战略协作伙伴关系是中国外交的优先方向。"[①]2019 年 6 月 5 日，中俄元首决定将两国关系提升为"新时代中俄全面战略协作伙伴关系"。因而，中国与俄罗斯均更加重视文化外交在维护与发展两国关系方面的重要作用，将之纳入国家总体外交战略范畴，制定相关政策，开展了一系列文化外交活动，包括组织实施"国家年""语言年""旅游年"等大型文化交流活动，文化代表团互访，文艺团体演出，举办文化展览、语言竞赛、学术研讨会和开设相关电视、广播节目等，并取得了令人满意的效果。

其中，教育交流的种类、内容较为丰富多样。早在 1992 年，苏联国家教委副主任、中苏教育合作小组苏方组长舒克舒诺夫来华访问，并同中国国家教委副主任朱开轩共同签署了教育合作小组双方会谈纪要。[②]此次访问解决了中国和苏联教育合作中的遗留问题，为后来中国和俄罗斯的教育交流打下了基础。此后，中俄教育交流活动开始蓬勃发展，具体形式有互派留学生、教育团体互访、教育学术成果的译介与研究、语言文字的交流与学习、开办高校展与高教论坛、开设大学生艺术节、举办中小学生夏令营与冬令营，以及高校联合办学等。尤其是进入 21 世纪以来，中俄教育交流的形式更为多样，在"国家年""语言年"等与教育交流密切相关的大型国家活动背景下，内容愈发丰富，涉及的领域更加宽广，而实现的效益也有显著提高。

中俄两国文化外交政策的制定，以及以教育交流为代表的具体活动的蓬

---

①《习近平：坚定不移地发展中俄全面战略协作伙伴关系是中国外交优先方向》，《人民日报》2013 年 1 月 9 日。

②《中华教育改革编年史》编写组主编：《中华教育改革编年史》（4），中国教育出版社，2009，第 1581 页。

勃开展，对于巩固与加强中俄关系起到了独特的作用。一是为两国政治关系的稳固与发展提供助力。通过签订文化交流与合作协定，为文化外交建立起以法律为基础的条约框架及双方磋商协调机制，这就为促进中俄两国在政治互信方面得到不断增强奠定了基础。二是促进了两国经济贸易合作的持续深化。借助文化外交的平台作用，实现“文化搭台、经济唱戏”，为中俄经贸合作创造适宜的渠道与时机。三是推动了中俄文化交流的快速发展，增加了两国文化教育的方式与途径，使中国与俄罗斯的文化产品能够顺利流动，有益于增进两国人民的相互了解与信任，有助于社会团体及个人等类型的民间交往的扩大。

（五）留学教育是促进中俄教育交流乃至文化外交进步的重要途径

20 世纪 80 年代，中苏关系解冻后，中国人赴苏留学活动得以再次开启。至 90 年代虽历经苏联解体的波折，但中国留俄教育依然保持快速发展趋势。而俄罗斯高等教育自 20 世纪 90 年代以来开始的国际化走向，则为广大中国学子赴俄学习创造了良好条件。[①] 进入 21 世纪以后，随着两国战略合作伙伴关系的形成，中俄教育交流合作愈发深入，中国与俄罗斯互办“国家年”、各级教育代表团互访、高校展览会、校际合作等活动均成为中国人认识俄罗斯教育的窗口，加之留学市场与中介机构的逐渐成熟完善，这些都为中国民众近距离了解俄罗斯教育提供了渠道。尤其是高校展览会的召开，让中国学生可以与俄罗斯高校直接建立联系，这就为他们留学俄国提供了便利。因此，留学俄罗斯的中国学生人数总体而言呈上升趋势，短短几年间，留俄学生数量较之以往已累计增长了近 10 倍。[②] 与此同时，21 世纪以来，俄国来华留学人数亦大体呈逐渐增加之趋势，在派遣来华留学生的国家中位居前列。

① 张男星、杨冬云：《论俄罗斯教育的国际化》，《俄罗斯研究》2005 年第 1 期；杜岩岩、张男星：《博洛尼亚进程与中俄教育交流合作的空间》，《俄罗斯研究》2009 年第 1 期。

②《中国国际教育信息年鉴》编委会编：《中国国际教育信息年鉴》（2008—2009），中国商务出版社，2008，第 18 页。

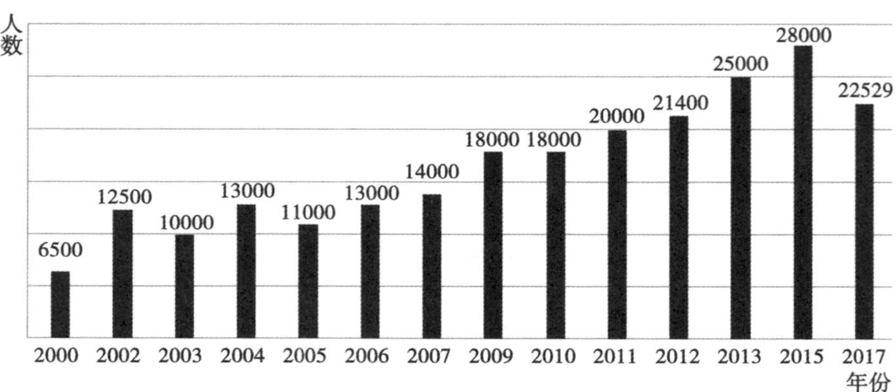

图 4.1　2000—2017 年中国在俄留学生人数变化情况图

[资料来源]欣华：《俄罗斯拥抱中国学子——中国留学生数量将增加十倍》，《海外求学》2003 年第 15 期；陈歌：《俄教育官对中国学生的几点建议》，《海外求学》2004 年第 17 期；单春艳：《俄罗斯高校中国留学生现状述评》，《世界教育信息》2008 年第 1 期；《自费留俄学生获得国家奖学金》，《光明日报》2010 年 6 月 17 日；《俄罗斯重视教学质量　留学生素质明显提高》，《光明日报》2010 年 10 月 15 日；《中国驻俄教育参赞：中俄教育合作卓有成效》，俄罗斯新闻网；Китайских студентов привлекает учеба в России，Агентство национальных новостей；《俄国家杜马主席：俄罗斯境内中国留学生已达 2 万》，搜狐新闻网；《俄罗斯留学期待“重振雄风”》，《北京晚报》2013 年 3 月 20 日；《俄罗斯希望更多中国留学生到俄深造》，网易新闻网；《全俄中国留学生代表大会在莫斯科开幕》，人民网。

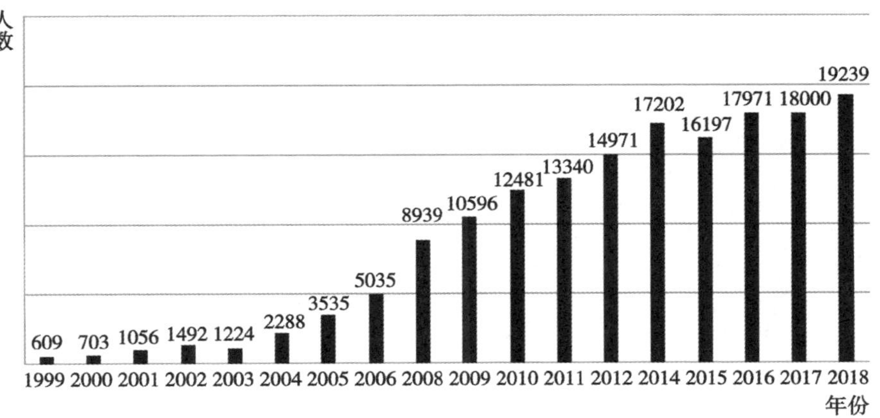

图 4.2　1999—2018 年俄罗斯在华留学生人数变化情况图

[资料来源]中华人民共和国教育部网站、中国高等教育学会外国留学生教育管理分会网站。

当然，在中俄关系日益密切的今天，在为 21 世纪中俄两国彼此间留学教育的飞速发展而欢欣鼓舞的同时，人们也应该清晰地看到，两国间留学教育乃至于教育交流仍有待进一步加强。据有关学者统计，在国外高校的中国学生中，在俄罗斯的中国留学生仅占 2.4%，而在美国和日本高校的中国留学生人数几乎是在俄罗斯的 10 倍。① 至于能为留俄教育提供后备人才的中国俄语教育，在历经“50 年代的鼎盛，60 至 70 年代的停滞、80 年代的恢复、90 年代的回暖”② 等阶段后，在 21 世纪虽不断发展，但也面临着诸多问题。尤其是在选择学习的学生数量上，比照学习英、日、德、法等语言甚至于韩语的人数，仍处于明显劣势。显而易见，这些情况与中俄两国关系的发展态势并不相称。

当今时代的留学教育不仅是一个国家培养人才的主要手段，更是密切国家关系、促进国际交往的重要渠道。对于中国与俄罗斯而言，作为同是世界大国的邻邦，更需进一步重视留学教育在加深彼此关系、增强沟通与协作等方面的独特功用，以此增加中俄文化交流渠道，促进两国在文化领域的沟通、

① 单春艳：《俄罗斯高校中国留学生现状述评》，《世界教育信息》2008 年第 1 期。

② 赵爱国、王仰正：《俄语教育“第二个春天”的冷思考》，《社会科学报》2009 年 11 月 26 日。

合作，增强普通民众对对方文化传统的认知与理解，实现中俄两个国家、两种文明的相互理解与帮助。

主要参考文献

一、专著类

[1] 中华书局 . 筹办夷务始末（咸丰朝）[M]. 北京：中华书局，1979.

[2] 宝鋆，等 . 筹办夷务始末（同治朝）[M]. 台北：文海出版社，1966.

[3] 中华书局编辑部, 李书源 . 筹办夷务始末(同治朝)[M]. 北京：中华书局，2008.

[4] 蔡琦 . 随使随笔 [M]. 铅印本 . 出版项不详 .

[5] 端方撰 . 端忠敏公奏稿 [M]. 台北：文海出版社，1967.

[6] 何秋涛 . 朔方备乘 [M]. 上海：上海古籍出版社，1995.

[7] 缪祐孙 . 俄游汇编 [M]. 石印本 . 上海：上海秀文书局，1889.

[8] 王之春 . 使俄草 [M]. 台北：文海出版社，1966.

[9] 邮传部 . 邮传部奏议类编、续编 [M]. 台北：文海出版社，1967.

[10] 朱寿朋 . 光绪朝东华录 [M]. 北京：中华书局，1958.

[11] 大清德宗景皇帝实录 [M]. 影印本 . 北京：中华书局，1987.

[12] 大清高宗纯皇帝实录 [M]. 影印本 . 台北：华文书局，1963.

[13] 大清法规大全 [M]. 台北：考正出版社，1972.

[14] 程德全 . 程将军（雪楼）守江奏稿 [M]. 台北：文海出版社，1982.

[15]“中央研究院”近代史研究所 . 四国新档：俄国档 [M]. 台北：精华印书馆，1966.

[16]“中央研究院”近代史研究所 . 中俄关系史料[M]. 台北：“中央研究院”近代史研究所，1960.

[17]“中央研究院”历史语言研究所 . 明清史料：庚编 [M]. 北京：中华书

局，1987.

[18] 陈学恂，田正平 . 中国近代教育史资料汇编　留学教育 [M]. 上海：上海教育出版社，1991.

[19] 王焕琛 . 留学教育：中国留学教育史料 [M]. 台北：“国立”编译馆，1980.

[20] 谢岚，李作桓 . 黑龙江省教育史资料选编 [M]. 哈尔滨：黑龙江教育出版社，1988.

[21] 张研，孙燕京 . 民国史料丛刊 [M]. 郑州：大象出版社，2009.

[22] 中国第一历史档案馆 . 清代中俄关系档案史料选编：第 1 编 [M]. 北京：中华书局，1981.

[23] 中国第一历史档案馆 . 清代中俄关系档案史料选编：第 3 编 [M]. 北京：中华书局，1979.

[24] 中国社会科学院中国边疆史地研究中心 . 清代新疆稀见史料汇辑 [M]. 北京：全国图书馆文献缩微复制中心，1990.

[25] 张庆桐 . 俄游述感 [M]. 作者自刊，1912.

[26] 中华民国留俄同学会 . 六十年来中国留俄同学之风霜踔厉 [M]. 台北：中华图书出版社，1988.

[27] 林鍼，斌椿、志刚，等 . 西海纪游草・乘槎笔记・诗二种・初使泰西记・航海述奇・欧美环游记 [M]. 长沙：岳麓书社，1985.

[28] 安宇，周棉 . 留学生与中外文化交流 [M]. 南京：南京大学出版社，2000.

[29] 蔡鸿生 . 俄罗斯馆纪事 [M]. 增订本 . 北京：中华书局，2006.

[30] 陈复光 . 有清一代之中俄关系 [M]. 昆明：云南崇文印书馆，1947.

[31] 陈琼莹 . 清季留学政策初探 [M]. 台北：文史哲出版社，1989.

[32] 郝世昌，李亚晨 . 留苏教育史稿 [M]. 哈尔滨：黑龙江教育出版社，2001.

[33] 黄定天 . 中俄文化关系史稿: 17 世纪—1937 年 [M]. 长春: 长春出版社，2011.

[34] 黄利群 . 中国人留学苏（俄）百年史 [M]. 北京：中国文史出版社，

2002.

[35] 瞿立鹤 . 清末留学教育 [M]. 台北：三民书局，1973.

[36] 李明滨 . 俄罗斯汉学史 [M]. 郑州：大象出版社，2008.

[37] 李喜所 . 中国留学通史：晚清卷 [M]. 广州：广东教育出版社，2010.

[38] 李智 . 文化外交：一种传播学的解读 [M]. 北京：北京大学出版社，2005.

[39] 林子勋 . 中国留学教育史：1847—1975[M]. 台北：华冈出版有限公司，1976.

[40] 彭新良 . 文化外交与中国的软实力：一种全球化的视角 [M]. 北京：外语教学与研究出版社，2008.

[41] 舒新城 . 近代中国留学史 [M]. 影印本 . 上海：上海文化出版社，1989.

[42] 张维华，孙西 . 清前期中俄关系 [M]. 济南：山东教育出版社，1997.

[43] 田保国 . 民国时期中苏关系：1917—1949[M]. 济南：济南出版社，1999.

[44] 田正平 . 中外教育交流史 [M]. 广州：广东教育出版社，2004.

[45] 王奇生 . 中国留学生的历史轨迹：1872—1949[M]. 武汉：湖北教育出版社，1992.

[46] 王义桅 . 超越国际关系：国际关系理论的文化解读 [M]. 北京：世界知识出版社，2008.

[47] 阎国栋 . 俄罗斯汉学三百年 [M]. 北京：学苑出版社，2007.

[48] 张泽宇 . 留学与革命：20 世纪 20 年代留学苏联热潮研究 [M]. 北京：人民出版社，2009.

[49]П. E. 斯卡奇科夫著 .B. C. 米亚斯尼科夫 . 俄罗斯汉学史 [M]. 柳若梅，译 . 北京：社会科学文献出版社，2011.

[50] 尼古拉 · 班蒂什 - 卡缅斯基 . 俄中两国外交文献汇编：1619—1792[M]. 中国人民大学俄语教研室，译 . 北京：商务印书馆，1982.

[51] 尼古拉·阿多拉茨基 . 东正教在华两百年史 [M]. 阎国栋，肖玉秋，译 . 广州：广东人民出版社，2007.

[52] 加斯东·加恩．彼得大帝时期的俄中关系史 [M]. 江载华，郑永泰，译．北京：商务印书馆，1980.

[53] 路易 · 多洛．国际文化关系 [M]. 孙恒，译．上海：上海人民出版社，1987.

[54] 汉斯 · 摩根索．国家间政治：权力斗争与和平 [M].7 版．徐昕，郝望，李保平，译．北京：北京大学出版社，2006.

[55] 尼古拉 · 梁赞诺夫斯基，马克 · 斯坦伯格．俄罗斯史 [M].7 版．杨烨，卿文辉，主译．上海：上海人民出版社，2007.

[56] 盛岳．莫斯科中山大学和中国革命 [M]. 奚博铨，等译．北京：东方出版社，2004.

[57] 斯塔夫里阿诺斯．全球通史：从史前史到 21 世纪 [M].7 版修订版．吴象婴，梁赤民，董书慧，等译．北京：北京大学出版社，2006.

[58] 沃尔特 · G. 莫斯．俄国史：1855—1996[M]. 张冰，译．海口：海南出版社，2008.

[59] 亚历山大 · 温特．国际政治的社会理论 [M]. 秦亚青，译．上海：上海人民出版社，2000.

[60] 约瑟夫 · S. 奈．硬权力与软权力 [M]. 门洪华，译．北京：北京大学出版社，2005.

[61]B. B. 马夫罗金．俄罗斯统一国家的形成 [M]. 余大钧，译．北京：商务印书馆，1991.

[62]А. В. Панцов. Тайная история советско-китайских отношений：Большевики и китайская революция (1919-1927) [М]. Москва: Муравей-Гайд, 2001.

[63]А. Г. Ларин. Китайские мигранты в России. История и современность [М]. Москва: Восточная книга,2009.

[64]В. Г. Дацышен. Изучение китайского языка в России (XVIII – начало XX в.)： Учеб. Пособие [М]. Новосибирск: НГУ, 2011.

二、期刊论文类

[1]B. C. 米亚斯尼科夫 . 俄清关系的历史文化特点 [J]. 叶柏川，译 . 清史研究，2004（3）.

[2] 拉宾·帕维尔 . 清朝俄罗斯文馆（18 世纪初—19 世纪中叶）[J]. 历史档案，2011（1）.

[3] 谢弗 . 从文化观点看新的世界体系：上 [J]. 李国海，译 . 现代外国哲学社会科学文摘，1997（12）.

[4] 谢弗 . 从文化观点看新的世界体系：下 [J]. 李国海，译 . 现代外国哲学社会科学文摘，1998（2）.

[5] 王智仁 . 清代内阁俄罗斯文馆之研究 [D]. 新北：淡江大学，2000.

[6]А. Л. Арефьев. Китайский язык в российской высшей школе: история и современность [J]. Иностранные языки в высшей школе, 2011(1).

其他资料

一、档案类

[1] 军机处录副（奏折）光绪宣统朝，中国第一历史档案馆馆藏档案，全宗号 03。

[2] 宫中朱批奏折，中国第一历史档案馆馆藏档案，全宗号 04。

[3] 留俄同学会组织章程名册报告，中国第二历史档案馆馆藏档案，全宗号 11-2，案卷号 606。

[4] 中苏文化协会会务报告，中国第二历史档案馆馆藏档案，全宗号 11-2，案卷号 630。

二、报刊类

[1]《申报》，1887 年 1 月—1931 年 12 月。

[2]《盛京时报》，1907 年 1 月—1916 年 8 月。

[3]《远东报》，1911 年 7 月—1911 年 9 月。

[4]《民国日报》，1920 年 9 月—1920 年 10 月。

[5]《中央日报》，1928 年 2 月—1928 年 12 月。

[6]《国闻周报》，1928 年第 5 期—1933 年第 50 期。

[7]《万国公报》，1899 年第 121 期—1900 年第 144 期。

[8]《益世报》，1915 年 10 月—1929 年 8 月。

[9]《晨报（副刊）》，1924 年第 198 期—1924 年第 213 期。

[10]《人民日报》，1947 年 8 月—2015 年 12 月。

[11]《清议报全编》，第 15 卷—第 26 卷。
[12]《传记文学（台北）》，1962 年第 3 期—1985 年第 6 期。
[13]《大成》，1974 年第 1 期—1974 年第 6 期。
[14]《国专月刊》，1935 年第 1 卷第 1 期—1937 年第 5 卷第 5 期。
[15]《政法学报》，1903 年第 3 期—1904 年第 8 期。
[16]《人文》，1931 年第 2 卷第 1 期—1931 年第 2 卷第 10 期。
[17]《环球》，1917 年第 1 期—1917 年第 4 期。
[18]《学部官报》，1907 年第 12 期。
[19]《教育杂志》，1909 年第 1 卷第 1 期—1948 年第 33 卷第 12 期。
[20]《中华教育界》，1913 年第 2 卷第 1 期—1937 年第 24 卷第 10 期。
[21]《东方杂志》，1904 年第 1 卷第 1 期—1944 年第 44 卷第 12 期。
[22]《学生杂志》，1914 年第 1 卷第 1 期—1918 年第 5 卷第 4 期。
[23]《文史杂志》，1913 年第 1 卷第 1 期—1948 年第 6 卷第 2 期。
[24]《民主与科学》，1945 年第 1 卷第 1 期—1945 年第 1 卷第 12 期。
[25]《政府公报分类汇编》，1915 年第 14 期—1915 年第 40 期。
[26]《司法公报》，1912 年第 1 期—1930 年第 88 期。
[27]《外交部公报》，1928 年第 1 卷第 1 期—1930 年第 3 卷第 7 期。
[28]《东省经济月刊》，1929 年第 5 卷第 1 期—1929 年第 5 卷第 12 期。
[29]《中东经济月刊》，1930 年第 6 卷第 2 期—1932 年第 8 卷第 12 期。

后 记

本书是我在博士毕业论文基础之上，经后续申请的相关课题研究补充完善，得以修订完成的。于我而言，这部数十万字的著作不仅是近二十年读书求学生涯点滴积累的结晶，代表了我在中俄文化教育交流领域已有的一些研究工作及心得体会，亦是人生发展道路上一个具有标志意义的阶段性总结。由此，在书稿即将付梓之际，既有必要对课题的选择与研究进行简要回顾，也要借此机会向在学习和研究过程中给予我无限关爱、支持帮助的各位师长、同学、亲朋好友，致以最诚挚的谢意。

选择“中俄外交与近代中国留俄教育”作为研究主题，首先与本人自初中时期开始的俄语学习经历有一定关系。我生长于辽宁鞍山，这是一座以钢铁工业著称于世的东北城市。受中俄两国之间的地缘、历史等因素影响，俄语在辽宁地区的外语基础教育中曾占据重要地位，以俄语为第一外语的初级中学一度星罗棋布，我所就读的初中亦在此列。由是，俄语便成为我有生以来掌握的第一门外语，并一直学习和应用至今。而在接受俄语教育的过程中，俄罗斯的历史、文化以及中俄关系，逐渐成为自幼喜好文科的我在课余阅读时关注的重点，因而对相关领域的内容有所涉猎和了解。这种在本科和硕士研究生学习阶段仍然有所保持的志趣，为我在博士研究生期间的学术探索奠定了一定的知识基础。

2009 年 9 月，在沈阳学习和工作已历十个春秋的我，怀着对学术殿堂的崇敬与对更高层次学历的追求，来到了千里之外的武汉，进入华中师范大学教育学院攻读教育学博士学位，在恩师余子侠教授的指导下从事教育史方面的相关研究。正所谓“事有凑巧，物有偶然”，我在就学期间的第一个科研任务，就是协助导师完成中俄（苏）教育交流史的课题研究及部分书稿的撰写、修订工作。这样，原本具备的俄文俄语技能与有关知识积累便立即派上用场，为顺利完成任务提供了必要的理论和技术支撑。同时，也正是在课题研究和书稿写作的过程中，我不但对由古至今中俄文化教育交流发展进程的基本脉络逐渐形成了较为清晰的认识，还对其中以中国人留学俄（苏）活动为代表的教育交流史问题及其发生根源产生了浓厚兴趣，进而希冀能够从中发现可能存在的新的学术增长点，发掘富于价值的学术问题，并提出自己的创见。由此，在导师余子侠教授的肯定与支持下，我将近代以来的中国留俄（苏）教育作为就读博士研究生期间的主攻研究方向，在通过梳理既有成果掌握了该领域的国内外学研动态的基础上，尝试在研究主题、研究理论、研究方法、研究资料等方面寻求新的突破，从而为博士毕业论文的开题与撰写做必要准备。后经与导师的反复磋商，并认真吸取开题过程中教育史专业导师组诸位老师提出的宝贵意见与建议，最终确定以晚清至民国初年的近代中国留俄教育作为研究对象，并从文化外交视域出发对此问题展开理论与实践探索。

当然，从确立题目到完成论文，中间还存有无数问题亟待解决。在留俄（苏）教育史领域，学界更为关注的是 20 世纪 20 年代留苏热潮及 20 世纪 50 年代的“苏东波”大潮，相关的高质量学术成果不断涌现。与之相比，有关近代中国留俄教育的系统研究则实为稀见，加之可供参考的确凿史料与外文资料相对匮乏，导致开展研究的难度较高，必须付出不懈努力才能实现目标。为了完成研究和撰写毕业论文，我多次奔波于中国第一历史档案馆、辽宁省档案馆、国家图书馆主馆、国家图书馆古籍馆、辽宁省图书馆、沈阳市图书馆、华中师范大学图书馆和沈阳师范大学图书馆等处查阅文档，还通过师长同学及各大型书店和网络资源检索、购买资料，以求尽可能挖掘到有价值的馆藏档案和各类图书文献。这是一段艰苦的寻觅过程。犹记得，为查找关于晚清时期留俄教育的奏折、函件，我曾待在中国第一历史档案馆里整天废寝忘食地抄写史料。这份“上穷碧落下黄泉，动手动脚找东西”的艰辛至今仍难以忘记，从中深切体会到科学研究的不易。所幸的是，攻读博士学位期间的种种付出终有所得。经过几年的努力奋斗，我以 4 篇 CSSCI 及中文核心期刊论文和一部 30 万字的毕业论文，回报了恩师给予的无私关爱与谆谆教诲。

如今，以博士毕业论文为基础的书稿即将问世，回首过往，不免心潮澎湃、百感交集，万千思绪难以平复。因此，在回顾求学道路的同时，我更要表达一份感激之情。

我要衷心感谢导师余子侠教授。从入学之日起，无论是日常的教育培养还是毕业论文的选题、写作与修改，余老师都倾注了大量心血。其中，既有严格要求，亦有着慈父般的关怀。在学业方面，余老师不嫌弟子愚鲁，循循善诱、耐心指导，不仅时常督导我努力读书和开展研究，而且对我撰写的各类文稿均细致审阅、认真批改。每一个修改符号，每一行标注，每一段点评和建议，都是推动我继续前行的不竭动力，时刻提醒我要积极进取。特别是撰写毕业论文及修订书稿时，余老师在题目、框架与具体行文等方面提出了大量宝贵的修改意见，使我能够比较顺利地完成写作。在生活方面，余老师亦对我关怀备至、嘘寒问暖，时常通过会面和电话进行联系，关心我这个来自东北的学生能否适应武汉的天气变化与饮食起居。有时老师和师母还亲自下厨，用亲手培植的各式蔬菜烹饪出美味佳肴来款待我。而当我遭遇生活上意想不到的多重波折，被迫延长撰写论文期限时，余老师更多次鼓励我要振作精神，并想方设法提供帮助。可以说，在华中师范大学的求学生涯中，我是在余老师渊博的学识素养、严谨扎实的治学风范、高尚的人格魅力及求真务实的为人处世风格熏陶下逐渐成长的，通过老师的言传身教学会了如何更好地做人、做事、读书。在此，我要向余老师表示最为诚挚的谢意！当然，我深知已有的点滴成果距离老师的要求还有很大差距，难以令老师完全满意，唯有今后牢记老师的教诲，不断督促自己继续奋进，不辜负老师对我的期许，回报师恩。

我要衷心感谢华中师范大学教育学院的杨汉麟教授、喻本伐教授、周洪宇教授、申国昌教授和深圳大学的熊贤君教授。拥有丰厚学识、广博见识和高尚品德的诸位先生，以他们在课堂上、在学术活动中的精彩讲授与热心细致指导，及在毕业论文开题、答辩时给予拙文的中肯评价和完善建议，不仅帮助我更好地认识理解和修改论文题目、框架与内容，而且拓宽了我的学术视野，增长了人生阅历，使我获益匪浅。

我的硕士研究生导师刘兆伟教授和师母崔月华教授，长期以来在学业、工作和生活上给予我无微不至的关怀照顾，既令我时刻感受到亲情的温暖，也促使我奋发进取，帮助我不断成长进步。这份深厚的师生情谊我将永铭于心。

沈阳师范大学教育科学学院与党委组织部、党校的各位领导和同人，长期以来在工作、学习、生活等方面给予我非常多的支持与帮助，借此一并致以诚挚的谢意。

我还要感谢北京大学历史系的王奇生教授。虽在读博期间与王老师只有一面之缘，但在短暂的会面时间内，王老师不仅指点我深入思考留学教育史研究的实质与技术路线，而且提供了不少宝贵的第一手资料，使我在撰写毕业论文时思路更加开阔，文章内容更加充实。

在攻读硕士和博士学位期间，我有幸结识了一群热心向学、积极勤奋的同窗好友，与他们的交往、探讨与切磋，使我获益良多，他们的鼓励、帮助与陪伴使我在前进的道路上感到并不孤单，在此致以衷心的感谢。只是篇幅所限，恕不一一列举姓名，敬请谅解。

本书从选题论证到列入出版计划再到正式出版，其间，始终得到大象出版社和相关工作人员提供的大力支持，特别是各位编辑老师为书稿的校订付出了辛勤劳动，于此表示特别感谢。

在论文和书稿的写作与修订过程中，借鉴、参阅了众多学者和专家的研究成果，并获得了前述各大档案馆、图书馆的耐心周至服务与技术支持，在此同样致以诚挚的谢意。由于个人能力与学识所限，本书虽几经修改，但仍存有一定疏漏与不足之处，敬请各位专家学者批评指正。

最后，我要深深感谢为我一直默默付出的至亲与好友，尤其是我的爱人和我们的父母。爱人和父母给予了我无私的关爱与照顾。无论是取得成绩还是遭遇到挫折，他们都始终以博大的胸怀支持我、鼓励我、包容我、鞭策我，给予我自由的发展空间，对我抱有充分信心。爱人和父母是我人生道路上的坚实后盾，是为我遮风挡雨的参天大树，也是支撑我努力奋进的力量源泉。我会将获得的一切成绩与荣耀都献给他们。

作家张小娴说过："写书就像爱情，也像人生，苦乐参半"，英国政治家温斯顿·丘吉尔也说过："写书就像冒险。"于我而言，在论文写作与书稿修订的过程中，确实有种苦乐参半的冒险感觉，尤其是更加真切地感受到，通往学术殿堂之路就如同一场永无止境的马拉松，需要我为之不断拼搏奋斗。本书的出版就是这段征程上的一个新起点，将会激励我继续奋勇前行！

刘振宇

2022 年 10 月于沈阳